ホワイトカラー労働市場と学歴

松尾 孝一 著

学文社

はしがき

　1990年代以降，経済のグローバル化や市場主義の強まりの中で，日本の労働市場や雇用システムは相当程度変質をとげてきた。そしてその変質の中で，長期雇用システムに支えられたコア的労働市場は縮小し，コア内の雇用管理もまた相応に変化してきたと考えられる。

　本書は，こうした基本認識に立ちつつ，日本のホワイトカラー労働市場への「入口」である新規大卒就職時における選抜，そして入職後の組織内初期キャリアにおける異動と選抜，さらに高校教育や大学入試といういわばホワイトカラー労働市場の予備選抜段階を分析対象とすることにより，ホワイトカラー労働市場における学歴（本書ではこの語を，同一学歴内，特に大卒学歴内での大学間の威信の差を考慮した，いわばヨコの学歴としての「学校歴」の意味で主として用いる）間格差の現状と学歴間格差形成のメカニズムについて多面的に考察することを課題とする。言い換えれば本書は，大卒ホワイトカラーの労働市場への「入口」とそれをはさんだ10数年程度の時期について多角的に検討し，職業人生にとって決定的に重要となるその時期における「学歴」，そして学歴形成の媒介項となる「入試」や「学校」が，ホワイトカラーの格差づけにいかなる影響を及ぼしているのかをデータ分析を通じて明らかにし，それを踏まえ日本の「学歴社会」の今後の方向性も展望しようとするものである。

　具体的には，第1に本書は，ホワイトカラー正規労働者の企業内長期雇用型の内部労働市場を対象にしつつ，その労働市場へ新規大卒として参入する「入口」時点における学歴間の就職機会格差とその形成メカニズムについて考察することを課題とする。

　第2に本書は，その「入口」後のホワイトカラー労働者のキャリア形成過程における学歴の影響について考察することを課題とし，入職時の学歴格差が昇進などのキャリア形成にどのように影響を及ぼしているのかについても検討する。

第3に本書は，労働市場への参入という「入口」以前の学歴形成段階における格差問題について検討することを課題とし，学歴の格差が学校教育や入試選抜の中でどのように形成されるのか，その格差が社会や労働市場における階層構造とどのような関係にあるのかについて考察する。さらに，同じく「入口」以前の問題として，実態としての学歴格差形成の現実を踏まえつつ，進学校生徒というホワイトカラー（上層）予備軍の職業意識や彼らに対する高校側の職業教育について，アンケート調査に基づき実態を明らかにする。

　本書は私の初めての単著であるが，異なった時期に個別に執筆した論文に加筆・修正を施した上でまとめたものである。そのため，個々の論文（章）の完成度はともかく，全体としてはややまとまりを欠いた「寄せ集め」の論文集になってしまっている感はある。また，データ的にもやや古くなってしまっている部分もある。だが，私のもうひとつの研究の柱である公務部門をはじめとしたホワイトカラー部門の労使関係研究に関する単著をまとめないうちに，（ホワイトカラーに関わる問題という意味では共通性があるが）このような教育や職業，階層をテーマとする書を思い切って出すことにしたのは，近年の日本の社会状況に対する以下のような私の憂いからである。
　すなわち，近年，新自由主義的な社会経済思潮の強まりや日本社会の「格差社会」化の中で，学校や学歴が格差形成・固定化の手段としてますます大手を振るようになってきた感がある。まさに「惰性にまかせた最悪のシナリオ」として，「学歴あるいは学力がますます個人のメリット（賞賛や報酬に値する価値）を表すものとみなされるようになり，既得権益を守るべくその基準に迎合していく層と，個人の自由な選択ではなく構造的な制約（教育資源の不足）の結果としてそこから疎外されていく層とに全体が分極化していく」（近藤 2000：11）というのが日本の現状に近いのかもしれない。そしてそうした状況は，「原子力村」をはじめ，主に学歴エリート達によって支えられてきた政財官学一体となった戦後日本の保守支配体制の暗部が白日の下にさらけ出された「3.11」以降の状況下でも，まだ基本的に変化してきているとは言い難い。

そうした中では,「学歴社会」の現状を実証的に描出し,その問題点を明らかにしていく作業は依然意味を持っていると考えられ,その意味においてこの小著刊行の意義は必ずしも小さくはないと考える。

言うまでもなく,人は何らかの学校教育を経て職業人生に足を踏み出していく以上,ほとんどすべての人は,学歴のヒエラルキー構造から完全に無関係の位置に身を置くことはできない。そうであるがゆえに,特に大卒ホワイトカラーの多くにとっては,学歴,とりわけ大学学部レベルの学校歴の問題は,公然とは触れられたくないタブーに類する事柄であるかもしれない。その意味では,本書においても,読者それぞれの立場から見て不快感を禁じえないような記述があるいは散見されるかもしれない。だが,本書は上述のような意味を込めて執筆した研究書という位置づけのものとしてご理解・ご容赦をいただければと思う。

ちなみに,各章の元になった論文は,以下の一覧の通りである。

序　章　書き下ろし
第1章　「90年代の新規大卒労働市場――大学ランク間格差と企業の採用行動」『大原社会問題研究所雑誌』No.482,1999年1月号。
第2章　「新規大卒労働市場における大学間格差――2000年代以降の動向を中心に」『経済研究(青山学院大学経済研究所)』第4号,2012年3月。
第3章　「地方公務員の初期キャリア管理――政令指定都市A市の大卒事務系職員の事例から」『青山経済論集』第54巻第3号,2002年12月。
第4章　「学歴達成における階層・地域間格差と入試類型――入試政策への含意」『青山経済論集』第54巻第4号,2003年3月。
第5章　「『エリート』予備軍への職業教育の現状と課題――進学校アンケートの結果から」『青山経済論集』第58巻第4号,2007年3月。
終　章　書き下ろし

なお本書の元になった諸論文をまとめるにあたっては,実に多くの方々から

のご指導・ご協力を賜った。特に，京都大学経済学部・同大学院経済学研究科時代を通じて筆者の指導教官であった菊池光造先生と，大学院時代にご指導を賜り現在も社会政策学会等の場で折に触れてご指導いただいている久本憲夫先生にはこの場を借りて厚くお礼申し上げる。また，学会や研究会の場で筆者を親しくご指導くださってきた社会政策学会・日本労働社会学会の労働問題研究者の方々，さらに勤務校において筆者に日常的に親しく接してくださっている青山学院大学経済学部の本間照光（社会保障論）・白井邦彦（労働経済論）両先生にも心から感謝の意を表したい。

　加えて，対象の匿名性を確保するために具体名は明らかにできないが，聞き取りやアンケート調査にご協力頂いた関係者の方々には厚くお礼申し上げたい。さらに，本書の元になる論文の転載を快くご了承してくださった青山学院大学経済学会，同経済研究所，法政大学大原社会問題研究所の皆様方にも厚くお礼申し上げる。最後に，近年の厳しい出版事情の中で本書の刊行を引き受けてくださり，また当初の予定より大幅に遅延した脱稿を辛抱強く待ってくださった学文社の田中千津子社長には心から感謝の意を表したい。

2012年7月30日

松尾　孝一

目　次

はしがき

序　章　本書の基本認識・課題・内容 …………………………………… 8
1　本書における基本認識　8
2　本書の課題　9
3　本書の内容　11

第1章　平成不況期における新規大卒労働市場
　　　　──大学ランク間格差と企業の採用行動 …………………………… 17
1　本章の課題　17
2　平成不況期における新規大卒者間での就職機会格差の状況　20
3　就職機会格差形成を説明する枠組み　24
4　データから見る「分断的選抜」の実態　29
5　「分断的選抜」の意義と限界　31
6　おわりに　37

第2章　自由競争下の新規大卒労働市場における大学間格差
　　　　──2000年代以降の動向を中心に …………………………………… 43
1　本章の課題　43
2　1990年代後半以降の新規大卒労働市場に関する先行研究の概観と仮説の設定　44
3　1990年代後半以降の新規大卒就職機会格差の動向
　　：新卒採用データの分析から　47
4　まとめと課題　67

第3章　ホワイトカラーの異動・昇進と学歴
　　　　──政令指定都市A市の大卒事務系職員の初期キャリアの事例から……75
1　はじめに　75
2　先行研究の整理と問題設定　76
3　政令指定都市A市における大卒事務系職員のキャリア管理の実態と分析　84
4　A市のキャリア管理の特徴と評価　97
5　先行研究に対する含意と今後の研究課題　102

第4章　大学入試と学歴格差形成
　　　　──入試類型と階層・地域間格差との関連を中心に…………………114
1　はじめに──本章における問題意識　114
2　先行研究・調査の概観と検討課題の抽出　116
3　受験学力の地域間格差と特徴
　　──大学入試センター試験自己採点データから　122
4　入試難関大学における入試形態と合格者の属性　131
5　まとめと今後の課題　139

第5章　ホワイトカラー予備軍への職業教育の現状と課題
　　　　──進学校アンケートの結果から………………………………………149
1　ホワイトカラー予備軍への職業教育の意義　149
2　ホワイトカラー予備軍への職業キャリア意識形成教育の現状
　　──進学校アンケート調査の分析から　151
3　アンケート結果まとめ　167
4　職業能力形成という観点からみた「エリート教育」のあり方　169

終 章　まとめと展望
　　　──グローバリズム・新自由主義と
　　　　内部労働市場衰退下における学歴格差 ……………………………… 175

1　新規大卒労働市場における学校歴格差　175
2　近年までの企業内長期雇用型内部労働市場システム下における
　　学歴格差　177
3　大学入試を通じた学歴格差形成　178
4　ホワイトカラー予備軍への職業教育　179
5　今後の展望：労働市場の規制緩和と職業間威信格差の縮小→「超・
　　学歴社会」？　180

参考文献　185

資　料　進学校アンケート質問票，同集計結果，自由記述　191

索　引　239

序章
本書の基本認識・課題・内容

1　本書における基本認識

　1990年代以降，経済のグローバル化や市場主義の強まりの中で，日本の労働市場や雇用システムは相当程度変化をとげてきた。その具体的な変化としては，俗に「終身雇用」として認識されてきたような企業内長期雇用型の内部労働市場がスリム化してきたことと，そうしたいわばコア的な内部労働市場の中でも採用・配置・異動・昇進といった従業員のキャリア管理の各局面に変化が生じたことである。

　ちなみに上記の変化について敷衍すれば，まず採用という「入口」段階の変化としては，新卒正社員採用数自体の絞り込みという採用の量的変化が指摘できる。また，基幹的な正社員の採用においても，長期雇用とその下でのOJTによるキャリア形成を念頭に置いた専門性を重視しない潜在能力重視の採用から，相対的に即戦力性を重視した採用への変化という質的変化が指摘できる。

　そして，こうした新卒採用枠の縮小という採用の量的変化は，新卒労働市場における需給関係の変化を通じて，新卒就職機会における学歴・学校歴間の格差を一層拡大させる可能性がある。一方，採用の質的変化は，企業側の求める能力の質や能力観の変化と相まって，学歴・学校歴間格差の拡大・再編をもたらしたり，学校類型間の格差を新たな形で生み出す可能性がある。さらに，量的変化にせよ質的変化にせよ，コア的な内部労働市場への採用という「入口」の段階での採用の変化は，そこに至るまでの学校教育という「入口」以前の段階での人材育成や人材選抜のあり方も変化させる可能性が大きい。すなわち，教育におけるメリトクラシーの評価基準が変化する可能性もあるのである。

また、配置・異動・昇進という労働市場参入後の段階における変化としては、いわゆる「遅い選抜」から「早い選抜」への変化という組織内での選抜の早期化傾向が指摘できよう[1]。もっともこうした傾向を明確に実証した調査や研究は必ずしも豊富とは言い難い[2]が、しかしそもそもコア的な内部労働市場[3]におけるホワイトカラー正社員のほとんどが大卒で占められるようになってきており、かつ組織規模の拡大が多くの業種で期待できなくなっている現在、多少正社員の採用数を絞り込んだとしても、「一律年功」型の昇進を従来通り維持することはますます困難になっていることは確かである。また、職能資格制度によるスタッフ的管理職の大量生産によって昇進圧力を緩和することも限界に来ている。また特にグローバル化や外資系企業との競争の矢面に立たされる業種では、日本企業に比べて相対的に「早い選抜」を基本とする外資系企業の人事管理の影響も無視し得ない。

従来の「遅い選抜」の下では、組織内での長期にわたる競争の中で、学歴のいわば「賞味期限切れ」が生じることにより、昇進結果に及ぼす学歴の影響がある程度限定化されていた可能性がある[4]。しかし、相対的に「早い選抜」の下で、学歴の「賞味期限内」に決定的な選抜が行われるようになれば、学歴が昇進結果に及ぼす影響は従来以上に高まる可能性があるのである。言い換えれば、日本の企業内長期雇用型の内部労働市場における学歴の重要性は、従来にまして高まる可能性があるのである。

2　本書の課題

本書は、以上のような基本認識に立ちつつ、前述のような変化の潮流の中で、日本のホワイトカラーの労働市場、その中でも特に長期雇用制度が支配的である正社員のコア的な内部労働市場において、学歴間の格差がどのように現れてきているのかを採用・配置・異動・昇進という労働市場の各段階において実証的に検討することを第一義的な課題とする（なお、主に大卒ホワイトカラーの労働市場について論じる本書では、「学歴」という語を、いわゆる同一学歴内での学校

威信の格差，特に大学学部レベルにおけるそれを念頭に置いた「学校歴」[5]の意味で主として用いる）。また，労働市場への参入より前の段階である学校教育の場におけるホワイトカラー予備軍の育成，選抜の問題にも注意を払う。

本書における具体的な検討課題は以下の通りである。

まず本書では，新卒時を中心とした労働市場への参入時における学歴（学校歴）間格差とその形成メカニズムについて，時間軸を入れながら考察することを第1の課題とする。具体的には，①従来の長期雇用下の内部昇進システムの中では，入社選抜時における学歴の影響はいかなるものであったのか，②それが1990年代の平成不況下でどのように変化したのか，③近年におけるグローバル化・市場主義のさらなる進展や，雇用システムの変化，企業の能力観・人材観の変化の兆しなどの中で，新卒労働市場において学歴の効果は増幅されうるのか否か，などの課題が考察の対象となる。

本書の第2の課題は，「入口」後の問題，すなわちホワイトカラー労働者の入職後のキャリア形成過程における学歴の影響について考察することである。具体的には，従来の日本的雇用システム下の内部労働市場における長期の昇進競争の中で，入社時の属性としてあった学歴の格差が昇進などのキャリア形成にどのように影響を及ぼしてきたのかについて，事例に基づき検討する。さらに，今後予想される内部労働市場システムの衰退もしくは限局化という状況において，学歴とキャリアとの関連がどのようになっていくのかについても考察する。

第3の課題は，労働市場参入という「入口」より前の学校教育段階における格差の問題についての考察である。すなわち，学歴の格差や職業意識の格差が学校教育の場でどのように形成されるのか，そしてそれらの格差が社会における階層格差構造とどのような関係にあるのかについて考察することである。具体的には，学歴の獲得にあたっての地域間・階層間の格差の影響とそれが生じるメカニズムについて，大学入試のデータに基づき考察する。さらに，今後の新自由主義的社会風潮の強まりの中で労働市場における学歴間格差が仮に一層強まるとすれば，学歴エリート層への社会的制御という観点からも，将来のエ

リート層への職業教育についても考察される必要があると思われる。さしあたり本書では，この点についていわゆる進学高校へのアンケート調査の結果も踏まえながら検討する。

このように本書では，ホワイトカラー労働市場への参入時という「入口」における選抜の問題，そして入職後の組織内キャリアの問題，さらに高校教育や大学入試という労働市場のいわば予備選抜段階における問題を対象とすることにより，ホワイトカラー労働市場における学歴格差の現状と格差形成要因について多面的に考察することを課題とする。

3　本書の内容

上記の課題にこたえるため，本書の第1章では，バブル崩壊後の平成不況期の新規大卒者の労働市場を分析対象に据え，売り手市場から買い手市場へと激変したこの時期の新規大卒者の大企業入職に関する数量的データをまず分析することによって，大企業入職機会における新規大卒者内部での格差の状況を，新規大卒者のいわゆる出身大学ランク間による格差の側面に焦点を当てて明らかにする。それを踏まえて，出身大学ランク間格差によって就職機会格差が生じるメカニズムを労働力需要側（企業）の採用行動のあり方に焦点を当てて考察する。そしてその採用行動のあり方が，良好な雇用機会が縮小してきた場合にどのような含意をもってくるのかを最後に指摘する。

第2章では，経済のグローバル化が進行し，新自由主義的な社会・経済思潮も一層強まった1990年代後半以降（特に2000年代以降）の時期の新規大卒労働市場を分析の対象に据える。この時期には，新規大卒労働市場においては，1997年の就職協定の廃止とそれに伴う採用活動の早期化・長期化，産業構造の変化や企業の人事管理の変化などに起因する企業側が求める人材観・能力観の変化が目立ってきた時期である。また経済活動の東京一極集中化もこの時期一層進行してきた。第2章では，こうした1990年代後半以降の新規大卒労働市場における市場主義的自由競争の強まりや企業の人事管理変化，さらには経済活

動の東京一極集中化が，新卒就職機会における大学間格差にどのような影響を及ぼしているのかを，第1章同様に大学別の主要企業就職数のデータを使いながら検討する。特に就職機会における大学間格差が従来と比べどのように変化してきているかについて，入試難易度に加えてスクールカラーの要素も考慮した大学類型間の格差や，東京一極集中化の中での地域間格差も視野に入れながら検討を行う。

第3章では，非現業公務部門の大卒ホワイトカラーの初期キャリア管理について，事例に基づいた分析を行う。日本の民間大企業における大卒ホワイトカラーのキャリア管理については1980年代以降多くの研究が蓄積されてきたが，代表的なホワイトカラー部門のひとつである公務部門を対象とした研究はまだまだ少ない。よって第3章は，非現業公務部門の大卒行政職職員の初期キャリア管理について事例に基づいた分析を行うことを通じて，そのような研究状況を埋め，かつ公務員のキャリア管理についての先行研究における主張[6]を再検討していくことを目的とする。そして，民間部門と組織目標や組織文化を異にする公務部門におけるホワイトカラーのキャリア管理の分析を行うことは，民間大企業ホワイトカラーの事例の分析から得られた知見を相対化するという意味でも有意味であると思われる。

なお，民間・公務を問わず，従来のキャリア研究においてはその関心がタテのキャリア，すなわち昇進構造の分析や，学歴（出身校）と昇進との関係に偏り過ぎてきたきらいがあり，いわゆるヨコのキャリア（主に同一職位・資格のレベルでの部署や職務の移動）がタテのキャリア（昇進を伴う移動）に及ぼす影響などのタテ・ヨコの連関が十分に検討されてきたとは言い難いと思われる。第3章では，公務員のキャリアデータの分析を通じて，単なる昇進のみならず，こうしたタテ・ヨコのキャリアの連関についても明らかにしていく。また，学歴（出身校）をはじめとした属性とタテ・ヨコのキャリアとの関係についても，データに基づき検討する。

第4章では，労働市場参入という「入口」より前の段階における格差の問題についての考察として，大学入試という大学への選抜における問題を対象とす

る。大学入試の問題を特に取り上げるのは，日本の大学入試が，その是非はともかく，実態として新規大卒労働市場における選抜の予備選抜という性格を有しているからである。第4章では，まず学歴達成における地域・階層間格差の問題について検討を行う。すなわち文献レビューを行った後，大学入試センター試験の全体的なデータを用いることによって，所得階層や地域間での絶対的な学力水準の格差を指摘し，地域ごとの学力タイプの特徴も指摘する。その上で，個別大学入試の高校別合格者数のデータを検討することを通じて，特定の入試類型が合格者の階層・地域的属性にバイアスをもたらす可能性についても指摘するとともに，同様の問題が就職時における選抜にも現れてくる可能性を示唆する。

　第5章では，ホワイトカラー労働市場への参入より前の段階における問題の検討のひとつとして，学校教育の場における将来のホワイトカラー（特に管理・専門・技術職というホワイトカラー上層）の予備軍への職業教育について，その職業キャリア意識形成という視点から検討を行う。分析対象としては，将来その卒業生の大部分が大学を経由して上層ノンマニュアル職に就くことが予測される高校（いわゆる進学校）を選び，そこでの進路指導と職業能力，職業意識形成教育の現状と課題について，著者が行ったアンケート調査の結果に基づき検討する。特に，そうした進学校の進路指導の中で，将来の職業的キャリアへの意識を形成するような指導が当面の大学進学指導との兼ね合いでどのように意識され行われているか，そしてその中で将来のホワイトカラー予備軍たる生徒側の職業キャリア意識がどのようになっているのかを中心に検討する。

　終章では，本書全体の総括として，本書の各章の分析結果を簡単にまとめた上で，グローバル化や企業内長期雇用に基礎を置いた日本的内部労働市場システム衰退下における学歴格差の動向と「学歴社会」の今後の方向性とについて展望する。

---

1) ただし，従来からの人事管理を「遅い昇進」だが相応に「早い選抜」であったとみなすことは可能である。この点については本書第3章も参照されたい。

2）ただその中でも、選抜の早期化傾向を指摘した企業対象のある程度大規模な調査結果としては、社会経済生産性本部（2007）がある。また日本企業における選抜の早期化の事例については、例えば溝上（2005）第7章参照。
3）野村正實によれば、内部労働市場の概念は、日本では1970年代における隅谷三喜男によるドリンジャー＆ピオーリの内部労働市場論の紹介を下敷きに、1980年代に小池和男らにより内部昇進制や長期雇用などが支配的である大企業内の労働市場を指すものとして通説化されたとされる（野村 2003）。日本における内部労働市場のこうした通説的理解に対しては、ドリンジャー＆ピオーリの議論の恣意的な理解であるとして野村自身は批判している。ただし本書のテーマは内部労働市場の概念を厳密に確定すること自体にはないので、この問題にはこれ以上は深入りしない（ただし、ドリンジャー＆ピオーリの言う企業型とクラフト型の2つの内部労働市場のうち、日本においてはクラフト型の内部労働市場はやはり例外的存在であることは指摘しておく）。一応本書では、内部労働市場の語を、「内部昇進制や長期雇用慣行などが支配的である主に大企業における正規従業員の労働市場」という程度に、日本的通説的理解に引きつけて理解しておく。
4）この点についての代表的な実証としては、竹内洋や橘木俊詔らによる出身大学と昇進との関係についての一連の研究が挙げられよう。すなわち竹内（1981, 1995）、橘木・連合総研編（1995）、橘木（2008, 2009, 2011）、橘木・八木（2009）などである。竹内洋の一連の研究は、学校歴と昇進との相関を全体としては指摘しながらも、有名大学出身であっても昇進の遅い「高学歴ノン・エリート」が存在すること、技術系では昇進に及ぼす学歴の効果が相対的に低いこと、学歴が直接的効果を発揮するのは主に初期の選抜においてであること、高度成長による採用者数の増加が有名大学出身者の役員・管理職占有率を低下させてきたことなど、学校歴が昇進の絶対的な要因ではないことも同時に指摘してきたのであった。また橘木俊詔も、最近までの一連の研究で、学歴と昇進との相関を指摘しながらも、近年の大企業役員輩出率における私大（特に早慶）の躍進と旧帝大などの有名国立大（特に東大）の凋落をデータから強調してきた。

また上記の点についてのより包括的かつ時系列的なデータとしては、『会社職員録』（ダイヤモンド社）の各年版に掲載されている上場企業の役員の出身大学データがある。このデータを時系列的に見れば、下表のように上場企業の役員の出身大学の構成比において、東大・京大・一橋大という難関国立大学がいずれもシェアを低下させ、その一方で有名私大がシェアを上げていることがわかる。

あるいは、『役員四季報』（東洋経済新報社）に掲載されている上場企業社長の出身大学のデータによれば、右表のようにここでも東大・京大・一橋大をはじめとする難関国立大学がシェアを低下させ、早慶や同志社大（同大）などの有名私大がシェアを上げていることがわかる。

むろん、1990年代後半まで上場企業の数が増加し、その社長や役員の「枠」が

上場企業役員の出身大学（1985～2010年）

大学名	1985年	1990年	1995年	2000年	2005年	2010年	2010年／1985年
東　大	4885	4552	4129	3116	1648	998	－79.6％
京　大	2289	2162	2059	1653	945	565	－75.3％
一橋大	1025	1080	1061	853	498	317	－69.1％
阪　大	527	718	776	677	434	250	－52.6％
神戸大	498	822	904	712	396	208	－58.2％
九　大	656	725	784	681	377	201	－69.4％
東北大	700	802	808	674	331	198	－71.7％
名　大	366	520	543	519	295	177	－51.6％
北　大	355	386	487	442	268	122	－65.6％
東工大	498	435	420	319	160	103	－79.3％
慶　大	1887	2447	3114	3221	1970	1137	－39.7％
早　大	1885	2632	2982	2646	1750	1064	－43.6％
国公立大学合計	13643	16301	17942	15392	8617	5012	－63.3％
私立大学合計	8078	12408	16832	17597	11693	7358	－8.9％
全大学合計	21721	28709	34774	32989	20310	12370	－43.1％

出所：『ダイヤモンド会社職員録』（ダイヤモンド社）各年版。

上場企業社長の出身大学ランキング

1985年	1990年	1995年	2000年	2005年	2010年
1．東大 413人	1．東大 425人	1．東大 382人	1．慶大 302人	1．慶大 312人	1．慶大 343人
2．慶大 160人	2．慶大 194人	2．慶大 241人	2．東大 293人	2．東大 210人	2．東大 198人
3．京大 144人	3．京大 158人	3．早大 152人	3．早大 199人	3．早大 169人	3．早大 195人
4．早大 134人	4．早大 141人	3．京大 152人	4．京大 147人	4．京大 104人	4．日大 88人
5．一橋大 76人	5．一橋大 62人	5．一橋大 68人	5．同大 69人	5．同大 68人	5．京大 83人

出所：『役員四季報（全上場会社版）』（東洋経済新報社）各年版（1985年～2005年は溝上（2005：288）より引用）。

難関国立大学の定員増加率以上に拡大したこともこのことの大きな要因ではあろう。しかしそれとともに，内部労働市場における「長期の競争」の浸透が，昇進における学歴（学校歴）の効果を低下させてきた可能性も指摘できるのである。国公立大学の受験機会をほぼ1回化することによって結果的に有名私大の難易度を上げた共通一次試験の開始（1979年）以降に大学に入った世代が役員になる年齢にさしかかりつつあることから，有名私大のシェアの上昇傾向は今後もしばらくは続くであろう。

　なお，ホワイトカラーの学歴と昇進との関連についての従来の研究は民間大企業を対象としたものが中心であるが，公務部門では早川（1997），山本（1997）などが重要である（公務員の昇進研究の文献レビューについては本書第3章も参照されたい）。

5）本書では「学校歴」を，「同一学歴内，特に大学学部段階における，学校間の社会的威信の格差を考慮した入学・卒業校の経歴」とさしあたり定義しておく。それは同一学歴内であっても学校間の社会的威信の格差が存在することを前提に

するものである。現状における日本の大学の微細な序列構造については改めて言うまでもない。また，大学の社会的威信と入試難易度との間には強い相関がある。
6) その代表的なものは，稲継（1996）などで主張されている公務員の昇進構造を「おそい昇進（おそい選抜時点）」（稲継 1996：3）ととらえるような議論である。

第1章
平成不況期における新規大卒労働市場
—— 大学ランク間格差と企業の採用行動

1 本章の課題

　日本的雇用慣行と呼ばれる戦後日本の伝統的雇用慣行は，バブル崩壊後のいわゆる平成不況をきっかけに大きな変化をとげつつあるという議論が盛んに行われてきた。それらの議論の中で指摘されてきた中心的内容は，「終身雇用」と呼ばれてきた従来の固定的な雇用慣行の変化であり，労働市場の流動化や雇用形態の多様化である[1]。もちろん，そのような変化が構造的に生じてきているかどうかについては，それ自体別途検討を要する大きな問題であろう。また，企業の中核となる人材については，一括採用した新規学卒者を育成し充当していくというやり方が今後も基本的には続くかもしれない。しかしバブル崩壊後，新規学卒者にとって，長期雇用（いわゆる「終身雇用」）を前提としてきた主として大企業の年功的労働市場，いわばコア的な労働市場への門が狭まったということは確かに言えるであろう[2]。そして，このことは，新卒者各人の働き方の選択肢を多様化させたというよりは，コア的な労働市場に入れる者とそうでない者という形で，労働市場の入口時点での新卒者の選別を一層厳しくした面の方が大きいかもしれない。

　本章ではこのような問題意識に立った上で，まず，『賃金構造基本統計調査』のデータを基に，バブル崩壊をはさんだ1990年代初頭～半ばの時期における大卒，高専・短大卒，高卒の3者の新卒者企業規模別就職率の動きをみてみる[3]。好況期の1991年卒と不況期の1995年卒との間で比較すると，従業員数5人以上の規模の企業へ就職した者のうち同1000人以上の規模の企業へ就職した者の割合は，高卒で33.6％（ピークは1992年の35.5％）から23.1％へ，短大・高専卒は

35.6％→20.5％，大卒は56.9％→36.4％といずれも大幅に低下している。これらの数字から，バブル崩壊後の不況が新卒労働市場へ与えた影響の厳しさは確かに読み取ることができる。

　しかしこれらの数字は別の角度からの読み方もできる。それは，全体的な大企業就職率の低下率はむしろ学歴が高くなるほど大きくなっているということである。その意味ではバブル崩壊後の不況は，従来コア的労働力予備軍であった新規大卒者の労働市場に特に深刻な影響を及ぼしたのではないかという推論も可能ではなかろうか。この点を新規大卒者の就職に関する別のデータからも確認しておきたい。

　例えば㈱リクルートリサーチ（当時）が新規大卒就職予定者約3万人を対象に毎年行っているアンケート調査によると，大卒男子の民間企業就職者のうち従業員数5000人以上の規模の企業に就職できた者の割合は，1991年卒では文科系33.5％，理科系37.8％であったのが，1995年卒では文科系15.9％，理科系12.5％へと激減している[4]。この数字は，第1次石油危機直後の不況期であった

図1-1　大卒男子の上場企業就職率の推移（1974～1995年）

出所：『リクルート調査月報』1994年2月，1995年2月より筆者作成。
※上場企業の採用実数を『学校基本調査』による就職者数で割った値。85年以降は修士卒も対象に含む。94・95年の値はリクルートリサーチによる推計値。

1977年大学卒業者の同比率20.1％（事務系）・16.2％（技術系）をも下回る数値である[5]。同じくリクルートリサーチの推計によると，大卒男子の全上場企業への就職者の比率は，1991年卒の41.9％（第1次石油危機直前の1974年卒の42.0％に匹敵）から1995年卒21.6％へと急減している（図1-1）。また，職種別就職状況では，『学校基本調査』によると，大卒の専門的・技術的職業への就職比率は1991年（平成3年）の39.8％から1995年（平成7年）の31％へと急落し，一方で販売従事者への就職比率が増えている（図1-2）。

　このデータからも，バブル崩壊後の不況が新規大卒労働市場に量的な面で大きな影響を与えたことは明らかである。しかし景気循環上の不況局面の中で良好な雇用機会が減少したという単に数量的な問題の指摘にとどまらず，大卒→大企業の年功的ホワイトカラーというコアのコースに乗り得る者の比率が減少してきており，近年の大卒供給の増加とも相まって，コア的な労働市場への入職機会における新規大卒者内部での格差が拡大してきているという構造的な変化の問題に一層注目する必要があるのではなかろうか。

図1-2　大学（学部）卒業者の就職先職業（上位3職種）別構成の状況

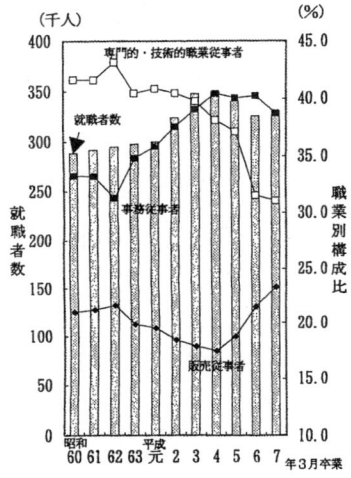

出所：文部省『学校基本調査』平成7年度版。

このような認識から，本章では，バブル崩壊後のいわゆる平成不況期の新規大卒者の労働市場を分析対象に据え，好況から不況へと激変したこの時期の新規大卒者の大企業入職に関する数量的データをまず分析することによって，大企業入職機会における新規大卒者内部での格差の状況を，新規大卒者のいわゆる出身大学ランク間による格差の側面に焦点を当てて明らかにしたい[6]。それを踏まえて，出身大学ランク間格差によって就職機会格差が生じるメカニズムを労働力需要側（企業）の採用行動のあり方に焦点を当てて考察したい。そしてその採用行動のあり方が，良好な雇用機会が縮小してきた場合にどのような含意をもってくるのかを最後に指摘したい。本章で分析の対象とする期間は1990年代初頭から中頃にかけてが中心であるが，これはデータの制約の問題とともに，超売り手市場から氷河期へと新卒労働市場が激変したこの時期を特に対象とすることによって，企業の採用行動の問題点をより明確に浮き彫りにすることができると考えるからである。なお，採用データを分析する企業は金融・総合商社・鉄鋼などの業種の大企業であるが，これはこれらの企業がコア的な内部労働市場をもつ典型的な企業であると考えるからである。

2　平成不況期における新規大卒者間での就職機会格差の状況

まず本節では，平成不況期以降大学ランクによる就職機会格差の状況はどうなっているかについて，データに基づきその実態の把握を試みたい[7]。

本章で使用するデータは，『サンデー毎日』が例年6～7月頃に数号にわたって特集している「主要大学」卒業者を調査対象にした「就職ランキング」である。この特集は，各業界の「著名企業」（約400社）が特定の「主要大学」（77校）卒業者を何人採用したかを調査した「クロス・ランキング」，「著名企業」（約250社）がどこの大学（大学名を限定せず）から何人採用したかの内訳を掲載した「企業別ランキング」，「著名大学」（約70校）ごとの就職先上位20～30社を掲載した「大学別ランキング」の3つからなる。データの就職者数の数字は，各大学事務局が集計した自校卒業者の就職先を同誌が企業別に再集計したもの

である（一部同誌が企業へ直接アンケートして得た数字の場合もある）。いずれも「著名大学」卒業者の就職先の全てを把握したものではないが，「主要企業」の大学別採用動向はほぼ的確に把握できるので，データとしては100％完璧ではないが本書ではこれを用いることにする。なお，各大学からの就職者数は原則として学部新卒者のみの数字である。企業の採用者数合計の数字の方には大学院卒も含まれていることがあるが，分析の含意に影響はない。それに金融や商社では院卒採用は今のところ極めて少ない。また，就職者数の中には一般職での採用分も含まれているが，ここでは就職者数の時系列変化をみるのが目的であるため，その点は問わない。そもそも，以下で例示する大学であれば，この時期における以下の企業への就職者の多くは総合職と考えて差し支えないであろう。

　まずはじめに，「著名企業」がいわゆる入試難関大学卒業者を高い比率で採用している現実はやはり指摘しておく必要があろう。例えば1996年のいわゆる都銀上位6行（一勧・さくら・東京三菱・富士・住友・三和）の採用実績をみると，旧7帝大（ただし北大と阪大はデータなし）・一橋・東工・神戸・早稲田・慶応の10校で6行の大卒採用者合計1565人中726人（46％）を占める。大手総合商社5社（伊藤忠・丸紅・三井物産・住友商事・三菱商事のいわゆる5大商社）の場合，上記10校で1996年の大卒採用者879人中460人（52％）を占めている。

　しかし，本節での作業はそのような傾向を倫理的に非難することではなしに，超売り手市場からその逆に激変した1990年代の新卒労働市場における大学ランク別（大学の入試難易ランク別）の採用動向の経年変化を調べることである。

　大学のランク分けについては，厳密な入試難易度の評価を行うのが目的ではないので，入試難易度についての1990年代当時の世間常識的な評価に従うものとする[8]。まず，入試難関大学の代表として上記10校のうち1990～1996年分のデータが揃っている7校（東大・京大・一橋大・神戸大・名大・早大・慶大）を挙げる（これをA群とする）。これに次ぐ入試難易ランクの大学を明治・青山学院・立教・中央・法政・関西学院・関西・同志社・立命の9校で代表させ

表1-1　大学ランク別採用比率の変動（都銀上位6行）

	1990年	94年	95年	96年	97年	変動係数
採用総数	3659	1975	1586	1565	1639	0.38
うちA群(占有率)	1105 (30.2%)	715 (36.2)	619 (39.0)	672 (42.9)	682 (41.6)	0.23
B群	798 (21.8)	404 (20.5)	249 (15.7)	278 (17.8)	327 (20.0)	0.49
C群	188 (5.1)	100 (5.1)	60 (3.8)	70 (4.5)	79 (4.8)	0.49

※1991〜1993年のデータはなし。東京三菱は，95年以前は三菱のみで集計。
出所：『サンデー毎日』より筆者集計（以下同じ）。

表1-2　大学ランク別採用比率の変動（大手総合商社5社）

	1990年	91年	92年	93年	94年	95年	96年	変動係数
採用総数	1783	1920	2194	1650	1428	783	879	0.32
うちA群(占有率)	576 (32.3%)	663 (34.5)	643 (29.3)	582 (35.3)	595 (41.7)	448 (57.2)	444 (50.5)	0.14
B群	256 (14.4)	284 (14.8)	313 (14.3)	252 (15.3)	200 (14.0)	88 (11.2)	95 (10.8)	0.39
C群	27 (1.5)	30 (1.6)	31 (1.4)	23 (1.4)	14 (1.0)	7 (0.9)	12 (1.4)	0.43

表1-3　大学ランク別採用比率の変動（鉄鋼A社）

	1990年	91年	92年	93年	94年	95年	96年	変動係数
採用総数	364	504	430	430	297	358	129	0.31
うちA群(占有率)	88 (24.2%)	122 (24.2)	107 (24.9)	93 (21.6)	73 (24.6)	26 (7.3)	21 (16.3)	0.47
B群	18 (4.9)	39 (7.7)	37 (8.6)	23 (5.3)	15 (5.1)	3 (0.8)	4 (3.1)	0.67
C群	0 (0.0)	8 (1.6)	10 (2.3)	4 (0.9)	8 (2.7)	4 (1.1)	3 (2.3)	0.61

※採用総数に占める各群からの採用数の比率が低いのは，メーカーの場合採用総数の中には院卒が多く含まれるためである。

（これをB群とする），（当時における）中堅クラスの難易ランクの大学を日大・東洋・駒沢・専修・京産・近畿・甲南の7校で代表させる（これをC群とする）[9]。

『サンデー毎日』掲載の1990〜1996年分の「クロス・ランキング」より集計した表1-1〜1-4（ただし都銀は1997年のデータも追加した）より明らかに，全体の採用数が少なくなるほど入試難易度の高い大学の出身者の占有率が高まる傾向が確認できよう。そして注目すべきは，入試難易度の高い大学ほど，各年ごとの採用数の変動が小さい（各年の採用数についての変動係数が小さい）傾向があるということである。このことは，入試難関大学は景気変動による採用総数の増減の影響を相対的に受けにくいということを示唆するものである。また表1-1〜1-3のデータにより，この期間で最も売り手市場であったとされる1991年（都銀は1990年のデータを使用）と最も就職難であったとされる1995年とを比

第 1 章　平成不況期における新規大卒労働市場　23

表1-4　大学ランク別採用比率の変動（生保 A 社）

	1989年	91年	92年	93年	95年	96年	変動係数
採用総数	134（44校）	210（60）	152（50）	149（49）	67（36）	52（31）	0.42
うちA´群(占有率)	67（50.0%） （9校）	75（35.7） （12）	45（29.6） （10）	46（30.9） （8）	36（53.7） （11）	23（44.2） （9）	0.36
B´群	60（44.8） （28校）	114（54.3） （38）	89（58.6） （30）	90（60.4） （30）	28（41.8） （22）	27（51.9） （20）	0.48
C´群	7（5.2） （7校）	21（10.0） （10）	18（11.8） （10）	13（8.7） （11）	3（4.5） （3）	2（3.8） （2）	0.68

※A´群：旧帝大・一橋・東工・神戸・早慶上智，B´群：B群＋旧帝大・一橋・東工・神戸以外の国公立大，C´群：それ以外の大学。90，94年分は詳細データなし。
出所：『サンデー毎日』より筆者集計。

表1-5　大学ランク別採用比率の変動（1990，91年→95年）

都銀6行	A群	B群	C群	計
90年	1105	798	188	2091
95年	619	249	60	928

$\chi^2=50.3$　$p<0.01$

商社5社	A群	B群	C群	計
91年	663	284	30	977
95年	448	88	7	543

$\chi^2=38.2$　$p<0.01$

鉄鋼A社	A群	B群	C群	計
91年	122	39	8	169
95年	26	3	4	33

$\chi^2=5.3$　$p<0.10$

生保A社	A´群	B´群	C´群	計
91年	75	114	21	210
95年	36	28	3	67

$\chi^2=7.4$　$p<0.05$

出所：『サンデー毎日』より筆者集計。

較すると，景気変動による就職者数の減少の度合いは，都銀と総合商社では大学ランクによって統計的にも有意な差が認められる（表1-5）。

　今度は特定企業の採用校内訳のデータ（「企業別ランキング」）を使って同じように検討を行ってみたい。使用するのは，1989～96年の間の全採用校の内訳が判明している（ただし1990年と1994年は詳細が不明なので省いた）数少ない企業のひとつである大手生命保険会社 A 社のデータである。全採用校の内訳がわかっているので，今度は入試難易度ごとに A´群（旧帝大・一橋・東工・神戸・早慶上智の13校），B´群（前記B群に旧帝大・一橋・東工・神戸以外の国公立大を加える），C´群（その他の大学）に分ける[10]。すると，表1-4より，採用数が減少するに従っていわゆる入試難関大学が占有率を上げ，中堅ランクの大学が締め出されているのがわかる。また，A´群の変動係数は小さく，入試難関大学は景気変動による採用数の増減の影響が相対的に小さいことも確認できる。さらに，1991年と1995年との比較でも，就職者の減少の度合いは，こ

こでも大学ランクによって統計的に有意差がある（表1-5）。以上のことから，業種の限定はあるが，バブル崩壊後の平成不況期以降の就職難の中で，民間大企業就職機会において大学ランク間格差が拡大している傾向は指摘できる。また本章のデータは，バブル期より前のデータとの比較がないという意味での不十分さはあるが，大学進学率が上昇し大卒供給が増加している一方で新規大卒採用総数の低迷が平成不況期に続いた以上，バブル期より前との比較でもこの大学ランク間格差拡大の傾向は肯定できるであろう[11]。

3　就職機会格差形成を説明する枠組み

前節で平成不況期以降の就職難の中での新卒就職機会における大学ランク間格差の存在をみた。本節では，これを踏まえた上で，このような格差が発生する理由を説明する枠組みを検討してみたい。

(1) 就職機会格差を説明する視角

大学ランクと企業の採用との関連については，各研究において程度の差はあれ「威信の高い（入試難易度の高い）大学ほど卒業生の大企業への就職率が高くなる」という，常識と違わぬ傾向が指摘されてきている（樋口（1994），竹内（1995））。本章で分析の対象とした1990年代のデータにおいても，前述の通りこの傾向が一層明瞭に見られたわけである。このことからも日本を，威信の高い学校出身者が就職等で優遇される「学歴社会」とみなす社会観が根拠を得るのである。しかしこれはあくまで結果からの判断である。いわゆる入試難関大学（以下「難関大学」と称すが，本章では先のA'群の範囲とほぼ考える）。学生の大企業就職率の高さは，例えば採用時点での「客観公平」な競争試験等による「結果として」のものであるかもしれないのである。その意味で，上記のような傾向だけをもって，企業が出身校の入試難易度を基準に新卒者の選抜を行い，それが就職機会格差をもたらしていると直ちに判断するのは早計であろう。

しかし現実には，民間企業の採用活動において，公務員試験のごとく全ての

応募者に一律公平に競争試験を課し、その成績を基準に採否を決定している企業は皆無に近いと言える。今のところ、民間企業においては、競争試験の役割は応募者の足切りや適性検査等の補助的なものに過ぎないであろう。要するに、民間企業の採用においては、出身校などの属性よりも応募者のその時点での、いわば大学の「出口」時点での学力水準を問うというメリット主義を徹底させた自由競争による選抜は公務員試験の場合ほどには行われていない。とすれば、大企業への就職における難関大学出身者の有利さには、出身校の入試難易度を基準に据えた企業の選考姿勢が寄与しているとやはり言わざるを得ないであろう。例えば、リクルートリサーチが全国の全上場企業等5225社を対象に1993年に行った『学歴に関する企業の意見調査』（回収率23.5％）においても、「いわゆる有名一流大学卒業者を採用戦略上どの程度重視するか」という問いに対し、「重視する」と答えた企業の割合は全体では25.7％であったが、企業規模が大きくなるほど「重視する」の比率が上昇し、従業員数が5000人以上の大企業ではその割合は47.2％に達している。「重視する」と答えた比率は1984年にも行われた同社の同じ調査に比べると低下してはいるものの、アンケートへの回答という公式的な見解であることを考慮するならば、特に大企業のそれはまだかなり高い数値であると言えるであろう。

　とはいえ、大企業が難関大学学生を採用上優遇しているから彼らが大企業への就職において有利であると述べるにとどまるのであれば、それは同義反復の域を出ない。では、民間大企業就職における難関大学の学生の有利さは、どのような視角から説明されるべきであろうか。

　難関大学学生の大企業就職機会における有利さは、経済理論上では、人的資本理論やシグナリング理論などの観点から説明がなされている[12]。しかしこれらの理論も、難関大学学生の能力の高さは説明しているとしても、就職機会における彼らの有利さを直接的に説明するにはまだ不十分であろう。というのは、これらの理論は、なぜ難関大学の学生が就職機会において有利であるかの説明は行っていたとしても、現実の労働市場でどのような選抜が行われるかについては分析の射程に入れていないからである[13]。このことは、学歴を内部労働市

場における訓練可能性の指標としてとらえ，それゆえ訓練費用が少ない高学歴者ほど採用において高い優先順位を得られるとするサロー（Thurow 1975）の仕事競争モデルにおいても同様である。

　要するに，企業が教育システムに人材選抜を全面委託しているとは考えられない以上，現実の就職機会格差をより直接的に生み出すのは企業側の選抜方法であると言うべきである。さらに言うなら，前述のように日本の民間企業の新規大卒者採用においてはメリット主義の徹底化が完璧に行われているとは言い難く，理論どおり学力（人的資本）の高い者から順に採用されていくとは必ずしも限らない。それらの意味で，難関大学学生の大企業就職機会における有利さについては，労働力の質という供給側からの説明以上に，需要側である企業が現実にとる採用基準や採用方法に焦点を当てて説明される必要があるのである。

(2) 採用基準と関わらせた説明

　大企業への就職における難関大学学生の有利さを企業の採用基準から説明した研究としては，立道（1994），苅谷・岩内（1995）などがある。立道（1994）は，日本労働研究機構が実施した従業員数300人以上の企業4000社（有効回収数1010社）に対するアンケート（この分析成果が日本労働研究機構（1993）である）の個票データを分析し，企業が重視する採用基準（大卒事務系）を企業規模別に特徴づけしている。それによると，大企業ほど大学で習得した知識より仕事への適性を重視すること，従業員5000人以上の巨大企業はリクルーターの意見を重視する割合が高いこと等が指摘されている。立道の結論は必ずしも明快ではないが，これらから大企業就職機会における難関大学学生の有利さが示唆されよう[14]。また，ゼネラリスト的キャリア形成を行っている企業の場合，採用時に出身大学を重視する比率が高いことも指摘されている。一方，苅谷・岩内（1995）は，当該企業の採用基準についての学生側からの自己評価に依拠したものであるが，入試難易度の高い大学の学生ほど，「所属大学の社会的評価」が重視されたと自己評価する者が多いことを指摘している。

第1章　平成不況期における新規大卒労働市場　27

　これらは一応，現実の新卒労働市場で「どのような」選抜が行われているかまでも分析射程に入れようとした研究であると言える。しかしこれら採用基準に焦点を当てた研究では，その基準が現実にどのような方針で運用されているのかには切り込めないという問題が残る。従って，大学ランク間での就職機会格差形成に最も直接的に影響を及ぼしているものとして企業の新卒者選抜方法を分析の対象に据えることが不可欠である。

(3) 選抜方法の実際と関わらせた説明

　企業の新卒者選抜方法の実際と関わらせた説明としては，苅谷（1995b），平沢（1995），日本労働研究機構（1994）などがある。苅谷は，OBを媒介にした企業と学生との接触において大学ランク間での顕著な格差が存在し，それが大学ランク間での就職機会格差に決定的な影響を与えていることを指摘している。平沢は，内定企業規模を従属変数，内定者の父職・大学偏差値・大学成績・希望企業規模・コネの利用の有無・OB数などを説明変数にとり回帰分析を行った結果，OB数の回帰係数が最も高いことを明らかにし，自校OBによるリクルートが難関大学学生の大企業就職への有利さに寄与していることを指摘している。日本労働研究機構（1994）も，縁故等のインフォーマルな採用が減少し自由応募方式が増加しつつある一方で，国立大学では就職活動における情報の入手・応募の経路としてOBの存在が大きな役割を果たしており，しかも最近ではそれが強まる傾向があるとしている。一方私立大学ではそのような経路がもともと少なく，かつ国立大学との差が開く傾向にあるとしている（日本労働研究機構　1994：24-36）。

　しかし，OBを媒介としたリクルート方法が就職機会の大学間格差を生み出しているとしても，その方法の背後にある企業側の発想は，結局は大学間で採用枠を分割するという考え方である。その意味で，根本的には，各大学ごとによる採用枠の囲い込み・分断化が就職機会格差形成に影響を及ぼしてくると考えるべきではなかろうか。従って，そのような仮説の下，次に，採用の分断化と就職機会格差形成との関連について検討した研究を概観してみる。

新卒者採用における採用の分断化と就職機会格差との関連の問題に注目した研究としては，竹内（1989，1995）がある。竹内は，採用の分断化と就職機会格差との関連について，某保険会社の人事部の採用方針と新規大卒者の採用実績から，次のような説明を行っている（竹内 1989：29，1995：131-138）。すなわち，企業は入試偏差値の高い大学から順に採用していくのではなく，一定レベル以上の入試偏差値水準にある大学の中で大学ごとに大まかな採用枠を設定し，1校からの採用数がその枠を大きく越えないように配慮し，採用が少数の大学に片寄らないよう学校間バランスに配慮した採用を行っていると。従って，学生は応募者全体の中から選抜されるというよりは，自分の大学や同ランクの大学からの応募者という分断された集団の中から選抜されるというのである。この選抜原理を竹内は「分断的選抜」と名付ける。しかし「分断的選抜」によって一定レベル以上の各偏差値ランクの大学から「均等主義的」「バランス主義的」に採用しようという企業の意図にもかかわらず，偏差値の正規分布の密度から明らかなように，偏差値の高い大学からの応募者は相対的に希少にならざるを得ないので，結果的には偏差値の高い大学の学生にとっての方がより売り手市場になるというのである。

(4) 格差形成メカニズムの説明図式となお残る問題点

結局，これらの先行諸研究の含意から，大学ランクによって大企業就職機会に格差が生じるメカニズムの説明としては次のような説明を組み立てることができるだろう。すなわち，大学ランクによる大企業就職機会格差形成には，まず，難関大学出身者を優れた人材とみなし彼らを重視する企業の採用姿勢や，大学で習得した知識より仕事への適性を重んずる採用基準等が背景としてある。その上で実際的には，OB人脈を媒介にしつつ採用枠を（一定ランク以上の）各大学に「バランス主義的」に割り振るような選抜方式の運用が格差形成に寄与していると。

しかしこのような説明図式だけでは，バブル崩壊以後の大学ランク間就職機会格差拡大の説明としてはまだ不十分な面もあると思われる。というのは，第

1に，竹内の言う「分断的選抜」説は，1980年代の大量採用時代の一時点における事例から導かれた説である。また，この説を導くもとになった事例が保険会社であるという特殊性もある（業務の必要上，各地の地方国公立大出身者を多く採用する傾向がある）。さらにより重要なことには，竹内にあっても「分断的選抜」によって大学ランク間の就職機会格差が形成されるメカニズムは必ずしも十全に説明されているとはまだ言い難い。すなわち竹内にあっては，事実上の指定校の範囲に入ってくる一定難易度以上（旺文社の偏差値で56以上）の大学間では同質の分断が行われているとされ，格差の発生は単にランクごとの採用枠の配分比と偏差値の正規分布密度に応じた学生数の分布の度合いとの乖離から説明されるにとどまる。しかし先のデータで見たように，旧帝大・早慶クラスの大学（A群・A′群）とそれ以外の大学との間では，不況時における採用数の減少の度合いは有意に差がある。採用総数を減らす時，企業はなぜ各ランクから均等に減らさないのか？　なぜ難関大学出身者が一層有利になるのか？　ランク間の分断の質的差異を考慮していない竹内の説明の仕方だけでは，この問いには答え切れない。すなわち竹内による説明の仕方だけでは，ある一時点の事例から導いた説明という限界もあり，不況期に入って採用総枠が縮小した際に難関大学出身者の採用比率が一層高まる傾向を説明するにはまだ不十分と言えるであろう。

　その意味で，企業の新卒者採用原理とされる「分断的選抜」に関しては，1990年代の新卒就職データを踏まえながら，その実態・運用のレベルや，それ自体に内在する格差形成のメカニズムのレベルにまで掘り下げてより深く検討される必要があると思われる。

4　データから見る「分断的選抜」の実態

　数字上のデータによる分析にとどまるものではあるが，「分断的選抜」の実態・運用のレベルからまず分析してみたい。もう一度，本章のデータを採用枠の分断という視点からより詳しくみておこう。確かに，本章のデータからも，

表1-6 生保A社の私立2大学の採用数の推移

	1988年	89年	90年	91年	92年	93年	94年	95年	96年	97年	計
早稲田	26	22	25	30	13	22	13	9	7	5	172
慶応	24	27	30	17	15	14	21	9	7	8	172

出所:『サンデー毎日』より筆者集計。

中下位ランクの大学[15]まで含めた採用枠の配分が行われている実情は、指摘できることではある。例えば先の表1-4の通り、先の大手生保A社の場合、好況期の1991年にはA′群の大学から210人の採用者中75人を採用した。一方、不況期の1995，1996年の採用総数はそれぞれ67人、52人である。従ってこの2年間はA′群だけで採用枠を埋めることは十分可能であったはずであるが、実際にはB′群とC′群合わせて各年30人程度採用している。これは、B′群とC′群にも枠を回したということである。同様の現象は他の業種のデータにおいても指摘できる。これらから、「分断的選抜」の依然たる存続とその効用を主張することはやはり可能であると言えよう。

しかし、一方で「分断的選抜」の不均等な実態も指摘されねばならないのである。まずデータを見れば明らかなように、各難易ランク間の採用者数（採用校数も）の配分は、好況期においてさえも、各ランク間の学生数の比率とは全く一致していない。偏差値の分布密度の問題を度外視したとしても、「均等主義」にはほど遠い比率である。また、前節でも見たように、不況等によって採用総数が減少する場合、難関大学からの採用数も絶対的には減少するにせよ、中下位ランクの大学からの採用数の方が、結果としてはより大きく減少する傾向が見られる。一方で、同ランク内の大学ごと（例えば、早稲田対慶応）の採用比率は景気動向にかかわらず大きな変動は示していない（表1-6)。竹内は指定校範囲内では企業側からみると「均等主義的」採用が行われるとしているが、「均等主義」が維持されているのは、実は上位ランク内のレベル的に類似した大学間に限定されていることがわかる。このような状況を見れば、「分断的選抜」は、各ランク間での採用枠の対等な同質の分割ではなしに、難関大学と非

難関大学との間での差別的な分断（指定校範囲内でも），及び難関大学内での（学閥間の力関係などに応じた形での）枠の分割であるという実態が浮かび上がってくるのである。

　結局，本章のデータとその分析からは（業種の制約，文系学部卒のデータが中心という限定はあるが），大学ランクごとに分断された大まかな採用枠は存在するようであること，しかし不況等により採用総数が減少する場合には中下位ランクの枠の方がより厳しく削減される実態があることが指摘できる。従って，バブル崩壊後の不況下での大学ランク間の就職機会格差の拡大は，「分断的選抜」自体は依然機能しているものの，難関大学のOBネットワークなどと相まって好況期よりも難関大学優先がより強まった形で行われているために生じている現象と言い得るのではなかろうか。その意味で学校ランク間のバランスを考慮するとされる「分断的選抜」の実態面での不均等性は否めない。しかし，なぜそのような不均等が生じるのか，採用総枠が縮小する不況期になぜ一層不均等が拡大するのかを説明するには，先に述べたように「分断的選抜」に内在する格差形成のメカニズムに切り込まなければならない。この点については次節で検討したい。

5　「分断的選抜」の意義と限界

(1)　「分断的選抜」の根拠

　ところで，企業が「分断的選抜」を行う根拠として，竹内（1995）は，①各大学から採用することによって各大学との送り出し・受け入れ関係を保持しておくつなぎ説，②採用大学数を増やすことによる能力の危険分散，③各大学卒業生が持つ人脈等の社会関係資本の取り込みを挙げ（竹内 1995：139-140），矢野（1993，1996）も，④企業活動における多様な能力の必要性を挙げている（矢野 1993：21-22，1996：179）。「分断的選抜」の運用においては，入試難易度の高い大学出身者から順に採用していくのではなく各難易ランクの大学から採用数のバランスを考慮して採用し，かつ同一難易ランク内における採用校数を

もある程度多くする，という2つの側面が存在するのであるが，前者の側面は②④によって説明され，後者の側面は①③によって説明されると言えよう。要するに，「分断的選抜」が行われる根拠は，能力の多様性確保（②④）とコネクションの形成（①③）との2つの観点から説明され得ると言えよう。矢野の方は「分断的選抜」の根拠として単に能力の多様性確保しか挙げていないが，それだけでは同ランク内での採用校数をも増やそうとする企業の行動（例えば早稲田だけでなく慶応からも採用しようとするなど）を説明できず不十分である。（なお，出身校の難易ランクに応じて学生の能力も多様化するとする竹内や矢野の前提の当否は，さしあたり問わない。また，①～④とも一定難易ランク未満の大学からは採用しない現象を説明し難いという難点はある[16]。）

(2) 「分断的選抜」の効用

前記(1)のことから，「分断的選抜」方式は，それ自体企業の学校銘柄重視志向を反映したものであると言い得る。しかし同時に，この方式には，メリット主義を徹底化した自由競争の結果としての採用者の難関大学への片寄りと中堅大学の排除という現象を防ぐいわば積極的是正策としての効果もあることは否定はできない。

この点を現実のデータで確認してみると，例えば先のデータにおいても，企業の採用数全体が減少する場合，下位ランクの大学になるほど減少率が大きくなるかというと必ずしもそうではない。先のデータでは，銀行・総合商社ではB群とC群との変動係数はほぼ同じであり，鉄鋼ではC群の方が係数が小さく出ている。このことは，難関大学からの採用数の"高位安定"に対して，C群の"低位安定"を意味していると言える。また表1-5における1990，1991年（好況）と1995年（不況）との間での採用数の変動においても，B群とC群との間では変動の度合いに統計的な有意差は認められない。これらのことは，「分断的選抜」が，採用枠から中堅大学出身者が排除される現象を抑止し，採用者の能力の多様性を確保する役割をある程度は果たしていることを示すものである。

(3) メリット主義的選抜を徹底化した場合：国家公務員試験を例に

一方，学歴や出身校という属性ではなく応募者のその時点での学力を基準に選抜するというメリット主義の徹底化がどのような結果をもたらすかを見る意

図1-3 国家Ⅰ種・Ⅱ種公務員試験合格者出身大学数の推移

(単位：校)

年度	Ⅰ種	Ⅱ種
86	96	220
87	103	215
88	107	239
89	119	265
90	123	290
91	121	319
92	115	307
93	109	283
94	103	268
95	106	257
96	92	285

出所：人事院『公務員白書』各年版より作成。

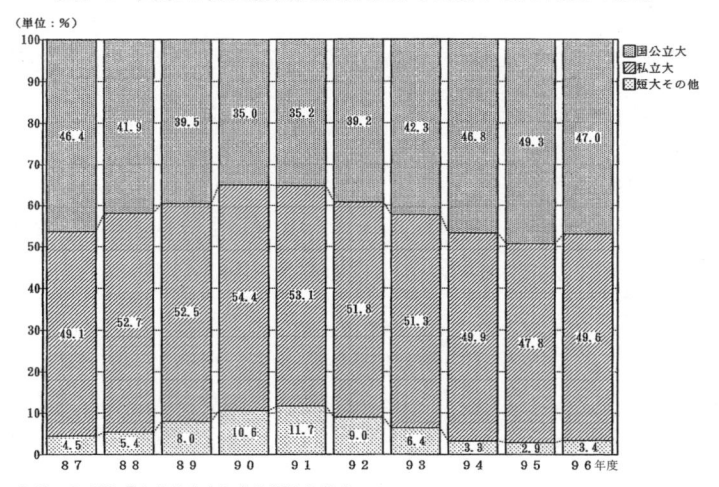

図1-4 国家Ⅱ種公務員試験合格者の出身学校の内訳の推移

(単位：％)

年度	国公立大	私立大	短大その他
87	46.4	49.1	4.5
88	41.9	52.7	5.4
89	39.5	52.5	8.0
90	35.0	54.4	10.6
91	35.2	53.1	11.7
92	39.2	51.8	9.0
93	42.3	51.3	6.4
94	46.8	49.9	3.3
95	49.3	47.8	2.9
96	47.0	49.6	3.4

出所：人事院『公務員白書』各年版より作成。

味で，民間企業とは対照的に受験資格要件に学歴という属性を問わず，一応客観的な競争試験を行い，その成績によって合格者を決定しているとされる国家公務員の例を見てみよう[17]。

まず国家公務員採用Ⅰ種試験（国家Ⅰ種試験）合格者の出身校数については，1980年代後半の好況期に合格者の出身校の多様化が進んだものの，1991年度の試験以降減少に転じ，行革による合格者数の絞り込みの影響もあり，1996年度には1984年度以前の上級甲種試験のレベルにほぼ戻っている。国家Ⅱ種試験合格者の出身校数も，1992年度以降減少傾向となった（図1-3）。また，国家Ⅰ種試験合格者内部では，旧帝大等の難関大学の占有率が高まる傾向にある[18]。国家Ⅱ種においては，合格者に占める国公立大学出身者の比率が高まり（図1-4），合格者数上位20校の内訳を見ると旧帝大クラスの大学の割合が高まった[19]。

要するにバブル崩壊後の国家公務員試験合格者のデータから読み取れるのは，不況期における，Ⅰ種試験での旧帝大クラスの難関大学出身者の，Ⅱ種試験での国公立大・有名私大出身者のシェアの拡大という傾向である。その分中堅私大出身者や短大以下の学歴の者は押し出されるという，民間企業にも見られる傾向が一層明瞭に出ていることが確認できる。つまり，国家公務員試験の例から示唆されることは，学力を基準としたメリット主義的選抜を徹底させ，客観性の高い競争試験を行った方が，「結果として」難関大学の出身者に有利に働き，採用者の層が限定されてくる傾向があるということなのである。

(4) 「分断的選抜」の限界

以上のことからも，「分断的選抜」方式が結果的には積極的是正策としての性格をも帯びていると言えるのであり，企業はそのことを自覚して意識的にこの方式を行っている面はあると思われるのである[20]。

しかし，それ以上に，格差を作り出すという意味でのこの方式の限界が指摘されなければならない。第1に，それは採用枠の配分が既存の学閥間のバランスへの配慮（いわば学閥による談合）によって決まりやすく，いわゆる指定校制度の実質的な温存になるという点である。第2に，一定難易ランク以下の大

学や，採用実績のない新興の大学などに対しては，最初から門前払いするという意味で，自由競争方式以上に排他的に働くという点である。第3に，「分断的選抜」における「分断」や「バランス」の不均等性である。この方式はもともと偏差値の正規分布の密度に対応した枠の割り当てではない上，先にみたように景気動向に応じて年ごとに各ランクごとの枠が恣意的に決められ，かつ難関大学が優遇されがちになるということである。それゆえ，「分断的選抜」の「分断」は，各難易ランク間での枠の対等な同質の分割というより，先に述べた通り①難関大学と非難関大学との間での差別的な分断（実質指定校範囲内でも），②難関大学各校間での（学閥間の力関係などに応じた形での）枠の分割という2つの性格を強く帯びてくるのである。

さらに，そのより内在的な限界としては次のようなことが指摘できる。それは，採用総枠が減少する場合，採用における難関大学の網羅率を維持することと各ランクからの採用バランスを維持することとは以下のようなメカニズムゆえに両立し難いということである（「網羅率」とは，ここでは，一企業が新卒者を採用した大学数の，当該難易ランク内の大学総数に占める比率のこととする。竹内（1995）ではクォーター率と定義されているものである（竹内 1995：142））。

竹内も指摘するように，「分断的選抜」においては，採用において難関大学ほど網羅率が高くなり，非代替的な（特定大学からの採用枠を同ランクの他大学からの採用で代替するのを嫌う）採用となる（竹内 1995：142）。入試合格ラインの偏差値が70台の大学は数校しかないのに対し50台の大学は同一系統に限っても数十校もあるのであるから，難関大学ほど採用の網羅率が高くなることは，たとえ企業が各ランクからのある程度均等な採用を意図したとしても偏差値の正規分布の密度から必然的に生じることである（企業が採用校数の偏差値ランク別分布カーブの形状を偏差値の正規分布のそれに合わせない限り）。また偏差値の正規分布の右端近くに位置する難関大学であるということは，同レベル・同種の代替校が少ないということでもある。やや卑近な説明になるが，例えば東大や京大はそれぞれ日本で1位，2位と世間的には位置付けられており，代替校が見出し難い。それ以外の旧帝大・早慶クラスの大学においても，例えば九州

大と東北大，早稲田と慶応というように，たとえ社会的評価や入試難易度が近くとも伝統・校風・卒業生人脈・地域性などからいって相互の代替がききにくい場合が多いと思われる。企業は，たとえそれほど学歴偏重主義でなくとも，こういった大学からは可能な限りもれなく採用しておきたいと考えるだろう。反対に，中堅大学になるほどこれとは逆のことが成り立ち，各校の代替性は高まるであろう。しかしこのようなことからくる難関大学の採用における網羅率の高さが，難関大学各校からの毎年のコンスタントな採用をもたらし，それが企業と難関大学とのコネクションを一層強固にし，難関大学の非代替性をさらに強化するのである。逆に，同様な原理による中堅大学の網羅率の低さは，個々の中堅大学からの毎年のコンスタントな採用を困難とし，それが中堅大学間の代替性をさらに高めるのである。

　このようにして，採用における難関大学の網羅率の高さは，「分断的選抜」に企業と難関大学とのコネクション形成の性格を一層強固に付与する。そうなると不況等で採用総枠が縮小する場合でも上位ランクの大学からの採用枠は維持せざるを得ず，その結果中堅大学にしわ寄せが行き，各ランク間の採用人数のバランスが崩れるのである。端的に言うと，「分断的選抜」方式は，難関大学とのコネクションの維持と表裏一体であり，従って採用総枠が縮小するならば，各ランク間の採用バランスを維持することは自ずと難しくなるということである。

　以上のことから，結局この「分断的選抜」方式も，能力の多様性確保よりも，難関大学との顔つなぎというコネクション形成の性格の方が強く現れてくる方式であると言える（OB人脈はその媒介者である）。そして採用総枠が縮小する不況期にはそのような限界が一層露呈されてくるのである。今後コア的な労働市場が傾向として縮小していくならば，この種の選抜方式は，中堅大学にも採用枠を配分することによって積極的是正策となる意義よりも，希少化した枠の多くが難関大学出身者によって占有されてしまうという意味において，その限界の方がより目立つようになるであろう。

6 おわりに

　本章の記述の意図は出身大学ランクによる就職機会格差の発生を倫理的に非難することにはないし，企業側が悪意をもって出身大学ランクによる採用差別を行っているということを論証することにもない。そうではなく，必ずしも難関大学偏重には陥らないよう新卒者の出身校のバランスをとろうとする一面もある企業の採用行動にもかかわらず，結果的には一部の難関大学出身者が大企業就職において有利になってくるというメカニズムについて主に考察し，そのような採用行動が今後の労働市場の動向の中でいかなる意味合いを帯びてくるのかを指摘したものである。出身大学ランクによる就職機会格差をいかに克服するかについて論じることは，それ自体大きなテーマであるし，価値判断に過度に踏み込む問題でもあるので本章の対象からはひとまず外すべきであろう。しかし，「入試で評価される能力と職場で要求される能力とは必ずしも同じではない」という能力観を企業が本当に持っているのであれば，学校間格差に人材のスクリーニングを全面委任することは企業自身にとっても好ましいこととは言えないのは確かである。従って，企業にとっても，企業が真に必要とする能力を判定し得る新卒者選抜方針がどのようなものであるかを十分検討した上で，新卒者の選抜における主体性を持つことが求められることだけは確かであろう[21]。

　なお，本章では，本章の元になる論文が書かれた時期（1998年頃）の問題もあり，1997年以降の就職協定の廃止やいわゆるオープンエントリー制（公募制）の普及等の動きが企業の新卒者選抜方法に与えた影響については検討できていない。これについては今後も企業の人事担当者へのヒアリング等も行いながら実情を把握していくべきであろう。しかし，就職協定の廃止はOB等による難関大学学生の青田買いを一層促進させた可能性が強いと考えられる。オープンエントリー制についても，その方式による選考が青田買いを排して全面的に適用されない限りそれ自体の意味は薄い（なお，就職協定廃止以降の時期の分析については第2章で行うこととする）。

1) 1990年代後半に,従来の固定的な雇用慣行の変化,雇用の流動化傾向を説いていた議論の代表的なものとして八代(1997)が挙げられる。また,木下(1997)は,日本的雇用慣行の見直し・雇用形態の多様化を打ち出した日経連の報告『新時代の「日本的経営」』などを分析の俎上に載せながら,日本的労使関係に包まれた大企業企業内労働市場の縮小と流動的な横断的労働市場の拡大傾向を指摘している(木下 1997:127-145)。
2) ここで言うコア的労働市場という語は,神代(1983)が名付けた「良好な雇用機会」(賃金が相対的に高く,雇用も安定しており,付加給付面でも相対的に優遇され,職業上の地位も高い雇用機会)という概念に近い。また「年功的労働市場」の語は,いわゆる「年の功」ではなく,能力主義的競争・選別を伴ったいわば「年と功」に基づく労働市場としてここでは理解する。なお社会経済生産性本部(1995)は,下表の数字により「良好な雇用機会のスリム化」を指摘している。

良好な雇用機会の減少

(千人,( )は%)

年	全雇用者数[1]	東京証券取引所一部上場 924社の従業員[2]	銀行員[3]	全公務員[4]
1970	33,400 (100)	3,755 (11.2)	293 (0.9)	4,453 (13.3)
1974	36,380 (100)	3,853 (10.6)	344 (0.9)	4,930 (13.6)[5]
1980	39,970 (100)	3,431 (8.6)	373 (0.9)	5,168 (12.9)
1985	43,280 (100)	3,513 (8.1)	372 (0.9)	4,679 (10.8)
1990	48,820 (100)	3,481 (7.3)	442 (0.9)	4,408 (9.0)
1993	52,130 (100)	3,716 (7.1)	463 (0.9)	4,418 (8.5)[6]

資料出所: 1) 総務庁『労働力調査』:各年度の平均。1970年の数字は沖縄を含まない。
2) 日本経済新聞のNEEDS(各年とも3月現在)による。
3) 全国銀行協会『全国銀行財務諸表分析』
4) 総務庁『日本統計年鑑』
5) 1975年度
6) 1992年度
出所:社会経済生産性本部(1995)29ページ。

3)『学校基本調査』等によると,1990年代前半における新卒者の入職数は,高卒約50〜60万人,短大・高専卒約20〜25万人,大卒約30〜35万人程度であるが,『賃金構造基本統計調査』の統計は人数的にはその内の7割前後をカバーしている。
4) リクルートリサーチ『リクルート調査月報』1995年2月号,21ページ。
5) 日本労働研究機構(1995)7ページの表(原出典は日本リクルート・センターによる昭和52年大学卒就職内定状況調査)より計算。
6) 新規大卒者間での就職機会格差の問題を検討しようとするならば,大卒を同一学歴の集団としてひとくくりにとらえることは必ずしも適当ではない。男女間格

差の問題をひとまず置くとすれば，大卒者内部での学歴格差，すなわち出身大学ランク間格差の問題こそが就職機会格差を生み出すものとして一義的に焦点を当てられるべき問題であろう。なお，大学の社会的ランクづけと入試難易度のランクとが厳密に一致するとは限らないにせよ，両者はほぼ対応していると考えるのは妥当であり，従って本稿では入試難易度を大学ランクの代理変数とみなして議論を進めたい。

7）ただし，新規大卒者の就職データを使って大学ランク間就職機会格差の実態について検討するにあたって，1990年代に入ってからの新規大卒者の量的増加・多様化についても，留意しておく必要があると思われる。1970年代後半から1980年代半ばごろまでは，高度成長期の高等教育の急拡大による教育条件の低下への反省などから，大学の量的拡大の抑制政策がとられ，大学進学者数・進学率は横ばいで推移したのであるが，1980年代後半以降，第2次ベビーブーム世代の大学進学への対応などから抑制政策が解かれ，大学数は高度成長期の高等教育拡張期に匹敵する勢いで増加してきた。その結果，大学進学者数は1980年代後半から，大学進学率も1990年代初頭からそれぞれ再び増加に転じた。第2次ベビーブーム世代の進学が峠を越えた1993年以降も，大学進学率のみならず大学進学者数は増加傾向をたどった（これは単に大学新設・定員増の効果がタイムラグを伴って現れたという面のみならず，この時期以降，当時の文部省が大学の新設・定員増の抑制方針を再び打ち出しつつある中で，医療・福祉の人材養成系，地域振興上必要度が高い地方の大学，短大の四年制への改組などについてはその例外としたからであろう）。また，1990年代に拡張された専攻分野には，保健・福祉・医療・国際・情報・人間等の名称を冠した概して半専門職養成を目標とする領域が多いと言える。

これらから，1990年代に新規学卒者に占める大卒者の比率が増加し，かつ大卒者の属性が「多様化」してきたという結論が導けるのであるが，そのことは大卒者の水平的な多様化よりは大卒者の中での階層分化の進展，すなわちコアの労働市場に参入しうる者とそうでない者との分断や一部の有名大学出身者の特権化を引き起こした可能性の方が強いと思われる。例えばやや卑近な例になるが，バブル崩壊以後，難関国立大学と早慶クラスより下の私立大学との入試偏差値格差は拡大傾向に転じた。つまり大学受験者層の裾野の広がりによって，大学入学者間での学力差が一層拡大してしまったのである。日本の採用制度の下では大学卒業者の卒業時の学力水準が厳密にテストされることは稀で，入試偏差値に代表される入学時での学力水準が卒業者の評価基準になることが多いという実情を考慮すれば，この例からも入試難関大学出身者の大卒労働市場の中での特権化の可能性を指摘することができよう。

8）類似の研究において通常使用される受験産業の偏差値は，① 入試科目数・試験内容・競争率等によって左右される面が大きく，特に入試科目数が少なければ

高い値が出る傾向がある，② 合否五分五分のボーダーラインを表示するものであって，合格最低ラインを表示するものではない，③ 入学辞退者の多い私大の場合では入学者の学力水準とは乖離がある，等の問題もあり，入試難易度・入学者の学力水準の評価の基準としては数字そのままでは不適当な面もあると思われる．

9）A群のうち5校が国立大学であるのに対しB群C群は私立大学ばかりであるが，例えばB群に筑波大や横浜国大を加えて分析を行ってみても結果にほとんど変化はなかった．ちなみに本章で対象としたバブル期～1990年代半ば当時は，大都市圏の有名私立大学の難易度が高く，横浜国大のような地方国立大学上位校とMARCH関関同立との入試難易度の差はそう極端に大きなものではなかったと考えられる．

10）入試難易度の点でB′群に入れてもよい私立大学はほかにも若干はあるが，それらは比較的小規模な大学や理工系の大学が多いので分析結果には影響はない．なお地方国公立大学間でも難易度には幅があるがそれは無視した．また，医歯薬系の大学については考慮していない．

11）この点を確認するために，バブル期直前の1980年代の採用データまでさかのぼりうる大手都銀A行の例で同じ作業を行ってみる（下表）．

大手都銀A行の採用数推移

	1988年	1989年	1990年	1994年	1995年	1996年	1997年
採用総数	389	490	595	274	238	237	235
うちA群（占有率）	154（39.6）	148（30.2）	183（30.8）	96（35.0）	106（44.5）	103（43.5）	90（38.3）
B群	80（20.6）	101（20.6）	129（21.7）	55（20.1）	39（16.4）	35（14.8）	39（16.6）
C群	?（?）	20（4.1）	29（4.9）	16（5.8）	13（5.5）	14（5.9）	14（6.0）

※88年の法政大（B群）は翌年以降の実績から4人と推計．89年の京産大（C群）も同様にして4人と推計．

やはりバブル期直前と比較しても難関大学の占有率は上昇傾向にあり，少なくとも大学ランク間格差は縮小していないことが読み取れる．

12）この点について，両理論を対比させたサーベイとしては，荒井（1995）第7章参照．

13）この点については，竹内（1995）が次のように的確に指摘している．「教育システムに選抜と配分のすべてが委託されているわけではない以上，どのような選抜方法が行われているか，どのようなジョブ・マッチング過程が作動しているか，つまり『何故』の選抜ではなく『いかなる』選抜がおこなわれているかが照準すべき問いである．」（竹内 1995：122）．

14）立道（1994）は，従業員数5000人以上の巨大企業では，新卒者（事務系）の採用基準として，仕事への適性面は重視するが，出身大学・学業成績・専攻等の属性面は全企業の平均よりも重視せず，従って巨大企業への就職において属性面は決定的とは言えないとしている．しかし，巨大企業ではリクルーター等を通じて

難関大学から多くの学生を選考対象として集め得るのであり，その層の中では属性面はあまり問題にならないということではなかろうか（また，出身大学と大学での専攻とを共に属性面として同一の因子に一括していることには問題があると言えよう）。5000人以上の企業の場合で，採用の際にリクルーターの意見を重視する割合がデータ上際立って高くなっていることは，巨大企業がリクルーターを通じた難関大学学生の確保を重視していることを物語っている（なお技術系については，リクルーターの意見を重視する割合は低く大学での専攻を重視する割合が極めて高いという結果が出ているが，だからといって大学名を軽視しているとは言い切れない。技術系は研究室ルートで難関大学出身者を集め得るからである）。

15) 中下位ランクと言っても偏差値30台，40台の大学まで含まれるわけではない。『サンデー毎日』のデータは，有名大企業に就職できる大学ランクの下限は，バブル期でも本章でC群とした当時のいわゆる中堅大学のランク（大手予備校の偏差値で50台）にほぼあることを示している。

16) 一定難易ランク未満（ほぼ本章でC群とした大学のランク未満）の大学からは大企業はほとんど採用しない理由としては，① 企業の基礎学力重視主義，② 大卒正社員を人事上ある程度までは平等に処遇する志向がまだ残っていること，などが考えられる。

17) ただし公務員試験の場合，合格＝採用では必ずしもない。従って，採用者の絞り込みの段階では特定大学出身者が有利になるなど，民間企業の採用におけるのと同様の問題が発生することは否定できない。

18) 例えば，国家Ⅰ種試験合格者に占める旧7帝大・一橋・東工・神戸・早慶大出身者の割合は，好況期の1991年の試験では64.1％だったのが，不況期の1994年の試験では73.1％に高まっている（『受験ジャーナル』掲載の大学別合格者数ランキングより算出）。

19) 『受験ジャーナル』の大学別合格者ランキングによれば，例えば1990〜92年には国家Ⅱ種試験合格者数上位20校に入った本文中のA′群の大学は1校（早大）のみであったのが，1995年には7校に増加し，その一方でC′群の大学の占有数は1991年の8校から1995年の1校（日大）に減少している。

20) この「分断的選抜」方式については日本労働研究機構（1992a）における信託銀行Ｉ社へのヒアリングでも確認されうる（日本労働研究機構 1992a：84）。なお，Ｉ社によると，出身校名を伏せて採用面接を実施することで知られる電機メーカーＳ社においても，実際にそれが行われているかは定かでないとされる。「大学名をコントロールの対象から外すことによって，逆の結果として，採用大学が極端に偏る危険を大きくはらんでいる」というのである。

21) 安易な政策的提言は避けるべきかもしれないが，採用における大学ランク間格差をできる限り発生させない方が望ましいという価値観点に立つとすれば，偏差値に代表される一本の尺度を基準としつつ「分断的選抜」を通じての「バランス

主義」的採用を行うよりは，例えば公務員試験のごとく自由応募による競争試験を原則とし，その中で専門能力を重視する選抜方式をも導入するなどして選抜方式を多様化し，結果として出身校の多様性の実現を図るような方向性が考えられよう。もしそうした方向がコストの関係から困難であれば，最低限大学在学中の成績は見て採用すべきであろう。なお，中途採用市場では職業上の能力や実績が重視されるはずだから，中途採用市場が拡大すれば学歴・学校歴は就職において相対的に重要ではなくなるとする論調もある（例えば八代 1997）。しかし，学卒後の初職で良好な職につけば，中途採用市場においてもそれが有利に働くことは疑いない。また中途採用市場では，新卒市場以上に OB 人脈が重要になり，その意味で出身校による有利不利が大きくなる可能性も否定できない。

第2章 自由競争下の新規大卒労働市場における大学間格差
―― 2000年代以降の動向を中心に

1 本章の課題

　第1章において筆者は，バブル崩壊後の平成不況期における大企業就職機会の大学ランク間格差拡大の実態を指摘するとともに，その格差形成のメカニズムについて考察を行った。ただその分析は，主にバブル経済期から，バブル崩壊を経てその後遺症に日本の経済社会が苦しんだ1990年代中盤までの分析であった。だが1990年代後半以降，日本経済がバブル後遺症からの脱却を目指す過程で，経済・社会の状況は大きく変化してきた。その変化の方向は，総じて言えば，経済のグローバル化の進展や，それに伴う新自由主義的な社会・経済思潮の強まりであったと言えるであろう。こうした変化の中で，新規大卒者の就職をめぐる環境もまた少なからぬ変化を遂げてきた。

　その主たる変化の第1は，1997年の就職協定の廃止と，それに伴う採用活動の早期化・長期化傾向である[1]。第2は，産業構造の変化や企業の人事管理の変化などに起因する企業側が求める人材観・能力観の変化の兆しである。第3は，経済活動の東京一極集中化のさらなる進行である。こうした環境変化の中で新規大卒労働市場においては，就職協定などの規制と第1章で検討した「分断的選抜」などの統制メカニズムとによって制御された採用から，新卒労働市場の範囲内ではあっても市場主義的な自由競争による採用へという流れが総じて強まっていると言えよう。

　さらにその流れの中で，企業の採用基準や企業側から「期待される人間像」の変化も生じている可能性がある。また，グローバル化やコーポレートガバナンスの変化などに伴う近年の企業の人事管理の変化は，企業をして，長期的な

伸びしろのある人材よりも，「即戦力」としての価値のある人材に採用の重点をシフトさせている可能性がある。さらに，東京一極集中化の進行は，新卒就職機会における大学立地間の格差を拡大させ，例えば東京のいくつかの有名大学を有利に，地方の大学を不利にしている可能性がある。

　本章では，こうした1990年代後半以降，とりわけ2000年代に入ってからの新規大卒労働市場における市場主義的自由競争の強まりや企業の人事管理変化が，新卒就職機会における大学間格差にどのような影響を及ぼしているのかを，第1章でも用いたように『サンデー毎日』に毎夏掲載される大学別の主要企業就職数のデータを使いながら検討したい[2]。特に新卒就職機会における大学間格差が従来と比べどのように変化してきているかについて，入試難易度に加えてスクールカラーの要素も考慮した大学類型間の格差や，東京一極集中化の中での地域間格差も視野に入れながら検討したい。

2　1990年代後半以降の新規大卒労働市場に関する先行研究の概観と仮説の設定

(1)　先行研究の概観

　前述の1990年代後半以降の新規大卒労働市場の環境変化が，新卒就職機会における大学間格差にどのような影響を与えたのか。データの検討に入る前に，本節ではこの点に関して先行研究を簡単にレビューしておく。

　まず就職協定廃止については，それが採用活動の早期化・長期化をもたらしたということが指摘できる（日本労働研究機構 2000，橋本 2001，永野編著 2004など）。また，就職協定廃止が一部の有名大学学生を対象とした青田買いを加速させ，その結果学校ランクなどによる就職機会の「両極化」が一層深刻化した面もあると考えられる。例えば，1993年・1997年・2005年の3時点間での学校歴による就職機会の差異を比較した濱中（2010）も，就職協定廃止以降従来よりも早期化・長期化してきた就職活動期間の中で，1990年代と比べて2000年代には内定獲得時期の差が大学ランク間で拡大していることを指摘している。

また濱中は，採用活動の「自由化」の中で，学校歴間の就職機会格差が就職協定廃止直後の時期よりも近年学生自身により強く認識されるようになってきていることも指摘している。

　企業の人材観・能力観の変化については，いわゆるポスト工業化社会において，そこで必要とされる能力が従来と比べ変化してきたことに基本的には由来するものである。要するに，「ものづくり」中心に組み立てられてきた経済社会から，知識や情報に依存する度合いの高い経済社会への移行に伴い，例えば定型的な課題を確実かつ迅速に処理する能力よりも，課題の発見・解決能力や創造性などが重視されるようになってきたということである。そして，本田由紀が「ハイパー・メリトクラシー」と呼んだように，前者の能力（「近代型能力」）よりも後者の能力（「ポスト近代型能力」）の方が，メリトクラシーの観点においても重視されるようになってきたということである（本田 2005a)[3]。従って，例えば入試難易度の高い大学の学生で基礎学力が十分にあったとしても，思考の柔軟性を欠いたり，コミュニケーション能力に難があったりすれば，新卒労働市場において必ずしも高い評価は得られないこともあり得る。

　要するに，新卒就職における大学ランク間格差は，就職協定廃止などによる採用の自由化の結果，かえって従来以上に拡大したという可能性が指摘できる。しかし同時に，企業の人材観・能力観の変化ゆえに，個々人のレベルで見れば難関大学の学生が新卒就職において必ずしも有利にはなっておらず，同一大学内格差も拡大しているという可能性も考えられるのである。

(2) 仮説の設定

　以上を踏まえ本章では，以下の作業仮説を設定し，それらをデータに即して検討する。その上で，就職機会における大学間格差が拡大したのかどうか，それが拡大したとして，（必ずしも入試難易ランク間の格差に限らず）どのような側面において大学間格差が拡大したのかについて検討する。

　第1の仮説は，新卒就職機会における（主に入試難易度に基づく）大学ランク間格差についてのものである。すなわち，「分断的選抜」などのある種の規制

に守られた新規大卒労働市場が，近年の採用活動の自由化の中で良好な就職機会に関して自由競争の度を強め，その結果として大学ランク間の格差を増幅させている可能性があるのではないかというものである。だが一方で，企業側の能力観や採用基準の変化によって，偏差値上位校の有利さは必ずしも強まっていない可能性もある。結果としてこのどちらの側面が強く現れているかを検討する必要がある。

　第2の仮説は，新卒就職機会における大学類型間格差についてのものである。すなわち，ほぼ同じ入試難易ランクの大学間においても，近年は大学のタイプによる格差が拡大してきているのではないかということである。例えば，長期雇用システムの衰退や企業経営上の視野の短期主義化に伴い，実利的・体制順応的なスクールカラーの大学，あるいは教育内容が実学にシフトした大学，さらには「即戦力」型の学生を多く抱える大学などが有利になっていないだろうか。その一方で，地方の国公立大など，従来は学生のポテンシャルや長期的な伸びしろの点から評価されてきた大学が不利になっていないであろうか。また，新卒就職機会における男女間格差を検討すること自体は本章の範囲を超えるものの，女子大の動向についても注意を払う必要もある。いずれにせよ，第2の仮説の観点からは，入試難易度という縦軸のみならず，大学のキャラクターといったいわば横軸も考慮する必要があると思われる。

　第3の仮説は，第2の仮説の内容とも一部重複するが，新規大卒就職機会における地域間格差についてのものである。すなわち，大手企業本社の東京一極集中が続く中では，地方枠や地方での採用選考の恩恵を受けてきた地方の大学の学生が，首都圏の学生に比べて不利になってきている可能性があるのではないかというものである。これについては，特に，大手企業の本社機能の東京流出が近年続いてきた関西圏の大学の変化を首都圏の大学との対比において調べる。

3 1990年代後半以降の新規大卒就職機会格差の動向
：新卒採用データの分析から

上記の作業仮説の視点に基づき，本節では1990年代後半以降の主要大企業の新規大卒採用の動きを分析してみる。分析は，第1章と同様，『サンデー毎日』に毎年夏頃掲載されている「就職ランキング」，特に「主要大学」各校から「有力企業」各社にその年何人就職したかを集計した「クロス・ランキング」のデータ（1989～2010年）を用いて行う。分析手法は，大学を入試難易ランクごとに区切り，各ランクの大学群間の採用比率の経年変化を見ることにより，大学ランク間格差の動向を検討する。分析対象とする業種については，内部労働市場の発達した伝統ある有名大企業を擁し，学生の第一就職希望先として選ばれることも多い業種を対象とする。具体的には，都市銀行，総合商社，自動車，電機，鉄鋼である。これらの分析手法や分析対象は，第1章とほぼ同様のものである。ただし本章では，前節で述べたような視点を取り入れることから，大学間格差に関して，入試難易ランク間格差のみならず，大学のタイプ間・地域間の格差や，業種間での格差の現れ方の差異についても検討していく。

(1) 入試難易ランク間格差

まず結論から言うと，1990年代後半以降の新規大卒就職機会における大学の入試難易ランク間の格差について，第1章で行ったものと同様の手法で分析すれば，「新卒採用数における大学ランク間格差の程度には，景気変動との相関が見られる」という傾向が依然検出できる。ただし以下で見るように，その現れ方については業種ごとにやや相違がある。

(a) 都市銀行の場合

まず，都市銀行について，いわゆる3大メガバンク（三井住友，みずほ，三菱東京UFJの各銀行，及びそれらの前身行）を例に，大学別採用数のデータ（1989～2010年）を分析する[4]。ただし，バブル期から1996年頃までの動向については第1章で言及したので，ここでは主に1997年以降（特に2000年代以降）

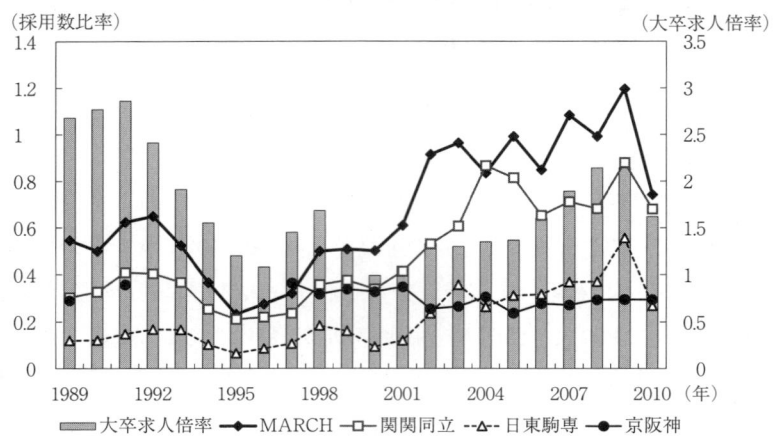

図2-1 東一早慶に対する各大学群の採用数比率（3大メガバンク）

注：大卒求人倍率は，リクルートワークス研究所『ワークス大卒求人倍率調査』による（以下同じ）。
大学群別採用数は『サンデー毎日』からの筆者集計による（以下同じ）。

の動きについて分析する[5]。

　3大メガバンク（およびそれらの前身行）の場合，図2-1のグラフの通り，バブル崩壊直後の1990年代半ばに続く2000年代初頭における就職難の第2のピークにおいても，MARCH（明治大・青学大・立教大・中央大・法政大）や関関同立（関西大・関西学院大・同志社大・立命大）からの採用数は，バブル崩壊後ほどの落ち込みを見せていない。そしてその結果として，東一早慶（東大・一橋大・早大・慶大）や京阪神（京大・阪大・神戸大）とMARCH・関関同立との採用数比率の格差も，バブル崩壊直後の1990年代半ばに比べてさほど開いていない。

　次に，1990年前後のバブル期にも匹敵する2000年代後半の大量採用期[6]においては，東一早慶からの採用数がバブル期の6割～8割程度にとどまっているのに対し，MARCHからの採用者数の合計はバブル期を上回る数となっている。さらに，いわゆる日東駒専（日大・東洋大・駒澤大・専修大）からさえも，この4校の採用数合計で見ると，バブル期を上回る数が採用されている。

　このように，2000年代以降の3大メガバンク（およびそれらの前身行）に関

しては，2000年代初頭の不況期においても，採用数における大学ランク間格差が1990年代半ばの平成不況期ほどには顕著に現れていないことが確認できる。そして2000年代後半の大量採用期には，1990年代初頭のバブル期以上に大学ランク間格差が縮小している。

　メガバンクの場合，2000年代に入ってからは大学ランク間格差が1990年代ほどには顕著に現れていないことの背景には，1990年代後半以降の金融危機や不良債権問題，金融機関の相次ぐ再編などの中で，メガバンクなどの大手金融機関が難関大学学生にとって従来ほど魅力的な就職先ではなくなってきたこともあるだろう。またメガバンクの場合，2000年代に入ってから採用数が回復する中で一般職採用も再びある程度増加した[7]ことが，トータルの採用数で見た場合の大学ランク間格差を見えにくくしている面もあろう。

　とはいえ，東一早慶や京阪神からの採用数の年ごとの変動は少なく安定しており（例えば2000～2010年の採用数の変動係数は東一早慶0.295，京阪神0.294），第1章で検討したような大学ランクごとの「分断的選抜」はやはり維持されているとみるべきである。一方，MARCHや関関同立からの採用数の変動は，2000年代に入ってからでも東一早慶や京阪神よりは依然大きい（2000～2010年の採用数の変動係数はMARCH0.46，関関同立0.434）[8]。そして，リーマンショック以降の景気後退の新卒労働市場への影響が深刻化してきた2010年には，MARCHや関関同立（特にMARCH）の東一早慶に対する採用数比率は，それぞれ2000年代初頭の不況期に近い水準にまで下がっている。ただし，MARCH・関関同立（あるいはそれ未満のランクの大学）からの採用には一般職採用者が多く，この部分の採用数の変動が，MARCH・関関同立全体の変動を大きくしている可能性はある[9]。

(b)　総合商社

　次に総合商社（三井物産，三菱商事，住友商事，伊藤忠，丸紅のいわゆる5大商社）について3大メガバンクと同じ期間で検討すると，図2-2のグラフが示すように，2000年代初頭の就職難の第2のピークにおいて，大学ランク間格差が再び顕著に出現している。例えば，MARCHの採用者数の東一早慶の採

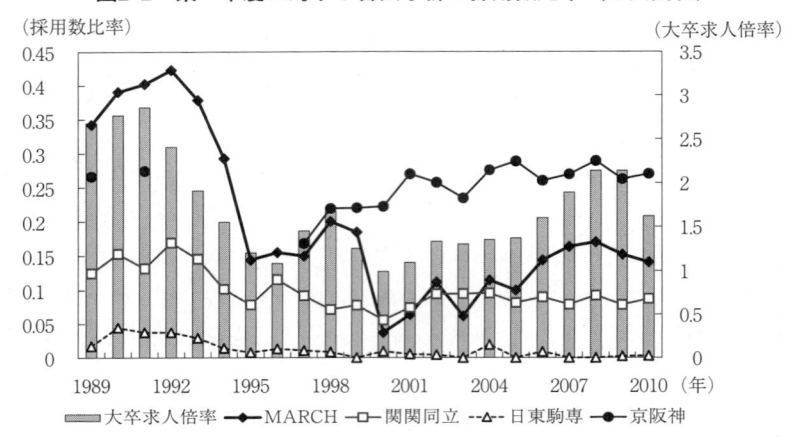

図2-2 東一早慶に対する各大学群の採用数比率（5大商社）

用者数に対する比率（MARCH／東一早慶）は，2000年にはわずか0.037（27分の1）に落ち込むなど，バブル崩壊直後の1990年代半ばに続いて2000年代前半にも格差が顕著になっている。なお，これらに関西の大学も加え，MARCH関関同立と東一早慶京阪神との間で比率を取っても（MARCH関関同立／東一早慶京阪神），その値は2000年で0.078（約13分の1）となり，多少差は縮まるものの，格差拡大の傾向は変わらない。

しかし2000年代後半の大量採用期においては，メガバンクほどではないにせよ，東一早慶とMARCHとの格差はやはり縮小している。さらに，関西の大学も含める形で，東一早慶京阪神とMARCH関関同立との間で比率を取ると，両大学群間の差はさらに縮小している。

ただしこの2000年代後半の大量採用期においても，総合商社の場合，メガバンクとは違い，大学ランク間の格差はバブル期の水準までには縮小してはいない。2000年代後半の大量採用期でも，バブル崩壊後の1990年代半ば（平成不況期）と同程度の格差がある。そしてリーマンショック後の2009年以降はMARCHと東一早慶との格差はさらに拡大している（関関同立については2009年以降の東一早慶との格差拡大傾向は明確ではないが）。このことは，MARCHや

第２章　自由競争下の新規大卒労働市場における大学間格差　51

関関同立からの総合商社への就職者は一般職が多く，かつ総合商社の一般職採用が近年極度に抑えられていることの反映であろう。これは，全国展開し多くのリテール部門を有するがゆえに，一般職やそれに近い人材をある程度はコンスタントに採用し続けなければならないメガバンクとの相違である。

(c)　メーカー

　メーカーなど他の業種では，総合商社同様，2000年代初頭の就職難の第２のピークにおいて，大学ランク間格差が1990年代半ばに続いて再び顕著に出現している。特に，MARCHが採用数・比率を低下させている。

　例えば，自動車大手Ａ社では，図2-3のように，2000〜2002年における東一早慶に対するMARCHの採用数の比率（MARCH／東一早慶）は，各0.11, 0.07, 0.1であり，1990〜1992年の各0.97, 0.4, 0.81という値に比べてきわめて小さなものとなっている。なおこれは，バブル崩壊直後の平成不況期である1993〜1995年の各0.55, 0.3, 0.27という値に比べてもはるかに小さい。さすがに2006〜2008年の売り手市場期にはこの比率は各0.23, 0.24, 0.21となり格差がやや縮小しているが，バブル期の比率には遠く及ばない。そして買い手市場に転じ始めた2009年には0.2, 2010年には0.21と再び格差拡大の傾向を見せ始

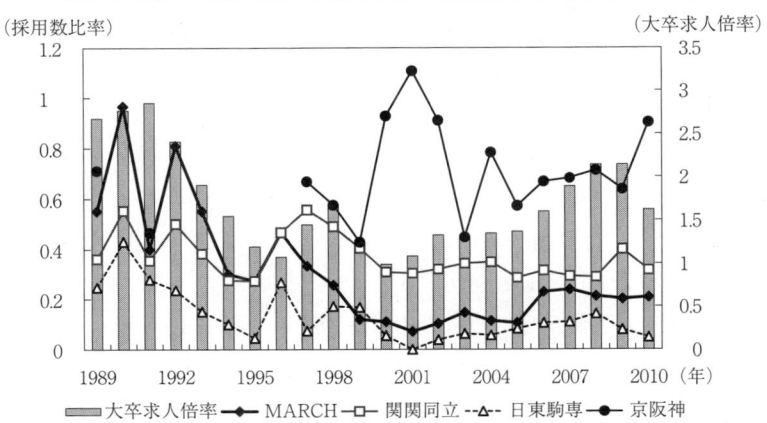

図2-3　東一早慶に対する各大学群の採用数比率（自動車Ａ社）

ている。要するに自動車大手 A 社の場合，バブル崩壊以降，採用数における東一早慶と MARCH との格差は傾向的に上昇しているということである。

このように，自動車大手 A 社では上位校（東一早慶）と中堅校（MARCH）との採用数の格差が2000年代に入ってから傾向的に拡大しており，2006～2008年の売り手市場期においてさえも，1993～1995年あたりの平成不況期以上の格差となっている。ただし，同じ中堅校でも，関関同立からの採用数は MARCH に比べればまだ比較的安定している。例えば MARCH から同社に採用された人数の変動係数が0.73（1989～2010年），0.672（1997～2010年）であるのに対し，関関同立のそれはそれぞれ0.506，0.45である。そのため，MARCH 関関同立／東一早慶京阪神の比率は，MARCH／東一早慶の数値ほどには極端な変動はみせていない。しかしそれでもなお，メガバンク・総合商社よりも大学ランク間格差の現れ方が激しい。

その一方で，（データの欠損年が多いが）東北大・名古屋大・九州大など，大学ランク的にはほぼ早慶水準の地方旧帝大からの採用数は，2000年代初頭以降むしろ増加傾向にある。また，ほぼ全員が技術系での採用となるであろう東工大の場合，同校からの自動車大手 A 社への採用数の変動係数は1997～2010年の期間で0.445と，東一早慶の0.478や京阪神の0.456よりも低い。ちなみにこの数値は，大学別でみても一橋大（0.439）とほぼ同じであり，東大（0.507）京大（0.46），そして恐らくは技術系採用者が中心であろう名大（0.75）九大（0.566）などよりも低く，極めて安定している。

上記のような上位校（東一早慶）と中堅校（MARCH）との採用数の格差拡大傾向は，電機大手 A 社においても指摘できる。電機大手 A 社の場合，2000～2005年の各年における東一早慶に対する MARCH の採用数の比率（MARCH／東一早慶）は，各0.13, 0.25, 0.24, 0.21, 0.13, 0.11であり，1990～1992年の各0.85, 0.6, 0.7と比べてきわめて小さなものとなっている（図2-4）。これは，バブル崩壊直後の平成不況期である1993～1995年の各0.44, 0.46, 0.8という比率に比べてもはるかに小さい。さすがに2006～2008年の売り手市場期にはこの比率は各0.13, 0.24, 0.19と格差が若干縮小しているが，買い手市場に転じ始

図2-4 東一早慶に対する各大学群の採用数比率（電機A社）

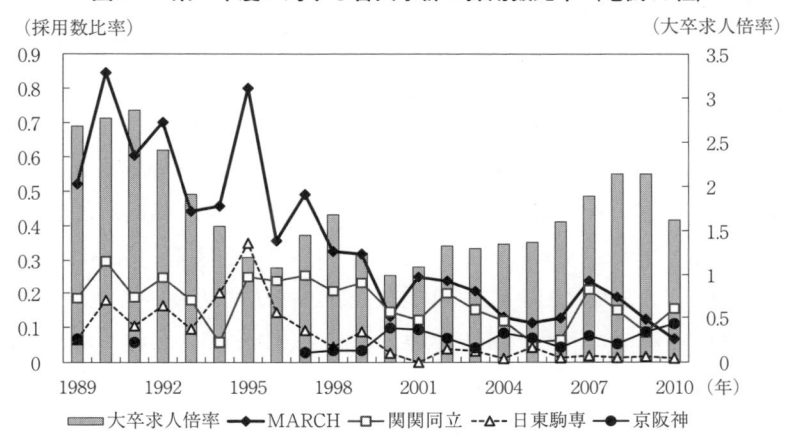

図2-5 東一早慶に対する各大学群の採用数比率（鉄鋼A社）

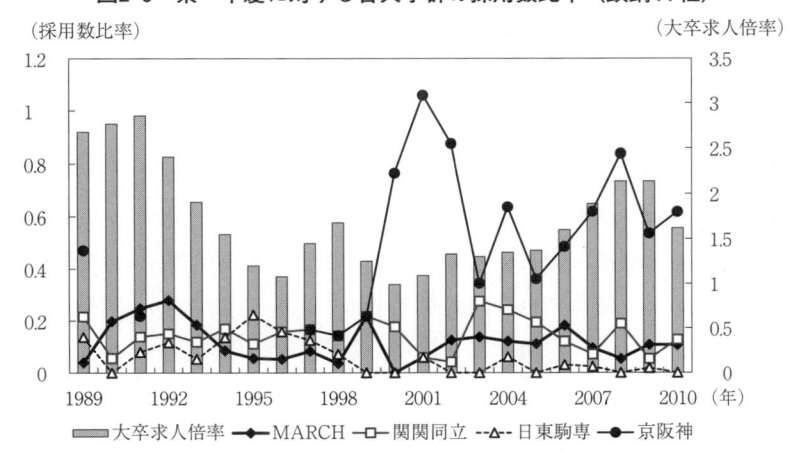

めた2009年には0.12，2010年には0.07と再び格差が拡大してきている。

　鉄鋼大手A社についてもこれは同様である（図2-5）。もっとも鉄鋼の場合，1990年代初頭のバブル期でもMARCHからの採用数がさほど多いわけではなかったが，それでも1992年のピーク時には，東一早慶に対するMARCHの採

用数の比率（MARCH／東一早慶）は0.28に達していた。しかし，早くも1994年からMARCHからの採用数自体が一桁に落ち込んだ上に，東一早慶に対する比率は1990年代半ばから現在まで0.0～0.1台と低迷している（2000年代後半の売り市場期でも比率は低迷している）。

上記のことから，メーカーの場合，採用数における大学入試難易ランク間格差，特に東一早慶とMARCHとの格差がバブル崩壊以降，傾向的に上昇していると言える。要するにメーカーの場合，メガバンクとは違って2000年代半ば～後半の売り手市場期においてもさほど格差が縮小していない上に，リーマンショック以降の今次不況期にまた格差が拡大し始めている。むろんMARCHの場合事務系採用者が多く，事務系採用枠の減少が大学ランク間格差を大きくしている可能性はある。しかし例えば（ほぼ事務系採用者のみと考えられる）一橋大からの採用数は比較的安定していることを考えれば，やはり大学ランク間格差が拡大していると解釈すべきである。一方，旧帝大クラスの主要国立大は，技術系採用者の比率が多いこともあろうが，MARCH関関同立といった中堅クラスの私大よりもはるかに安定した採用実績を残していると言える。

(2) 大学類型間格差

新卒就職に関する大学類型間の格差については，入試難易ランク的に近接しているがスクールカラーにやや相違のみられる同地域（首都圏）の大学間で，業種ごとに比較し，近年の格差の動向を検証してみる。例えば，早稲田大と慶応大との比較，明治大・中央大と立教大・青学大との比較といった形である。さらに女子大と共学大との比較も行うこととする。

(a) 早大 vs. 慶大

まず，早稲田大学と慶應義塾大学とについて比較する。1990年代半ば頃から，早大との比較における慶大の社会的評価の上昇が世間的に言われるようになった[10]。現実に予備校の追跡調査などでは，近年は早慶の同系統の学部にダブル合格した者の間では慶大に入学する者が過半となっている例がほとんどである[11]。このように，慶大の社会的評価が相対的に上昇し，慶大への学力上位層

図2-6　採用数における慶大／早大比率の推移

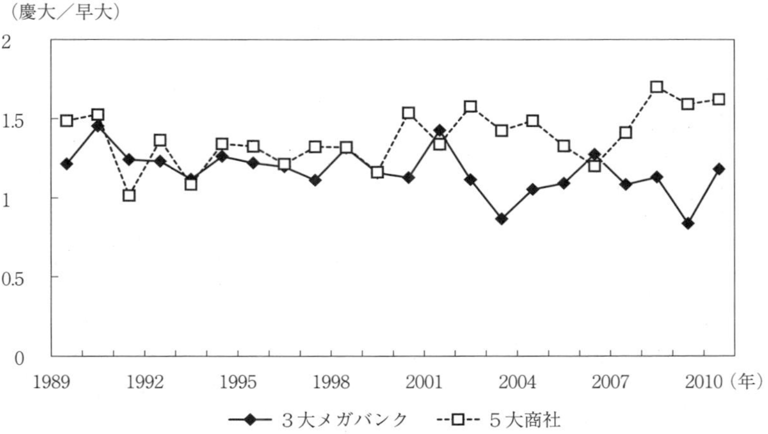

の流入も進んだことは，新卒就職における両校の差として表面化してきているのであろうか。

ところが現実には，３大メガバンクに関しては，早慶両校間の採用数の比率は時系列的に見てほぼ一定であり，近年両校の格差が拡大してきているという傾向は見出せない（図2-6）。ちなみに，この1989年から2010年までの22年分のデータについて，各年の大卒求人倍率を説明変数（X），採用数における早大に対する慶大の比率（慶大／早大）を被説明変数（Y）とした単回帰分析を行ったが，統計的に有意な結果は出ない（Y＝0.0458X＋1.093，修正済 R2乗値－0.0139，P 値0.4090）。

ただし2000年以降のデータに限って同様の単回帰分析を行うと，これも統計的に有意ではないがＸ係数にマイナスの値が出る（Y＝－0.1384X＋1.3134，修正済 R2乗値0.0282，P 値0.2854）。すなわちこれは，大卒求人倍率が低い時ほど慶大／早大の比率が上昇するということである。実際，景気悪化の影響で大卒求人倍率が急低下した2010年には，慶大／早大の比率が前年の0.84から1.18へと急上昇している。

５大商社に関しても，図2-6が示すように３大メガバンクとほぼ同様であり，

図2-7 採用数における慶大／早大比率の推移

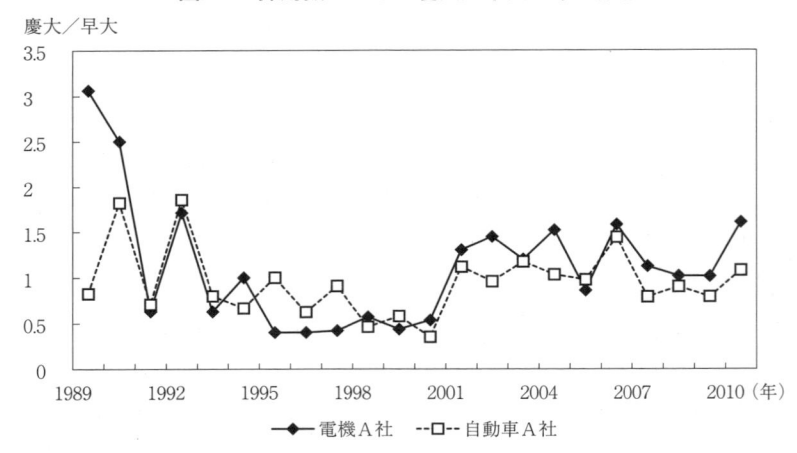

採用比率に関して早慶両校の格差が近年拡大してきているという傾向は見出せない。ちなみに、この1989年から2010年までの22年分のデータについて、3大メガバンク同様に各年の大卒求人倍率を説明変数（X）、採用数における慶大／早大の比率を被説明変数（Y）とした単回帰分析を行っても、統計的にも有意な結果は出ない（Y＝0.0081X＋1.3679、修正済R2乗値－0.0492、P値0.9056）。ただし、2000年代に入ってからは、慶大／早大の比率が1990年代に比べてやや上昇し、高止まりしている傾向は若干見られる[12]。

メーカーについては、やや結果が異なる。図2-7からも見て取れるように、2000年代に入ってから、電機A社・自動車A社ともに、早大に対する慶大の採用数の比率が上昇している。上記のメガバンクや総合商社と同じように統計的にやや立ち入って検討しても、電機A社の場合、1989〜1999年のデータでは大卒求人倍率と慶大／早大の比率との間には統計的に有意な正の相関があり、大卒求人倍率（X）の低い買い手市場の時期には慶大／早大の比率（Y）が低く、大卒求人倍率の高い売り手市場の時期には慶大／早大の比率が高く出る傾向が明瞭に見られた（Y＝0.5711X＋0.1738、修正済R2乗値0.1978、P値0.0219）。だが2000年以降のデータからはそのような傾向が消え、大卒求人倍率と慶大／早大

の比率との間に有意な相関が見られなくなっている。自動車A社についても，電機A社ほどではないが同様の指摘ができ，1989～1999年のデータでは大卒求人倍率と慶大／早大の比率との間には（統計的には有意ではないが）正の相関があったが，2000年以降のデータからは正の相関が消失している。

要するにこれは，2000年代に入ってから新卒市場における早慶間の力関係が変化し，製造業の少なくともこの2業種では慶大が以前よりも力をつけ，不況にも強くなってきたことを示唆している。ただし，電機A社・自動車A社ともに，2000年代以降有意な負の相関が現れたわけではないので，早大に対して慶大が明確に優位に立ったとは言えない。あくまで1990年代に比べれば，メーカー就職において早大との対比で慶大の力が増したということである。

このように，（近年，社会的評価や両校ダブル合格者の入学状況等において慶大＞早大という状況があるものの）新卒就職における早慶の力関係の変化の現れ方には業種によって差異がある。その中でメーカーにおいては近年慶大が実績を上げつつあると言える。しかし，少なくとも文系学生の就職の主目標となる都市銀行や総合商社においては，（上記の分析のように2000年代に入ってから慶大の力がやや増している傾向は見られるものの）新卒就職における早慶両校の力関係の変化は明確には見出しがたく，基本的には1990年代以前と大差ない採用バランスが続いていると言える。

(b) 明治・中央 vs. 立教・青学

次に，いわゆるMARCHとして入試難易度的にはほぼ同レベルとみなされているが，大学の成り立ちには相違があり，校風もやや異なっているとされる明治大・中央大グループと立教大・青山学院大グループとの間で比較を行う（図2-8）。なお，これらの大学からの就職者は事務系が中心であることから，メガバンクと総合商社について比較を行う。

まず，3大メガバンクについては，厳選採用となった1995，1996年と2000年前後とに，立教大・青学大に対する明大・中大の比率がやや落ち込んでいるが，それ以外の時期は明大・中大／立教大・青学大の比率は1.2～1.5でほぼ安定している。

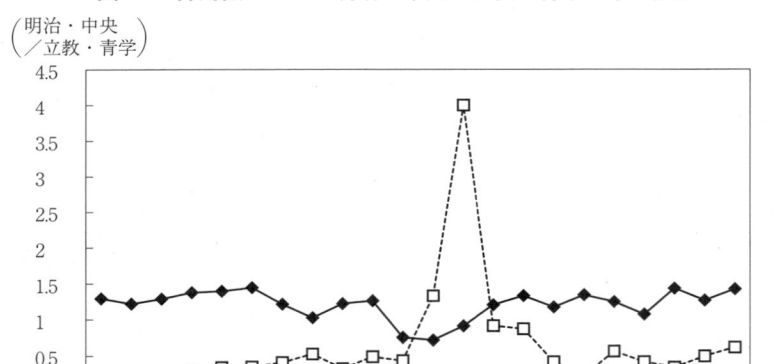

図2-8 採用数における明治・中央／立教・青学比率の推移

（明治・中央／立教・青学）

凡例：◆ 3大メガバンク　□ 5大商社

　5大商社については、対象とした1989〜2010年のほとんどの時期で明大・中大／立教大・青学大の比率は0.5前後と安定している。ただ、極端に就職難であり総合商社の一般職求人も激減していた2001年前後だけは、明大・中大／立教大・青学大の比率が急激に上がっている。これは、この時期に採用数を激減させた立教・青学ほどには明治・中央（特に中央）が採用数を減らさなかったことによるものであるが、これは主にはMARCHの中では"別格"と言うべき中大法学部の貢献によるものと考えたい[13]。

　このように3大メガバンクと5大商社への就職実績から示唆されることは、MARCHの中でやや異なった歴史や校風を持つ明大・中大グループと立教・青学グループとの間においても、就職数の相対的な比率はこの20年間ほどの期間ではそれほど変化はないということである。ただそれでも、立教・青学の就職実績が明大・中大に比べて女子一般職に依存する傾向がやや高いことと、それゆえにそれが不況時に明大・中大との差として現れてくることは、総合商社就職数の動向からは推察できよう。

(c) MARCHvs.有名女子大

　次には，3大メガバンクと5大商社を対象に，MARCHと入試難易度的にそれに近い有名女子大（日本女子大・東京女子大）との採用数推移の比較を行う（図2-9）。このことにより都市銀行や総合商社の一般職の採用動向の変化を見ることができるからである。

　まず3大メガバンク（およびその前身行）については，バブル崩壊後の不況期にこの2女子大は採用の絶対数を大きく減らし[14]，MARCHに対する比率も若干下げている。だが，2000年前後の不況期にはむしろMARCHに対する比率を大きく上げている。このことは，バブル崩壊後，この2女子大からは一般職を中心とした採用数がいったん減少したが，2000年代に入るとその採用枠が回復されたということを示唆している（現実にこの2女子大からの採用数の合計は，2000年92人，2001年120人となっている）。

　2002年以降この2女子大はMARCHに対する比率を傾向的に低下させているが，それでも2002～2009年の期間は両校合わせた絶対数ではバブル期を上回る採用数を毎年出しており（2004年は除く），両校からの一般職を中心とした採用枠は維持されているとみるべきである。要するにこの2女子大は，メガバン

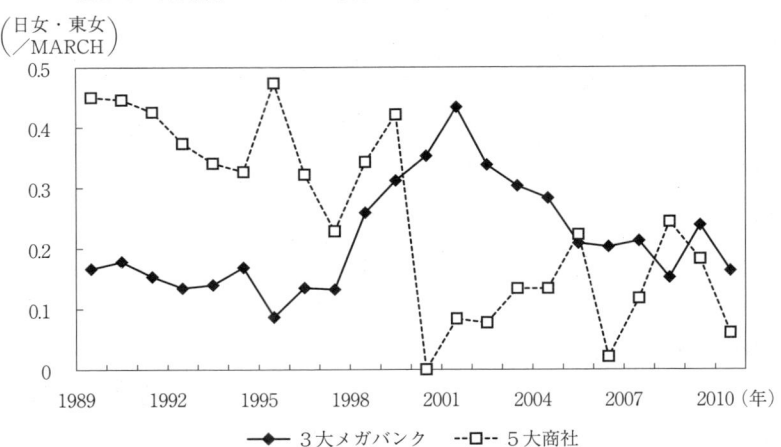

図2-9　採用数における日女大・東女大／MARCH比率の推移

ク就職においてMARCHとの相対的な比較では近年やや分が悪くなってきているが，絶対数的にはその採用枠をある程度維持しているということである。

一方5大商社については，まずバブル崩壊後の1990年代半ばにこの2女子大からの採用数が減少し，MARCHに対するこの2女子大からの採用比率もやや下がっている。そして，1990年代末にいったんこの比率は回復したものの，2000年代に入ってからはこの2女子大からの採用数が激減し，MARCHに対する採用数の比率もバブル崩壊後の平成不況期以上に大きく下がっている。これは，2000年代に入ってから総合商社の一般職採用が激減したからであろう。また，その後の景気回復・売り手市場期においても，この2女子大からの採用数は1990年代の水準には遠く及ばず，MARCHに対する採用数の比率もさほど回復していない。これは，この2女子大の採用数並びにそのMARCHに対する比率において1990年代並のレベルが維持されているメガバンクとは大きく異なる状況である。

MARCHと有名女子大との比較における以上の結果から示唆されることは，MARCHとの対比でも女子大の方が景気動向・採用動向の影響を強く受けること，そして女子大の就職状況は一般職採用の動向変化に特に大きく影響されるということである（現実に1989～2010年の期間における採用数の変動係数は，3大メガバンクでMARCH0.48，この2女子大が0.488であり，5大商社ではMARCH0.801，この2女子大が1.096となっている）[15]。さらに，一般職やそれに準ずる職種の採用において，有名女子大の学生がMARCHの女子学生に代替される傾向が出てきているのではないかということである（このことの背景には，近年の共学志向の高まりに伴う有名女子大学生の学力水準の相対的低下や，一般職が少数精鋭化し，一般職への能力的な要求水準も従来より高いものになってきたという事情もあると思われる）。

(3) **地域間格差**

次に，新卒就職における地域間格差について，首都圏の大学対関西圏の大学という観点から検討する。地域間格差について検討するにあたって首都圏と関

西圏とを比較するのは，近年の経済活動の東京一極集中化の中で経済活動における関西圏の中枢性が低下し，それが関西圏の大学の就職状況に影響している可能性も考えられるからである。また，首都圏の有名大学とほぼ同ランクの総合大学が相当数存在している地域は関西圏であるからである。

(a) 地域間格差：MARCH vs. 関関同立

上記の視点から，まずMARCHと関関同立という東西の有名私大群同士で比較すると，ここで取り上げたどの業種でもMARCHの方が採用数の変動が大きく，不況期に採用数を大きく減らしている。例えば，3大メガバンクの場合，1989～2010年の採用数の変動係数は，MARCHが0.48であるのに対し，関関同立は0.453である（2000～2010年の間では，MARCHが0.46であるのに対し，関関同立は0.434）。5大商社の場合だと，1989～2010年の採用数の変動係数は，MARCHが0.801であるのに対し，関関同立は0.529である（2000～2010年の間で見ると，MARCH0.567であるのに対し，関関同立は0.299）。

そして前掲の図2-1～2-5からも明らかなように，関関同立は東一早慶に対する採用比率の変動が各業種とも比較的小さいのに対し，MARCHはそれが不況期に大きく落ち込んでおり，要するに不況期にはMARCHに対する関関同

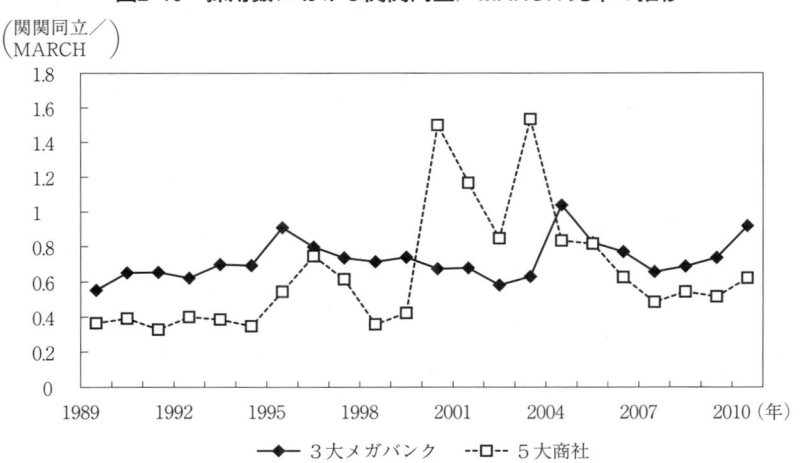

図2-10 採用数における関関同立／MARCH比率の推移

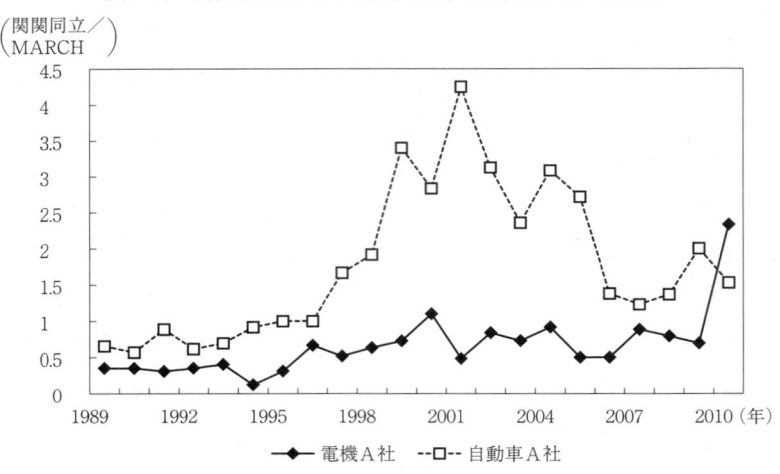

図2-11 採用数における関関同立／MARCH比率の推移

(関関同立／MARCH)

凡例: ◆ 電機A社　--□-- 自動車A社

立の採用比率が上昇していることがわかる。このことは，関関同立／MARCHの採用数比率の年次推移をグラフで表した図2-10，図2-11からも一層鮮明に読み取れる。特に5大商社と自動車A社において，2000年代初頭の不況期に関関同立／MARCHの比率が大きく上昇している。また，経済活動の東京一極集中化が進んできた近年において，関関同立／MARCHの比率はむしろ傾向的に上昇している。

(b) 地域間格差：東一早慶 vs. 京阪神

次に，東一早慶と京阪神という東西の難関大学群同士で比較してみる。まず3大メガバンクの場合，1997〜2010年の採用数の変動係数は，東一早慶が0.26であるのに対し，京阪神は0.279である（2000〜2010年の間では，東一早慶が0.295であるのに対し，京阪神は0.294）[16]。5大商社の場合だと，1997〜2010年の採用数の変動係数は，東一早慶が0.238であるのに対し，京阪神は0.277である（2000〜2010年の間では，東一早慶が0.262であるのに対し，京阪神は0.297）。

このように，東一早慶と京阪神との比較でも，近年京阪神の方だけ採用数の変動が大きくなっているとは言えず，両群は似通った変動を示している。事実，

第2章 自由競争下の新規大卒労働市場における大学間格差 63

採用数における京阪神／東一早慶の比率は，前掲の図2-1,図2-2の通り2000年代以降3大メガバンク，5大商社ともおおむね0.25〜0.3の数値で安定している。さらに自動車・電機・鉄鋼においては，京阪神が東一早慶に対する比率を近年むしろ上げてきている傾向すら見て取れる。

(c) 地域間格差：東大 vs. 京大

上記のように難関大学については，東一早慶と京阪神との比較において，景気変動の中でもどちらかと言えば京阪神の方が安定した採用数を維持していることを指摘した。ただ，特にその中でも，この両グループのトップとみなされる東大と京大との格差についてはどうであろうか。東京一極集中化の影響もあり，近年東大に対する京大の相対的地盤沈下が指摘され[17]，特に2005年頃からは入試難易度においても東大京大間の格差が拡大している[18]が，就職実績の格差についてはどうなのであろうか。東大京大といえども平均的な学生はやはりE系民間企業に就職していくのであるから，メガバンクや総合商社，有名メーカーへの就職数を検討することにはこの点を検討する上で意味があるであろう。

この点についてデータに基づき検討すると，まず3大メガバンクについては，

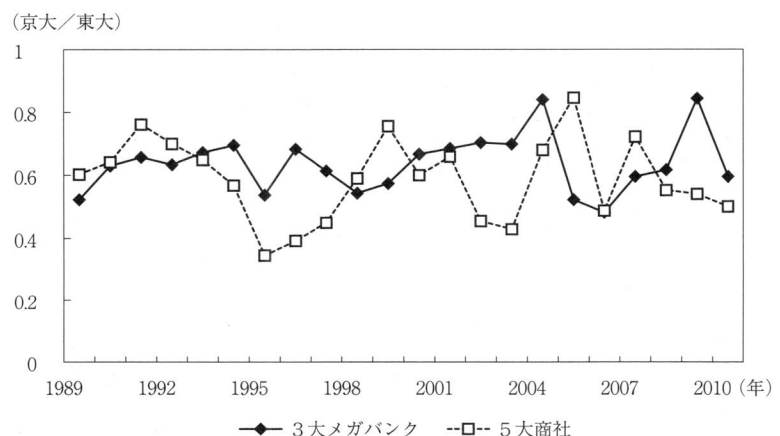

図2-12 採用数における京大／東大比率の推移

(京大／東大)

― 3大メガバンク --□-- 5大商社

図2-12のように東大京大両校からの採用数の比率は時系列的に見てほぼ一定であり，近年両校の格差が拡大してきているという傾向は見出せない。すなわち本書が対象とする1989〜2010年の期間において，京大／東大の採用数比率はほぼ6割強で安定している。また同期間における両校からの3大メガバンク採用数の変動係数は，東大が0.398，京大が0.377であり，採用数の変動に関してはむしろ京大の方が安定している（2000〜2010年の期間では東大0.31，京大0.235）。

ただし，3大メガバンクについて2005〜2010年の6年分のデータに限れば，東大に対する京大の採用数比率がそれ以前よりやや低下している。このあたりは，金融業界の東京一極集中化の影響が出ている可能性もある。そしてこの6年間では，求人倍率と採用数における京大／東大の比率との間にもR2乗値0.6164，P値0.0643という正の相関が見られ，実際2010年のような買い手市場（不況）期において京大の比率が低下する傾向も出ている。

次に5大商社についても，同じ図2-12のように，1989〜2010年の期間において京大／東大の採用数比率は6割弱程度で極端な変化はない。ただし，メガバンクよりはその比率の変動が大きく，不況期における京大の落ち込み方がやや大きくなってはいる。そのため，この期間における両校からの5大商社の採用数の変動係数は，東大が0.252，京大が0.298であり，京大の方が景気変動の影響をやや受けやすいという傾向がメガバンクの場合よりは出ている（ただし2000〜2010年の期間では，東大0.329，京大0.324と両校間にほとんど差はない）。また，2006年以降，京大／東大の比率にやや低下の傾向もみられ，2010年の買い手市場期にも引き続きその比率が低下している。

メーカーにおいても，東大京大両校からの採用数の比率は，時系列的に見てメガバンクや総合商社以上に安定している（図2-13）。例えば自動車A社の場合，年によっての出入りはあるが京大／東大の比率は1前後で安定しており，1企業のデータであることを考えればこの20年ほど驚くほど傾向変化がない。電機A社においても，京大／東大の比率は0.4前後であり，時系列的には極めて安定している。なお，このグラフにはないが，鉄鋼A社においても，バブル崩壊後の1990年代後半に京大からの採用数が減少し京大／東大の比率が低下した

第 2 章　自由競争下の新規大卒労働市場における大学間格差　65

図2-13　採用数における京大／東大比率の推移

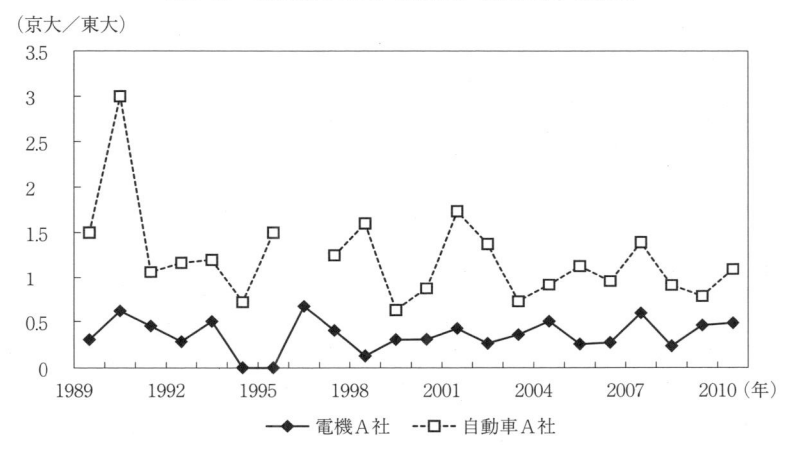

（京大／東大）

注：1996年の自動車 A 社は，東大からの採用数がゼロのため，比率が表示できない。

時期は見られるが，それ以降は京大／東大の比率は 1 前後でほぼ安定している。このように，ここで取り上げた日本の製造業を代表する大企業においては，東大京大両校からの採用数の比率は時系列的に見れば極めて安定しており，ここ数年も変化がない。入試難易度における近年の東大京大間の格差拡大傾向はむしろ理系の方で目立つが，理系採用者の多いメーカーにおいて両校の採用比率は一層安定しており，時系列的な傾向変化に乏しい。

このように，内部昇進制度が優越する伝統的な民間大企業への新卒就職において東大と京大の格差が近年明確に拡大しているという傾向も，ここで取り上げたデータの限りでは確認できない（むろん業種・企業の限定はあるし，また最近数年のメガバンクや総合商社の採用動向からは若干の留保も必要だが）。このことは，受験学力だけを極限的に競うのではなく，旧帝大・早慶クラス合格程度の学力があれば学力面の選抜はほぼクリアできる民間大企業就職においては，最近数年の入試難易度格差の影響はそれほど表面化せず，第 1 章でも考察したような各有名大学との長年の実績関係が採用においてむしろ考慮されるということであろう。

(d) 地域間格差小括

　以上(a)～(c)のような結果は，経済活動の東京一極集中化の進行，またそれとも関連するが首都圏の大学に対する関西圏の大学の相対的地盤沈下（社会的威信や入試難易度の低下）という近年の状況を考えればやや意外にも思える。しかし，これは要するに，関西圏よりも首都圏の大学の方が採用数において景気変動の影響を受けやすい傾向があるということを意味している。特にMARCHの変動が大きいことからは，首都圏のこのランクの大学が，景気変動の影響をより受けやすいということが推測しうる。言い換えれば，首都圏のMARCHクラスの大学の学生は，売り手市場（好況）期には人手不足を補うかのように大企業に大量採用され，買い手市場（不況）期に採用が絞り込まれるという，調節弁的役割を担わせられているとも言える。さらに上記の結果は，同ランクの大学同士で比べれば，首都圏よりも地方圏（少なくとも関西圏）の大学の方が，大学ごとの採用枠で守られている度合いが強いことも暗示している。

　要するに(a)～(c)の結果から言えることは，前述の第3の仮説（近年の新規大卒就職機会における首都圏と地方圏との地域間格差の拡大）については，ただちには支持できないということである。上記のように，同ランク間で比較すると地方圏の大学の方が採用数変動がおおむね小さいからである。むしろ上記の傾向からは，近年の経済活動の東京一極集中化にもかかわらず，伝統ある大手企業は地方圏の学生を案外高く評価していると推測することもできる。もしそうだとすれば，これは，伝統ある大手企業が，長期的雇用管理の対象となる基幹的正社員の採用にあたって学生の潜在力や伸びしろを依然重視していることのひとつの傍証にもなろう[19]。

　もっとも，MARCHと関関同立との比較に限れば，MARCHよりも関関同立の方が学力上位層の厚みでは依然やはり分があり[20]，そのことが関関同立の変動の相対的少なさとして現れている可能性もある。しかしいずれにせよ，作業仮説③については，少なくともここで取り上げたような全国に展開している伝統的大企業の採用データの限りでは支持できないことは確かである。なおこのことは，本節(1)(c)でも言及したように，有名メーカーへの就職において東北

大・名大・九大といった早慶とほぼ同ランクの地方旧帝大が2000年代以降従来以上に健闘していることからも言える。ただしこの仮説については，首都圏における事業の比重の大きいIT系などの新興企業や外資系企業の採用動向も含めてさらに検証される必要はあろう。

4 まとめと課題

(1) 分析結果のまとめ

以上行ってきた1990年代後半以降，特に2000年代以降の新規大卒就職者のデータの分析結果をまとめると，以下のようなことが指摘できる。

まず第1の仮説（新卒就職機会における大学ランク間格差）に関しては，業種にもよるが，第1章でも指摘したような景気動向と大企業就職実績における大学ランク間格差との相関は1990年代後半以降の時期も引き続き見られるということである。ただし，この相関の現れ方には業種差もあり，ここで取り上げた業種の中ではメーカーや総合商社において現れ方がより顕著である。そしてこれらの業種ではMARCH関関同立以下の中堅校からの採用は時系列的にもジリ貧傾向にある。しかし2000年代にもバブル期に匹敵するほどの大量採用が一時続いたメガバンクでは，この相関はもちろんみられるものの，メーカーや総合商社ほどには極端ではなく，また1990年代に比べてもその相関は弱まっている。

次に，第2の仮説（新卒就職機会における大学類型間格差）については，世間的なイメージほどの差は顕在化していない。例えば，ほぼ同ランクの大学群の間でも保守的・体制順応的なスクールカラーの大学の方が近年就職実績を伸ばしているという傾向は，ここで検討した業種のデータの限りでは明確には現れていない。ただし微細に見れば2000年代以降，早慶間の比較で，ここで取り上げた各業種において早大に対する慶大の採用比率がやや上昇している傾向は指摘できる。

また，MARCHの5校の間でも特に大きな変化は生じてはいないが，5大

商社就職数の動向からは，不況時に立教・青学の就職実績が明大・中大にやや差をつけられる傾向があることは指摘できる。これは，立教・青学の就職実績が，明大・中大よりも女子一般職に依存する度合いがやや高いことを示唆していると考えられる。さらに，MARCHと（それとほぼ同入試難易ランクの）有名女子大とを比較すると，一般職採用の絞り込みに伴い，後者の採用実績の落ち込みが目立つようになっていることが指摘できる。要するに，このランクの大学の採用実績は一般職の採用動向によって左右される面があり，そして大学類型（旧法律学校系，ミッション系，女子大など）ごとに，採用実績が女子一般職に依存する度合いも異なると考え得る。従ってその意味において，このランクの大学の場合，大学類型の相違がトータルの採用数格差として現れてくる可能性が指摘できる。

さらに，第3の仮説（新規大卒就職機会における地域間格差）については，近年の東京一極集中化の進行にもかかわらず，格差が顕著に現れているとは言い難い。すなわち，同ランクの大学間で比較すると，首都圏の大学よりも地方圏の大学の方が採用数の変動がおおむね小さい。例えばMARCH vs. 関関同立，東一早慶 vs. 京阪神というように首都圏と関西圏のほぼ同ランクの大学群同士を比べた場合，関関同立に比べてむしろMARCHの変動の激しさと不況時の採用数の落ち込みが目立つ。一方，東一早慶に対する京阪神の採用数比率は近年も安定している。東大と京大とを比較しても，東大に対する京大の採用数比率は近年に至るまでおおむね安定しており，特にメーカーにおいては極めて安定している。東北大・名大・九大といった早慶とほぼ同ランクの地方旧帝大も，採用数の変動において各業種とも東一早慶・京阪神に準じる水準でほぼ安定しており，メーカーへの採用数においては2000年代以降むしろ増加傾向にある。

こうした第3の仮説の検証結果から言えることは，新規大卒者の採用においては，第1章でも考察したような各有名大学との長年の実績関係が相応に考慮されるということであろう。そしてそうした採用方針の下では，経済活動の東京一極集中化が進んできた近年の状況下でも，地域バランスを考慮しつつ地方圏（特に関西圏）からの採用枠を相対的に維持するような採用が依然行われて

いるということである(そのため不況期にはMARCHなど関東の中堅校からの採用が相対的に絞り込まれる)。

　仮に新規大卒就職機会における地域間格差,特に首都圏と地方圏との格差が近年拡大しているとすれば,それは外資系企業やIT系企業など,歴史が浅く企業内内部労働市場における長期雇用慣行の伝統の弱い部門において進行している可能性が高い。

(2) 今後の検討課題

　なお,「ハイパー・メリトクラシー」(本田 2005a)下における企業の能力観の変化などにより,同一大学内の学生の間でもそのコンピテンシー(行動特性)の差などによって就職機会格差が拡大してきている可能性については,本章で取り上げたような定量的なデータでは十分検証しきれない。この検討は今後に残された課題である。

　ただし,同一大学からの有力企業への就職者数・率という「枠」が変化していないならば,同一大学内でそうした意味での就職機会格差が拡大してくる可能性は低いかもしれないし,たとえその「枠」が減少したとしても,問われる能力の性質自体には特段の変化のないまま,従来の能力基準に即してより能力の高い学生が採用されるようになっているに過ぎないのかもしれない[21]。確かにリーマンショック以降の不況の中で,ジャーナリスティックな場では「高学歴就職難民」の存在がクローズアップされることもあったが,コミュニケーション能力の欠如等から高学歴(高学校歴)にもかかわらず就職に苦労するこうした「就職難民」は,以前から存在しなかったわけではない。

　また,例えば早大と慶大のようなほぼ同入試難易ランク内のスクールカラーがやや異なる大学間においても,就職実績差が近年拡大してきたとは必ずしも言い切れないことは,データに基づき本章で指摘した通りである。このことは,ほぼ同レベルの学力水準であれば,問われるコンピテンシーに以前と比べ大きな変化は生じていないことを示唆するものであるかもしれない。あるいは,仮に問われるコンピテンシーに変化が生じてきているとしても,それらは所詮基

礎学力の範囲内のものか，あるいは基礎学力との相関の強いものに過ぎないのかもしれない。

とはいえ，特に採否ギリギリの限界的な部分で，同一大学内でも以前とは違ったタイプの学生が拾われ，逆に以前なら採用されていたようなタイプの学生が落とされている可能性も完全に否定し切れるものではない。あるいは，ある大学（例えば早大）の採否ギリギリの限界的な部分の学生が企業に落とされるようになってきた一方で，学力的にはほぼ同水準だがややカラーの異なる大学（例えば慶大）の学生が拾われるようになってきている可能性は，本章における採用数データからも否定はしきれない。こうした問題については，「主要大学」の有名大企業就職実績を定量的に分析した本章では解明しきれなかった点であり，インタビューなどによって得られた定性的データに依拠するなどして，また機会を改めて論じることとしたい。

---

1) 新規大卒見込み者に対する企業の採用活動については，日本経団連の要請などもあり2011年に入ってようやく選考開始時期が12月以降に「後ろ倒し」されたものの，近年は3年次秋から就職活動を開始することが常識化するなど，採用活動の早期化・長期化傾向は近年に至るまで基本的には継続している。
2) この80校ほどの「有名大学」を対象にした大学別主要企業就職者数調査は，1989年から「就職クロス・ランキング」などのタイトルで『サンデー毎日』が毎夏掲載しているものである。週刊誌の調査であることや，各大学の企業就職者数が多くの場合学生の自己申告に基づいたものであるなどの問題はあるが，データの網羅性や時系列性においてこれ以上のデータはない。
3) この両者の能力を比較対照した整理については，本田（2005a）22ページ参照。
4) 3大メガバンクへ再編前は，それらの前身行（三井［太陽神戸三井→さくら］・三菱・住友・富士・一勧・三和のいわゆる6大都銀）に，日本興業銀行・東海銀行・東京銀行を含めた9行の合計で算出。1989年の数値には太陽神戸銀行も含む。
5) 1997年以降を主たる分析期間とするのは，上記の理由のほかに，阪大の就職者数データが1990年，1992年～1996年の期間で『サンデー毎日』に掲載されていないという事情もある。また，一橋大も2004年と2007年で『サンデー毎日』にデータ未掲載のため，この両年については「一橋就職ガイド」(http://www.hit-plan.com/) でデータを拾い，補った。
6) 不況でかつ銀行業界が不良債権問題等に苦しんだ2000年代初頭には，3大メガ

バンク（当時のUFJ銀行も含む）の大卒採用数合計は2002年1085人，2003年1372人と底を打ったが，2000年代後半には，2007年6117人，2008年5540人など，数的には4000人台後半の採用数（前身行含む）で推移したバブル期すら上回る大量採用となった（採用数は『サンデー毎日』による）。
7) このことは，2000年代に入ってから女子大からのメガバンク就職者数が再び増加したことからも推測できる。
8) なお，1997〜2010年の期間の変動係数は，東一早慶0.26，京阪神0.279，MARCH0.497，関関同立0.475である。
9) 例えば，MARCHの某校からの3大メガバンク（およびその前身行）への就職者数の推移は以下の通りであるが，採用数の大半は女子であり，かつその女子のほとんどは一般職であると推測される。下記のデータの限りでは，女子の採用数の変動係数は男子のそれよりも若干小さい。その意味で，このデータから判断する限り，一般職採用数の変動が総合職採用数の変動よりも大きいとは必ずしも言えない。しかし絶対数では，大量採用期に女子の採用が大幅に増加し，就職難の時期にそれが大幅に減少する傾向はやはり指摘できる。

	2000年	2001年	2002年	2003年	2004年	2005年	2006年	2007年	2008年	2009年	2010年	変動係数
男子	15	15	20	18	10	19	20	30	40	36	15	0.42
女子	51	67	53	55	32	74	63	124	78	115	36	0.409
合計	66	82	73	73	42	93	83	154	118	151	51	0.349

出所：同大学就職部の資料により筆者作成。就職者数の数値は文系学部からの就職者のみ。

10) このことの要因にはさまざまなものがあろうが，① 概して早大より慶大の方が丁寧な学生教育を行ってきたこと，② 慶大の方が経済界での卒業生の勢力が強く就職に強いイメージがあること，③ 医学部を有することや経済学系統の研究水準の高さなど，研究水準において慶大の方にやや分があるイメージがあること，④ 社会全体の保守化により，早大よりは校風が保守的・体制順応的なイメージのある慶大の方が好まれ始めたこと，などが挙げられよう。
11) ただし，入試偏差値や，入試科目数，難関国立大受験生の早慶併願データなどから判断すれば，最近の主要学部の入試難易度において慶大が早大を明確に上回っているとまでは言い難い。むしろ，1980年代〜1990年代初頭あたりに早大に入試難易度で水をあけられていた慶大が，1990年代半ば以降追いついてきたというべきであろう。そもそも，早慶両校は入試タイプがやや異なっているため，単純な難易比較は難しい面もある。
12) ただし2000〜2010年のデータについて同様に単回帰分析を行うと，Y＝0.1585X＋1.2404，修正済R2乗値0.1129，P値0.1659となる。この結果からだと，（統計的に有意ではないが）X係数が正となることから，求人倍率の低い時に慶大が早大に比べ就職に強くなっているとは必ずしも言えない。

13) この時期の中大からの5大商社への就職数は，2000年3人，2001年8人，2002年4人，2003年4人となっている。
14) 例えば，この2女子大から3大メガバンクの前身行に，バブル期の1990年には100人，1991年には99人就職したのが，平成不況期の1995年に14人，1996年には24人となっている。
15) ただし3大メガバンクの場合，2000年代後半の大量採用期にMARCHからの採用が激増したこともあって，2000〜2010年の期間での変動係数は，MARCH0.46に対し，この2女子大は0.343である。5大商社の場合は，2000〜2010年の期間でも，MARCH0.567に対し，この2女子大は1.005と圧倒的に変動係数が大きい。
16) 阪大の採用数が1990年，1992〜1996年で不明のため，1997年以降の数値で計算した。
17) この点については，例えば研究者の著作レベルでも橘木（2011）における指摘がある。
18) 2005年頃から入試難易度における東大と京大の格差が拡大してきた基本的要因としては，注10で述べた1990年代以降における早慶間の力関係変化の要因のうちの①②④と同様のことが当てはまるであろう。加えて，① 近年の経済の東京一極集中化に伴う人口，特にホワイトカラー上層人口の関西からの流出と東京一極集中化，② 教育の市場化の強まりにより進学校や予備校が有力大学合格数，特に東大合格数という「わかりやすい」数値目標を重視するようになったこと，③ 新自由主義的社会風潮の強まりや東京一極集中化とも相まって，ジャーナリズムが東大や東大合格を以前にもまして賛美的に取り上げるようになったこと，④2004年の国立大学の独立行政法人化以降，東大が地方圏の受験生の獲得に向けた広報活動を強めたこと，なども要因として指摘できよう。ちなみにこれらのためか，東大寺学園や甲陽学院などの従来京大志向が強かった関西の有力進学校においても，2005年ごろから上位層の東大志向が以前より強まっている。（もっとも，こうした傾向も，「3.11」以後の状況下では永続的であるかどうかは定かではないが。現実に2012年入試では，東大合格者に占める関東地方の高校出身者の比率が過去10年で最も高くなっている（『サンデー毎日』2012年4月8日）。）

加えて理系に関しては，①2000年代以降東大卒業生からノーベル賞受賞者が3人（小柴・南部・根岸）出るなど，独法化に伴う研究資金格差の拡大とも相まって研究実績においても東大京大間の差が広がりつつある印象があること，② 学問の専門化・細分化が進む一方で大学院進学率も上昇してきた中では，入学時に専攻を細かく決めない東大の進路振り分け方式の方が「つぶしがきく」として受験生に抵抗感が少ないこと，③ 医学部人気が2005年頃からやや沈静化し，特に首都圏において理系トップ層が医学部から東大に回帰しつつあること，なども東大京大間の入試難易度格差拡大の要因として指摘できよう。1990年代は工学

部の一部の学科や理学部においてはむしろ京大の偏差値の方が高く出ていたが，上記の結果として東大京大間の偏差値格差は近年むしろ理系において広がっている。

またより直接的には，①ロースクール設置に関連した2004年入試の文科一類における190名の削減をはじめとする東大の募集定員の削減（一方，ロースクール開設に関連した京大法学部の学部入学定員削減は30名にとどまり，他学部の定員削減のペースも東大よりも緩やかである），②2007年入試からの京大入試の後期日程廃止・前期日程一本化による（多くの場合入試偏差値の基準として使われる）前期日程入試の定員枠拡大，なども指摘できる。

ちなみに東大の学部入試入学定員は，ピーク時の1993年には3586人だったが，2010年には3063人であり，ほぼ1970年代〜1980年代前半の定員水準に戻っている。一方京大の学部入試入学定員は，ピーク時の1993年に3011人だったものが2010年には2866人とさほど減っておらず，医学部保健学科の定員143人を除いても2723人で，第二次ベビーブーム向けの臨時定員増が始まった1986年の定員（2686人）よりもまだ多い。このように首都圏の人口増大にもかかわらず近年比較的定員を絞り込んできた東大や一橋大（1993年一般入試入学定員1140人→2010年一般入試入学定員920人）などに比べれば，近年の京大の定員は関西圏の人口規模等も考えれば過大であるとも言える。

なお東大京大の偏差値の推移については，例えば以下の河合塾の偏差値ランクを参照。近年は，河合塾の偏差値ランクで東大と京大との間に同系統で1〜2ランクの差が生じ，一方で京大と一橋大東工大との差が縮まっている。駿台など他の予備校の偏差値でもおおむね同様の傾向であることが多い。なお，近年の大学受験生の裾野の広がりを考慮すれば，偏差値が横ばいであれば実質的にはかなりレベルダウンしていると考えられる。

大学学部	1975年	1980年	1985年	1990年	1995年	2000年	2005年	2010年
東大文Ⅱ	62.5	65.0	65.0	65.0	65.0	67.5	67.5	70.0
京大経済	62.5	62.5	62.5	65.0	67.5	67.5	67.5	67.5
一橋大経済	60.0	57.5	60.0	62.5	62.5	65.0	65.0	67.5
東大理Ⅰ	60.0	62.5	62.5	65.0	65.0	67.5	67.5	70.0
京大理	60.0	60.0	62.5	65.0	67.5	67.5	67.5	65.0
東工大1類	57.5	57.5	60.0	60.0	60.0	62.5	62.5	62.5

注：偏差値は河合塾の全統記述模試によるもの（1975〜1990年分は『日本の大学（1995年度版）』東洋経済新報社，1995〜2010年分は『週刊東洋経済』2005年10月15日号および2010年10月16日号による）。1990年以降の偏差値はいずれも前期日程の一般入試のものである。なお理系は，京大工学部の学科間偏差値のばらつきがあるため，理学部系の偏差値を用いた。

19）もちろん地方の学生の方が伸びしろが大きいということは，単なるイメージに過ぎないのかもしれないのだが，企業側は長年の人事管理経験からそのように判断している可能性がある。

20）このようにしばしば認識される理由としては，学力上位層を早慶等に奪われが

ちな MARCH に比べて，関西圏には早慶クラスの私大がなく関関同立が総合私大の最上位であることから，関関同立（特に同志社大）に学力上位層が比較的残るということがある。

21）例えば濱中（2007）も，偏差値ランクの高い大学の場合，大企業就職の規定要因として重要なのは就職活動の開始時期や活動量であって，大学での学習・課外活動・アルバイト・インターンシップなどの大学生活面（要するに大学生活に積極的に取り組んだか否か）は，規定要因として有意ではないことを計量的に指摘している。

第3章
ホワイトカラーの異動・昇進と学歴
―― 政令指定都市 A 市の大卒事務系職員の
初期キャリアの事例から

1 はじめに

　大卒を中心としたホワイトカラーのキャリア管理については，1980年代以降多くの研究が蓄積されてきている。その結果として，製造業の大手企業におけるホワイトカラーの昇進構造を分析した研究（今田・平田 1995）に代表されるように，日本の民間大企業ホワイトカラーの伝統的なキャリア管理に関する限り，一定の傾向が見出され，それについてのある程度の共通認識が形成されてきているように思われる。しかし公務部門を対象とした研究はまだまだ少ない。
　従って本章の第1の目的は，非現業公務部門ホワイトカラーのキャリア管理について事例に基づいた分析を行うことを通じて，そのような研究状況を埋め，かつ公務員のキャリア管理についての先行研究における主張[1]を再検討していくことである。そして，民間部門と組織目標や組織文化等を異にする公務部門におけるホワイトカラーのキャリア管理の分析を行うことは，民間大企業ホワイトカラーの事例の分析から得られた知見を相対化するという意味でも有意味であると思われる。
　また，公務・民間を問わず既存の大卒ホワイトカラーのキャリア管理の研究においては，その関心がタテのキャリア，すなわち昇進構造の分析や，学歴（出身校）と昇進との関係などに偏り過ぎてきたきらいがあり，ヨコのキャリア（主に同一職位・資格のレベルでの部署や職務の移動）がタテのキャリア（昇進を伴う移動）に及ぼす影響などのタテ・ヨコの連関が十分に検討されてきたとは言い難いと思われる。そのため，ホワイトカラーのキャリア構造の中でいかなるスキルが形成され，それが昇進とどのように結びついてくるのかということ

や，ヨコのキャリアの幅とタテの昇進の度合いとの関係（例えば経験の幅が広いことが昇進上有利なのかどうか）などについての検討が十分ではなかったと考えられる。さらに，同一職位レベルにおける職務や部署間のインフォーマルなランクの差をも考慮に入れた分析が十分にはなされてこなかったことも指摘されるべきであろう。

従って本章では，公務員のキャリアデータの分析を通じて，こうしたタテ・ヨコのキャリアの連関について明らかにすることを第2の目的とする。これが，「昇進管理」ではなく，昇進のみならずヨコの移動も含めたトータルなキャリアの管理という意味での「キャリア管理」という語を本章において用いるゆえんでもある。また，出身校をはじめとした属性とタテ・ヨコのキャリアとの関係についても，データに基づき検討する。

しかし公務部門を対象にするとしても，同じホワイトカラーを対象とする以上，まずは民間大企業におけるホワイトカラーのキャリア研究の成果を踏まえることがやはり重要であろう。それを踏まえてこそ，公務部門のキャリア管理の特徴を民間との対比において明瞭に描きうるし，翻ってそこから民間部門を相対化することもできるようになると思われるからである。従って，民間部門に関するものも含めて，ホワイトカラーのキャリア管理に関する先行研究について，タテのキャリア（昇進）とヨコのキャリア（移動・異動）をどのように捉えているかという観点からまず概観し，そこから本章で論じるべき課題をより詳しく抽出したい。なお，本章で検討の対象とするのは，主として大卒事務系ホワイトカラーのキャリアについてであることを付言しておく。

2　先行研究の整理と問題設定

(1) ホワイトカラーの昇進構造に関する議論

ホワイトカラーのタテのキャリア，すなわちその昇進構造の定式化については，アメリカの某大手企業の人事記録の分析からホワイトカラーの昇進構造について検討したローゼンバウムの研究（Rosenbaum 1984）が有名である。ロー

ゼンバウムは，規範ではなく事実としての選抜に注目することにより，庇護移動（sponsored mobility）や競争移動（contest mobility）などの選抜システムについての伝統的な理解を覆し，現実には庇護移動と競争移動とを折衷させた形のトーナメント移動が見られることを指摘した（Rosenbaum 1984：38-65）[2]。

これをひとつの叩き台として日本でも，大企業ホワイトカラーの昇進について，単なる最終的な昇進結果の分析[3]のレベルにとどまらず，企業の人事データを用いて従業員のキャリア・ツリーをつくり，その分析を通じてキャリアの中途における昇進・選抜のパターンを明らかにしようとする研究が1980年代後半以降盛んに行われるようになる。

例えば花田（1987）は，「業界のリーダー的位置づけにある」いくつかの民間大企業の従業員のキャリア・ツリーの分析を行った。花田は，それらの大企業の多くでは，企業内でのエリートの選抜が課長昇進時点で行われており，そこで第1次選抜に入らない限りエリートへの道は開かれないことを指摘し，日本企業においてもトーナメント移動が行われていることを示した。ただし，花田の場合はキャリアの各段階ごとの選抜の構造を明らかにはしていない。

これに対し，より大量のデータを利用し企業内での選抜構造をキャリアの各段階ごとに明らかにしようとしたのが今田・平田（1995）である。今田・平田は，日本の製造業の某大手企業を対象に，人事記録に基づいてその企業の男子ホワイトカラー従業員の昇進構造の分析を行った。その結果，日本の大手民間企業の昇進構造は，トーナメント型の選抜がキャリアの最初から最後まで続く構造ではなく，キャリアの段階ごとに昇進のルールが異なる重層型の構造であることを実証した。すなわち，入社後5年ほどのキャリアの初期段階においては勤続年数に基づいた一律年功昇進型の昇進が見られ，課長あたりまでの中期キャリアにおいては係長や課長などの各中間管理職階への到達の早さを競う昇進スピード競争型，中期キャリアの末期にいったん横一線に並んだ後，次長以上を目指す後期キャリアにおいてトーナメント型の昇進構造が見られるということである。

一方，竹内（1995）は，企業がピラミッド型の組織構造をとる限り選抜は構

造的にはトーナメント型に帰着せざるを得ないとするが,同時に現実におけるそこからの微妙な偏差も指摘する。すなわち竹内は,某大手金融保険会社の人事データに基づき,ある段階までは昇進のリターン・マッチが生じることを指摘している。例えば,課長昇進における第一選抜〜第二・第三選抜あたりまでの間では,次の段階でトラック間での昇進のリターン・マッチが生じるとしている。

竹内はトーナメント型からのこうした逸脱を,日本企業における競争トラックの細分化と状況的能力観[4]とによって説明している。また,このようなトラックの細分化と状況的能力観が,従業員間の昇進競争意欲を焚きつけることも指摘する。要するに竹内は,今田・平田の実証結果を覆すというよりは,今田・平田がデータ的に裏付けた昇進競争の加熱(特に中期キャリアにおける)がなぜ生じるのかについて,日本企業における選抜構造と能力観の観点から説明しているのである[5]。

ところで,今田・平田にせよ竹内にせよ,係長・課長あたりの中期のキャリアにおいて同期の間である程度の昇進格差(係長・課長への到達の遅速)が生じることは認めている。しかし,中期キャリアで生じてくる格差は,初期キャリア段階での処遇上の差異のないところから突然に生じるものなのだろうか。たとえフォーマルな職位・資格上の格差は初期キャリアでは生じにくいとしても,インフォーマルな格差(部署や職務の"格"の差)がつけられており,本格的な昇進競争に入っていく前段階でのそのような格差が,中期キャリアに入ってからの格差をより大きくするということはあり得ないのだろうか。いずれにせよ,この問いに答えるためには,初期キャリアの分析をもう少し行っていくことが必要であろう[6]。

(2) ホワイトカラーのヨコのキャリアも視野に入れた議論

以上はいわば主にタテの昇進を分析の対象にしたものであるが,ヨコの移動も視野に入れた研究としては,小池編(1991)をはじめとする小池和男らの研究が挙げられる。小池は,大企業ホワイトカラーの人員構成が大卒中心となり,

大卒が実務の第一線の担い手となっている以上，個々人が専門の実務をこなす能力を身につけねばならないとする。しかしさまざまな部署をランダムに移動していては必要なノウハウを身につけるのは難しい。ゆえに主とする専門領域が形成されることは理屈として当然であるはずだとする。ただし，職務上の多様性に対処する技能や変化への対応能力の形成，さらには関連の深い領域間をこなすことを通じた重層的技能形成効果などの理由から，専門領域の中では幅広いキャリア形成が重要であると述べる（小池編 1991：3-28（序説））。そして小池らは，大企業大卒ホワイトカラーのキャリアの調査から，大卒事務系ホワイトカラー＝ゼネラリストという従来の通念に対して，総務，人事，企画，経理等の特定専門領域中心に移動と昇進が行われていることを実態的にも明らかにした。こうした専門領域の形成とその領域内で幅広い移動が行われていくキャリアの実態を小池自身は「はば広い専門性」（小池 1991：183など）や「はば広い1職能型」（小池 1999：61など）などの言葉で表現している。

しかしヨコのキャリアにも着目した小池らの研究においても，タテのキャリアとヨコのキャリアとが別個に論じられており，両者の結びつきについての分析が不十分な面は否めない[7]。すなわち，小池らはいかなるヨコを経験しその中でいかなるスキルを形成することが，より上位へのタテの昇進を相対的に実現しやすいのかという問題には言及していないのである。この点については先の今田・平田（1995）をはじめ，八代（1995），小池・猪木編（2002）などにおいても同様と言わざるを得ない。

なお，ホワイトカラーのヨコのキャリアのうち，入社後早い段階のキャリア，すなわち初期キャリアに焦点を当てた研究としては，日本労働研究機構（1995）がある。これは1992年度時点での卒業1～10年目までの大卒を対象にそのキャリアを調査したものであるが，事務系男子の場合，特に金融・保険業では経験職務数と昇進との間に明白な相関が存在することが明らかにされている[8]。すなわち入社後の経験職務数の多い方がより昇進している傾向があるということである。その中でも特に企画と営業部門の両方を経験する職務経験パターンが出世コースであるという傾向が明らかにされている。

また日本労働研究機構（1999）は，上記のものと同じサンプルについて1998年時点で再度調査している。ここでは1983-85年卒と1989-91年卒との対比（大卒男子）が行われている。調査の結果，近年になるほど，幅広く移動する層（事務＋営業系）と特定職務に特化する層との分岐が初期キャリアの段階から進んでいる傾向が明らかにされている。

　ただしこれらについても，初期キャリア段階でのヨコの移動の中でいかなるスキルが問われ，それがタテの昇進にいかに結びついているのかについては十分には説明されていない。また，経験職務数や種類などのヨコのキャリアの幅とタテの昇進との連関についても十分な分析がなされているとは思われない。

(3) 公務員のキャリア管理に関する議論

　次に昇進[9]管理を中心とした公務員のキャリア管理に関する議論を整理してみる。まず早川（1997）は，国家公務員の昇進実態の検討から，いわゆるキャリア組とノンキャリア組との間での「競争遮断」を指摘している。これは国家公務員の場合，入口の段階で少数のキャリア組を選抜していることによるものである。しかし，キャリア・ノンキャリアそれぞれのレベルでは，入庁後は遅い選抜が行われていることを早川は人事データより推察している（早川1997：222-223）[10]。

　稲継（1996）も，公務員の昇進については，国家公務員の場合，「おそい昇進」[11]型の昇進管理が行われてきたとする。もちろんキャリア・ノンキャリア間での昇進スピード格差は厳然と存在するが，キャリア・ノンキャリアそれぞれのレベルでは一定段階まで昇進格差をつけない「おそい昇進」政策がとられてきたとするのである。稲継は，このようなキャリア・ノンキャリア間の分断とそれぞれのレベルでの「おそい昇進」とを，「二重の駒」という語で統一的に表現している。地方公務員の場合も自治体による多様性はあるとはいえ，基本的には「おそい昇進」政策がとられているとしている。そして稲継は，このような「おそい昇進」政策こそが，比較的遅い時期まで昇進の勝敗結果を明らかにしないことによって，職員のインセンティブを最大限に引き出してきたと

主張している。しかし同時に，組織規模膨張の停止や職員の高齢化・高学歴化により「おそい昇進」政策の前提条件が近年崩れてきているとしている。

一方山本（1996，1997）は，某県の管理職の人事データの分析から，係長昇進時期の早い者ほど最終到達職位が高くなっていることを指摘し，トーナメント型の昇進構造並びに，係長昇進時期に将来を規定する選抜が行われるという「早い選抜」をデータ的に指摘している。また，経験ポスト数が多い者ほど最終職位が高くなっていることも指摘している。

公務員の昇進管理についてのこれらの既存研究は，単なる最終的な昇進結果の事後的な分析の域は脱して，それぞれのキャリア段階における昇進構造をある程度明らかにはしている。しかしその主たる関心が昇進の遅速と選抜時期にあるため，昇進構造の中でいかなるスキルが問われているかを明らかにしていない。言い換えれば，公務部門の組織的特質を踏まえた上で，同一職位の中でいかなる職務を経験しいかなるスキルを形成することが昇進に有利に働くかといったタテ・ヨコのキャリアの結びつきに関しての分析がまだ不十分なのである（山本の実証分析も，経験ポスト数の多さと本庁勤務経験が昇進上有利に働いていることを指摘するにとどまっている）。特に管理職昇進以前の初期キャリア段階の分析がほとんどない。そのため，選抜時期の早い遅いの実証においても不十分なものとなっている。

このような中にあって峯野（2000a，2000b）は，既存研究のこのような限界を指摘しつつ，公務員の昇進構造の中でいかなるスキルが形成されまた問われ，それがどのように昇進に結びついていくかについても考察しようとしている意味で注目すべき研究である。まず峯野は，政令指定都市 Q 市[12]の職員の人事データの分析により，地方公務員の昇進構造が（入庁後３年から５年程度の段階で将来の幹部候補者の事実上の選抜が行われる）早い選抜であり，かつトーナメント型の構造であることを指摘している。また，この市における局長級昇進者の人事データから，早く昇進する職員は，採用後まず一般的な部門を経験した後管理部門中心のキャリアを歩む（一部はすでに最初から管理部門内でのキャリアを歩む）傾向があることを指摘する。その上で，タテ・ヨコのキャリアの中

で形成される重要な技能は管理技能や組織防衛技能であり，これらは地方自治体の組織的特徴から地方自治体の管理職においては民間以上に重視されるスキルであるため，それらを身につけた者がより高く評価され早く昇進していくとしている。

しかしこの峯野の研究は，競争に最終的に勝ち残った局長級昇進者のキャリア分析が中心となっており，それゆえデータ的な偏りがあることは否めない（要するに遡及的分析方法であるため同期入庁者というコーホート全体を網羅したデータではない）。またそのため，選抜類型に関する既存の説（トーナメント移動，競争移動，庇護移動等）との位置関係を明確にできていない。すなわち峯野は，自らの分析から地方公務員の昇進構造はトーナメント型の構造であると結論づけるが，最終的に勝ち残った局長級昇進者のデータを分析の中心に据えているため，多くの者が参加する初期・中期の競争の構造は必ずしも明確にはできていないのである。そして競争に勝ち残った者のキャリアを中心にみていることから，いわば「敗者」との比較の中での「勝者」のキャリアの特徴を浮き彫りにできていないし，加えて「勝者」の裏側としての「敗者」のキャリアがいかなるものであり，それが自治体行政にとってどのような意味を持ってくるのかを考察することも十分にはできていないのである。

さらに峯野において特筆すべきヨコの職務とタテの昇進との関係についても，部署レベルの分析にとどまり，職務内容の分析がまだ不足しており，そのため小池らのキャリアの幅に関する議論には十分につながっているとは言い難いのである。加えて性別・学校歴等の属性と昇進との関連が分析できていないし，（人事管理において相違があるはずの）事務系と技術系とを区分した分析にもなっていない。これらのことから峯野の研究も，ホワイトカラーのキャリア管理に関する既存研究に対して十分な含意を与えてはいない。

(4) 先行研究の問題点の総括と本章の課題

以上民間・公務のホワイトカラーのキャリア管理についての先行研究をみたが，そこからは以下のような点を問題点として総括できるだろう。

まず第1に，ホワイトカラーのキャリア管理の研究については，管理職への昇進者のデータを追跡していることからも，公務・民間の研究ともにその初期キャリア段階についての分析，特に初期キャリア段階において発生する実質的な昇進格差に関する分析が弱いことが指摘できる。特に今田・平田（1995）のように初期キャリアを一律昇進型と特徴づけるのはどうであろうか。たとえ同じ職位・資格であっても，配属部署のインフォーマルな"格"の差を考慮するならば，初期キャリアの段階でも実質的な昇進格差が生じている可能性も考えられるのである。そして，初期キャリアの時点での差がたとえ微細またはインフォーマルなものであったとしても，それが中期キャリア以降の昇進に決定的な影響を及ぼすものならば，それは「遅い選抜」説を覆すものにもなるのである。いずれにせよ，選抜・昇進における「遅い」「早い（速い）」の検証のためには，初期キャリアの分析が不可欠であろう。

第2に，キャリアの各段階で，いかなる職務を経験し，いかなるスキルを身につけることが次の段階で有利となるかを分析することが，峯野（2000a, 2000b）も含め既存研究では十分ではない。言い換えれば，経験部署のみならず経験職務のパターンがキャリアの垂直的分化とどのように結びついてくるのか，そして選抜構造の中でどのような能力が問われてくるのかといったタテの移動とヨコの移動との連関の分析が一層深められる必要があるのである。

以上のことを踏まえ，本章では以下のことを課題として設定したい。すなわち，ある特定の地方自治体における大卒入庁者[13]の初期キャリア[14]のデータに着目することにより，初期キャリアの段階からすでに一律横並びのキャリア管理ではなく，個別的な多様なキャリア管理が行われていることを見出したい。特に，タテのキャリアの面で「早い選抜」が行われているという仮説をとり，それをデータ的に検証したいが，その際同一職位レベルでの部署・職務間のインフォーマルな格（評価）の差も考慮する。それによって初期キャリアにおけるヨコのキャリアパスの中で，ある時点からすでに実質的なタテの格差が生じていることを明らかにしたい。

さらに，初期キャリアにおけるタテとヨコのキャリアの連関について分析す

ることも重要な課題となる。それはすなわち，ヨコのキャリアの中でいかなるスキルが問われそれがどのようにタテの昇進に結びついていくか，どのような部署・職務を経験することが昇進上有利になっているか，ヨコのキャリアの幅の広狭とタテの昇進とはいかなる関係があるのか，などの問題についてこの自治体の人事データに即して検討することである。さらに学校歴（出身校）や性別などの個人の属性面の差が，最初の配属部署や初期キャリア段階における異動・昇進の格差にどの程度影響を及ぼしているのかも検討したい。これらの課題を果たすことにより，ホワイトカラーの昇進構造についての先行研究，特に公務部門のそれと本章との位置関係を明確にし，自治体ホワイトカラーの昇進構造の特徴を確認してみたい。そしてそのことは，民間との対比における公務部門の昇進構造の特徴を描出することでもあり，また公務部門の特性を踏まえつつそれらの特徴の問題点を検討するものでもなければならないであろう。

　このような課題設定ゆえ以下の事例分析では，まず初期キャリア段階におけるヨコのキャリア展開をデータに即して見た上で，次にタテの昇進がどのようなヨコのキャリアの結果として生起しているのかという視点も入れながらタテのキャリアを検討するという順序をとることにする。

3　政令指定都市 A 市における大卒事務系職員の　キャリア管理の実態と分析

　さて，以後本章では，ある政令指定都市 A 市を事例に，1990年に入庁した大卒行政職事務系職員の異動と昇進を現実の人事データに即して分析する。そのことを通じて，特に係長級昇進以前の初期キャリア段階における A 市のキャリア管理の実態を浮き彫りにし，その評価と問題点の指摘を行うと共に，既存の先行研究に対して一定の知見を加えていくことにしたい[15]。

(1)　A 市の人事制度の概略的説明

　本格的な事例分析に入る前に，まず2000年代初頭時点における A 市の人事

制度について，A市の人事担当者・労働組合関係者からの聞き取り結果にもよりながら，異動と昇進に関する制度の運用面に限定して概略的な説明を行っておこう。

まずヨコの異動についてであるが，A市の場合入庁後の初配属先は，入庁直後の約3週間の研修期間中の状況と本人の希望（研修期間の最後にヒアリングあり）とを参考にして決められる。恐らくは採用試験の成績や前歴・出身校なども考慮されよう。その後の職場異動のローテーションについては大卒事務系の場合3～4年サイクルが普通だが，個人の意向もある程度尊重され，1回目の異動に限ってもある程度の時期の幅はある。ただし，全く異動しない人や逆に頻繁に異動を繰り返す人は，通常のキャリアパスからは外れているのが実状であろう。人事異動は通常4月に行われるが，その直前の1～2月の段階で所属長（課長）による個々人への異動の意向調査は行われている。1990年代後半以降は，異動時期には自己申告書の提出による意向調査が行われるようになっているという。異動の人選においては，異動させたい人物や欲しい人物を所属長が人事課に内申できるため，ラインの管理者の意向がかなり反映されやすくなっているという。なお，外郭団体への派遣や育児休業中の職員の異動などについては事前に本人の了解を得ることになっているという。

次に，当時のA市における昇進・昇格の制度の概略について述べる。A市での役職段階と等級との対応は，1～4級が係員，5・6級が係長級，7級が課長級，8級が部長級，9級が局長級である。大卒の一般行政職の場合，その昇進・昇格は現行の制度上の最短コースでは以下のようになっている。まず採用時は1級で，半年後に2級，入庁後5年半で3級になる。3級までは皆横並びであるが，大卒の学部卒は2級昇格後満7年（すなわち入庁後7年半）で係長昇任試験の受験資格を得る[16]。従って入庁8年目の終わり（例年1月頃）に係長昇任試験（A選考）を受験し，合格すれば入庁後8年（9年目）で4級を飛び越えて係長級（5級）に昇進できることになる[17]。よって最短の場合30歳で係長に昇進できる。これが係長級昇進への制度上の最短コースである[18]。そして係長級昇進後6年で6級（総括係長）に昇格する。その後の昇進・昇格に

については，あくまで最短の場合だが，係長級昇進後8年（大学学部卒で入庁後16年）で7級（課長級），課長級昇進後8年（同24年）で8級（部長級），部長級昇進後5年（同29年）で9級（局長級）というのが一応の基準であるようである[19]。ただし課長級以上への昇進・昇格については本章では議論の対象外とする。

係長昇任試験（A選考）[20]の学科試験の内容は，法規関係（地方公務員法・地方自治法・行政法または経済学）と，監督者の基礎知識を問う問題・時事問題・市政に関する問題（市の例規や市政課題など）とによって構成されている。ウエイト的には法規関係が6割，それ以外が4割程度である。なお，選考にあたっては，学科試験の成績のみならず勤務評定も加味され，学科と勤評の比率は8：2程度[21]であるという。

一般行政職の場合，係長級昇進には係長昇任試験合格が絶対に必要な要件となる。従って，近年のポスト不足とも相まって競争率も高く，近年では1～2回の受験で合格することは相当難しいと思われる。そのため，ポスト不足による昇進待機の多さも考慮すれば，A選考合格者でも係長級昇進の平均年齢は34～35歳程度に達していると思われる。むろん何らかの理由で昇任試験を受験しない職員も珍しくはないが，出願者数・合格者数などから計算すると，例えば8年目（"現役"）～10年目（"2浪"）までの累計での受験経験率は，大卒行政職事務系の場合同期の7割程度になると推測される[22]。なお，その是非は別として，昇任試験合格者を出すのは本庁管理部門を中心とした一部の部署に偏っており，特に出先からの合格者はA選考ではほとんど出ない。

(2) **新規入庁者のヨコのキャリアの特徴とその分析**

それでは以下本章では，1990年のA市の大卒行政職事務系（法律職・経済職）の新規入庁者94人のうち，同市が発行している『A市職員録』により入庁10年後（11年目）の時点で在職が確認できる85人[23]についてそのキャリアを調査し，分析を加えることにする。そのことにより本章で設定した課題にこたえることにしたい。

表3-1　1990年 A 市入庁者（大卒行政職事務系）のキャリア

No.	性別	出身校	8年目までの勤務部署	8年目までの経験職務	同左分類	11年目の職位
1	男	名門	本(官)	情報管理	①	係長級⑨
2	女	名門	本, 本(官)④	庶務, 経理	①①	係長級⑩
3	男	名門	本, 本④	経理, 人事	①①	係長級⑩
4	男		本, 本(官)④	経理, 人事	①①	係長級⑩
5	男		本, 本(官)③	経理, 人事	①①	係長級⑩
6	男		本, 本(官)⑤	管理, 人事	①①	係長級⑩
7	男		本, 本④	人事, 経理	①①	係長級⑩
8	男	名門	本, 本③, 本(官)⑦	管理, 経理, 広報	①①②	係長級⑩
9	男	名門	本, 本(官)④	経理, 政策	①②	係長級⑩
10	男	名門	本, 本(官)⑤	経理, 政策	①②	係長級⑩
11	男	名門	本, 本(官)⑤	計画, 管理	②①	係長級⑩
12	男		本(官), 本④, 本⑥	計画, 計画, 経理	②②①	係長級⑩
13	男		出, 本④	窓口, 人事	④①	係長級⑩
14	男		本, 本(官)④	人事, 人事	①①	係長級⑪
15	男		本, 本(官)③, 本⑦	庶務, 経理, 調査	①①②	係長級⑪
16	男		本, 本(官)④	庶務, 調査	①②	係長級⑪
17	男		出, 本④	広報, 経理	②①	係長級⑪
18	男		出, 本③	広報, 庶務	②①	係長級⑪
19	男		本, 本④	事業, 経理	③①	係長級⑪
20	男		本, 本(官)④	庶務, 法務	①①	係　員
21	男	名門	本, 本④	管理, 庶務	①①	〃
22	男		本, 本⑤	人事, 経理	①①	〃
23	女		本(官), 出⑦	管理, 庶務	①①	〃
24	男		出, 本④	経理, 庶務	①①	〃
25	男	名門	本(官), 本⑤, 本⑧	管理, 人事, 庶務	①①①	〃
26	女		本(官), 本③, 本⑧	人事, 管理, 計画	①①②	〃
27	男		本, 本④, 本⑦	管理, 庶務, 広報	①①②	〃
28	男		本, 本⑥, 本⑧	人事, 経理, 計画	①①②	〃
29	女		本, 本⑤	庶務, 調査	①②	〃
30	男		本, 本(官)④, 本⑦	経理, 企画, 庶務	①②①	〃
31	男	名門	本, 本⑤, 本⑧	経理, 計画, 企画	①②②	〃
32	男	名門	本, 本④, 本⑦	経理, 企画, 事業	①②③	〃
33	女	名門	本, 本④, 本⑦	経理, 事業, 調査	①③②	〃
34	男		出, 本④	企画, 法務	②①	〃
35	男		出, 出④	企画, 経理	②①	〃
36	女		出,本(官)④,本(官)⑧	企画, 情報管理, 経理	②①①	〃

No.	性別	出身校	8年目までの勤務部署	8年目までの経験職務	同左分類	11年目の職位
37	男	名門	出, 本④, 出⑤	広報, 経理, 庶務	②①①	係員
38	女		本, 出④, 本⑥, 本⑦	調査, 人事, 庶務, 計画	②①①②	〃
39	男		本, 本(官)④, 本⑦	計画, 庶務, 企画	②①②	〃
40	女	名門	本, 本⑤, 本⑧	計画, 庶務, 企画	②①②	〃
41	男		出, 出④, 本⑥	広報, 庶務, 事業	②①③	〃
42	男		本(官), 本⑦	調査, 計画	②②	〃
43	男		本, 本④	計画, 計画	②②	〃
44	男		本, 本⑤	企画, 計画	②②	〃
45	女		本, 本④	調査, 計画	②②	〃
46	女		本, 本④	計画, 調査	②②	〃
47	女		本, 本④	調査, 計画	②②	〃
48	女		出, 本(官)④, 出⑦	企画, 企画, 庶務	②②①	〃
49	男	名門	出, 本④, 出⑦, 出⑧	広報, 計画, 調査, 窓口	②②②④	〃
50	男	名門	本, 本④, 本⑦	計画, 事業, 計画	②②③②	〃
51	男		本, 本④, 本⑦	調査, 事業, 計画	②②③②	〃
52	女		本, 出⑦	調査, 窓口	②④	〃
53	男		本, 本③, 出⑦	計画, 窓口, 窓口	②④④	〃
54	男		出, 出②, 出⑤	広報, 窓口, 窓口	②④④	〃
55	男		出, 出②, 出⑦	広報, 窓口, 窓口	②④④	〃
56	男		出, 本④	事業, 庶務	③①	〃
57	男	名門	本, 本④, 本⑧	事業, 経理, 管理	③①①	〃
58	男	名門	本, 出④, 本⑥	事業, 人事, 企画	③①②	〃
59	男	名門	本, 本(官)④, 本⑦	事業, 広報, 庶務	③②①	〃
60	男		出	窓口	④	〃
61	男		出, 本④	窓口, 庶務	④①	〃
62	男	名門	出, 出④	窓口, 経理	④①	〃
63	男		出, 出③	窓口, 経理	④①	〃
64	女		出, 本(官)④, 本⑦	窓口, 管理, 管理	④①①	〃
65	男		出, 本④, 出⑤	窓口, 庶務, 庶務	④①①	〃
66	男	名門	出, 本(官)③, 本⑦	窓口, 管理, 計画	④①②	〃
67	男		出, 本④, 本⑦	窓口, 庶務, 計画	④①②	〃
68	男		出, 本④, 本⑦	窓口, 庶務, 計画	④①②	〃
69	男	名門	出, 本④, 出⑦	窓口, 庶務, 事業	④①③	〃
70	男		出, 出④, 本⑥	窓口, 庶務, 事業	④①③	〃
71	男	名門	出, 出④, 出⑦	窓口, 庶務, 事業	④①③	〃
72	男		出, 本(官)④, 出⑥	窓口, 経理, 窓口	④①④	〃
73	男		出, 出③, 出④	窓口, 庶務, 窓口	④①④	〃

No.	性別	出身校	8年目までの勤務部署	8年目までの経験職務	同左分類	11年目の職位
74	男		出, 本④, 出⑦	窓口, 計画, 庶務	④②①	係 員
75	女		出, 本④, 出⑦	窓口, 企画, 庶務	④②①	〃
76	女		出, 本④, 出⑥	窓口, 調査, 庶務	④②①	〃
77	男		出, 本③, 本(官)⑤, 本⑧	窓口, 企画, 庶務, 企画	④②①②	〃
78	女		出, 出④, 出⑦	窓口, 広報, 広報	④②②	〃
79	男	名門	出, 本④, 本⑦	窓口, 調査, 事業	④②③	〃
80	男		出, 本④	窓口, 事業	④③	〃
81	男		出, 本③, 本(官)⑦	窓口, 事業, 庶務	④③①	〃
82	男	名門	出, 本④, 本⑧	窓口, 事業, 庶務	④③①	〃
83	男		出, 本④, 本⑦	窓口, 事業, 庶務	④③①	〃
84	男		出, 出③, 本⑥	窓口, 事業, 事業	④③③	〃
85	女		出, 出④	窓口, 窓口	④④	〃

注：● 勤務部署の「本」は本庁，「出」は出先機関・外郭団体等を示す。「本(官)」は，本庁の官房系局部局（ここでは旧市長室・総務・企画・理財各局の本局）を示す。
● 「名門」大とは，ここでは旧帝大・一橋大・東工大・神戸大・早大・慶大とする（ただし二部は除く，院卒は含める）。
● 「庶務」は局の一般的管理業務，「計画」は事業等の計画・調査等，「管理」は事業等の執行管理や財産管理，「事業」は都市計画等の事業運営，「窓口」は区役所や福祉事務所等での窓口業務を指す。「人事」は労務・給与等も含む。
● 勤務部署や職務は経験順に記載（右側ほど最近）。勤務部署の横の丸数字はそこに何年目に異動したかを示す。
● 職務の分類は，①管理系，②企画系，③事業系，④窓口系とした。
● 「係長級」の横の丸数字は，何年目に係長級に昇進したかを示す。

さて，各年版の『A市職員録』によりこの85人の入庁11年目までの所属部署を毎年確認した上で，その8年目までのキャリアをまとめたものが表3-1である。これは，初期キャリアと11年目時点での昇進との関連を検討するために，入庁8年目までの勤務部署と経験職務を分類・整理したものである。なお職務については，『A市職員録』で各人の勤務部署を係単位まで調べた上で，『A市組織図』に記載されている係別の事務分掌を参考にして分類した。8年目までのキャリアに特に注目するのは，A市の大学学部卒職員の場合，入庁8年目に係長昇任試験の受験資格が得られるからにほかならない。大卒の場合，入庁8年目末に係長昇任試験を受験することを前提として8年目までの異動が組まれていることは想像に難くない。

まず表3-1により入庁8年目までの初期キャリア段階における異動のパターンをみると、ヨコのキャリアについては以下のような特徴が指摘できる。

まず入庁当初は、本庁と区役所などの出先機関とにほぼ均等に配属される。この85人の場合、最初に本庁に配属された者は45人、出先に配属された者は40人である。そして入庁後ほぼ2、3年経過した時点（すなわち入庁3、4年目）で、ほとんどの者が異動を経験している。その後も3年前後で異動を経験している者が多いが、2度目の職場から動かず8年目を迎える者も少なくはない。すなわち、入庁8年目までの異動回数をみると、ゼロの者が2人、1回が36人、2回が44人、3回が3人である[24]。

さてキャリアの幅について見てみると、個人レベルで民間大企業以上に多様な職能を経験させる異動と言える。少なくとも入庁3、4年目の1回目の異動に関しては、配属当初の部署や職務とはさほど関連づけずに行われている（表3-2）。民間大企業とは異なり、特定フィールドを越えるような異動の方がむしろ普通であると言える。人事当局自身の方針としても、幅広い異動を心がけているということである。しかし全く無秩序に異動が行われているわけではなく、おおむね窓口的な職務から管理的な職務への異動という傾向は見出せる。あるいは職務の種類や水準に差がない場合でも、出先から本庁、本庁から本庁官房系部局（内部管理事務や企画、予算等を統括する部局）へと、勤務部署の枢要

表3-2 最初の職務と2回目の職務との関係

		2回目の職務				合　計
		①管理系	②企画系	③事業系	④窓口系	
最初の職務	①管理系	18	7	1	0	26
	②企画系	11	9	2	4	26
	③事業系	4	1	0	0	5
	④窓口系	14	6	5	1	26
合　計		47	23	8	5	83

$\chi^2 = 12.776$ （$P = 0.173$）
注：異動なしの2名は除外した。

度が上昇していく傾向がみられる。これは，建前はどうであれ，職務の困難度のおおまかなヒエラルキーが，① 管理系（庶務・人事労務・経理・管財・経営管理など）＞② 企画系（企画・計画・広報広聴・政策など）＞③ 事業系（土木・都市計画事業など）＞④ 窓口系（出先における戸籍・税務・保険年金・福祉等の窓目的事務）と暗に認識されており，また部署の枢要度のヒエラルキーもおおよそ本庁官房系＞本庁その他＞出先と暗にみなされており，２回目の職場にはより高度な職務・部署を割り当てるという人事方針があるからであろう。

ただし入庁８年目までのキャリアをみると，上記のように全体としては民間大企業以上に幅広い異動が行われているものの，キャリアの幅の広がりは各人で必ずしも一様ではなく，広めの人と狭めの人が混在していると言える。特に初職が管理系職務だった者については，やはり２度目の職務も管理系の職務となっていることが多い。部署レベルで一貫して官房系部局という者は１人を除きさすがに存在しないが，事業局庶務担当課→官房系部局というパターンの者は散見される。そしてそのように一貫して管理系の職務についている者の昇進率は非常に高くなっている。つまり，全体的に異動回数が少なく，管理系職務・部署の範囲内で狭いキャリアを歩む者の方が評価が高い傾向があると思われ，昇進にもそれが反映されているようである（ちなみに11年目時点で係長級に昇進している19人のうち16人は２箇所以下の職場しか経験していない）。恐らくこれには有能な者ほど上司から重用され引き止められるという事情もあるのであろう。しかしこれは民間大企業のデータに基づいた既存研究の結論（経験部署数の多いものほど昇進率が高い）とは逆の傾向となっており，公務部門のキャリア管理の特徴として指摘できると思われる。なお，そのように経験職務の幅の狭い者が見られるのは，初期キャリア段階では管理系職務・部署にほぼ限られている。しかもその種の者にあっても，同種の職務内で異動している者（小池の言う「はば広い１職能型」的なキャリアの者）はごくわずかである[25]。

なお，初期キャリア段階における出身校・性別等の個々人の属性と配属部署との関係については，初任部署・２回目部署・８年目時点部署のいずれでも名門大学[26]出身者の方が本庁配属となっている者の比率が高い（表3-3）。しかし

表3-3　各時点での配置部署

		本庁(官房系)	本庁(その他)	出先	
初任部署	名門大	2 (0)	15 (3)	9 (0)	
	その他大	4 (2)	24 (6)	31 (7)	$\chi^2 = 2.39\ (P = 0.30)$
2回目部署	名門大	7 (1)	16 (2)	3 (0)	
	その他大	13 (3)	31 (7)	15 (5)	$\chi^2 = 2.09\ (P = 0.35)$
8年目部署	名門大	6 (1)	14 (2)	6 (0)	
	その他大	8 (1)	35 (7)	16 (7)	$\chi^2 = 1.20\ (P = 0.55)$

注：カッコ内は女子で内数。8年目時点で異動なしの2人の2回目の部署については，初任部署を計上した。

その差は統計的に有意ではなく，特に8年目時点では名門大出身者の優位性は薄らいでいることがわかる。男女別では，初任部署では女子の方が若干本庁配属者の比率が高い。従って入庁当初の配置における男女間格差は必ずしも明示的ではないが，8年目時点では男子に比べて女子の出先勤務者の比率が高くなっている。これは結婚した女子の多くが出先に異動しているためである[27]。

(3) 新規入庁者のタテのキャリアの特徴とその分析

次にタテのキャリア（昇進）の特徴について，ヨコのキャリアとも関連づけながら指摘してみよう。

まず指摘できるのは，一部に別格的なキャリアパスを経ている者がおり，入庁11年目時点までの昇進者（ファースト・トラックと言えるのはこのあたりまでであろう）の多くはその種の者で占められているということである。それは具体的には，本庁において官房系部局の各課や事業系部局の庶務担当課で庶務・経理・人事・政策などの職務に一貫して携わってきた者である。比率的には11年目時点までの昇進者を中心に同期の2割程度である。それ以外の一部の昇進者も，本庁でそれに類する管理的職務を経験した者ばかりである（出先からの昇進者は皆無）。本節(2)でも指摘したように，昇進者は多くの場合最初から上記の部署や職務に配置されその範囲内での狭いキャリアを歩んできた者であるが，

一部には2度目の職場からそれらの部署や職務に配置されている者もいる。しかし少なくとも2度目の職場では上記の部署や職務についていることが昇進の必要条件となっている。11年目時点までの昇進者のほとんどは，2度目の職場にいる間に昇任試験に合格し，多くはそこで1年待機した上で次の異動時に昇進しているのである。しかし，最初の配属でその種の部署・職務に配置されても，1回目・2回目の異動時に「脱落」する者は散見される。

　このことは，最初の異動を経験する入庁3，4年目というキャリアの早い段階で，ファースト・トラック（特急組）候補者が選抜され，かつその時点での選抜が係長昇進において最重要であることを示唆している。結果的にそこで選抜された者が，入庁11年目あたりまでに昇進しているわけである[28]。ただし，入庁3，4年目の最初の異動で選抜されたファースト・トラック候補者が異動後に皆庇護され早期昇進が保証されるわけではなく，2度目の職場の段階で「脱落」し，その後かなり格の低い部署に回されている例も見受けられる。そして一度「脱落」した者の復活は，彼らの11年目までのキャリアをみても困難なようである。これらのことからA市の場合，初期キャリアの段階，より正確に言えば入庁3，4年目の異動に向けた段階から，トーナメント型の選抜が行われていることが指摘できるのである。ただし，最初の配属時の選抜はさほど決定的な意味は持たないから，3，4年目の最初の異動時まではトーナメントの緒戦（最初の配属時の選抜から通算すれば2回戦）という意味でのランダムな競争がある程度は行われていると言えるだろう（それでも最初から管理的部署・職務についている者の方がやはりある程度は有利と言えるが）。

　以上のことから，係長級への昇進に関しては，表面上は昇任試験一本で選抜が行われているように見えるが，実際には，それ以前の初期キャリア段階においてかなりの程度実質的な選別がなされていると言えるのである。すなわち，昇任試験早期合格者がファースト・トラックに乗るというよりも，入庁3，4年目時点での選抜に勝って管理的な部署・職務についたファースト・トラック候補者の一定部分が早期に昇任試験に合格し，ファースト・トラックに乗っていくという構図が指摘できるのである[29]。実際，表3-4をみれば明らかなように，

表3-4 入庁者の属性と8年目時点の所属に基づく分類

イメージ	性別	名門大出身	8年目時点本庁勤務	同官房系部局勤務	同管理系職務	実人数	11年目時点昇進者数	昇進率
A 出先の女性職員	女	×	×	×	×	3	0	0.0%
B 縁の下の力持ち	女	×	×	×	○	4	0	0.0%
C 普通の本庁の女性	女	×	○	×	×	6	0	0.0%
D しっかり者	女	×	○	×	○	1	0	0.0%
E 同期女性の二番手	女	×	○	○	○	1	0	0.0%
F 高学歴おっとり派	女	○	○	×	×	2	0	0.0%
G 同期女性のトップ	女	○	○	○	○	1	1	100.0%
H コースには乗れず	男	×	×	×	○	6	0	0.0%
I 出先では戦力	男	×	×	×	○	3	0	0.0%
J 普通の本庁職員	男	×	○	×	×	15	1	6.7%
K 堅実派	男	×	○	×	○	13	6	46.2%
L 企画派	男	×	○	○	×	1	1	100.0%
M 実力派エリート	男	×	○	○	○	6	4	66.7%
N 高学歴ノンエリート	男	○	×	×	×	3	0	0.0%
O 第一線で頑張る	男	○	×	×	○	3	0	0.0%
P 高学歴マイペース派	男	○	○	×	×	6	0	0.0%
Q 二番手グループ	男	○	○	×	○	6	1	16.7%
R 企画型エリート	男	○	○	○	×	3	3	100.0%
S 文句なくエリート	男	○	○	○	○	2	2	100.0%

昇進者は特定の部署・職務に偏って輩出されている。

　また，個々人の属性と昇進との関係を見れば，いわゆる学校歴（出身校のランク）によるトラックは明示的ではないと言える。確かに名門大出身者の昇進率はそれ以外に比べてやや高い（特に10年目までの昇進者に限るとそうである）が，部署・職務と昇進率との相関ほどには高い相関はない[30]。名門大出身であることは昇進の必要条件でも十分条件でもない。例えば，本人の意欲や志向の問題はあろうが，この85人の出身校の中で最も入試難易度の高い某国立大学を出ている3人はいずれも昇進していない。その一方でいわゆる中堅私大出身で昇進している者も複数存在する。ただし最初の配属先では，表3-3に示されるように名門大出身者が格の高い部署に配属される傾向も幾分見られる。しかし彼ら

にあっても，そこで何らかの問題があったのか，その次にはかなり格の低い部署に回されている者もいる。

なお，他の属性的要素について言えば，採用試験区分や学閥的要素による有利不利（法律職や県内の名門大・有名私大出身者の有利など）は，少なくとも本データからは指摘できない。しかし性別に関して言えば，女子の場合11年目時点で昇進している者は1人だけであり，A選考での昇進が狙えそうな格の高い部署にいる者も数人しかいない。やはり男子とは明確な差がついていると言わざるを得ない。これは，退職率はさほど高くない（入庁時の21人のうち11年目時点で18人の在職が確認できる）ものの，結婚・出産などにより出先に回り，昇進競争からとりあえずは離脱している者が多いからではあろうが，人事管理上今後に残る課題と言えよう[31]。

(4) 計量的分析

本節(2)および(3)における指摘をより定量的に明らかにするため，この85人のデータについて計量的分析を行い，個々の職員の属性やキャリアの各時点での所属部署・職務などのうち，どの要素が昇進により影響を与えているかをみることにする。それによりヨコのキャリアとタテの昇進との関連を確認したい。昇進するか否かの二値データを扱うため，分析手法はプロビット分析を用いる。変数は，入庁11年目時点までの昇進の有無（昇進＝1，非昇進＝0）を被説明変数，性別（男子＝1，女子＝0），出身校ランク（名門大＝1，その他大＝0），出身校所在地（出身大学の本部所在地がA市と同県内である場合＝1，それ以外＝0），初任部署（本庁官房系＝2，本庁その他＝1，出先＝0），初任職務（管理系職務＝1，その他＝0），2回目部署・2回目職務・8年目部署・8年目職務（ダミー変数のとり方は初任部署・職務に同じ），8年目時点異動回数の10変数を説明変数とする。

プロビット分析による推定結果は表3-5の通りである[32]。

表3-5の推定結果から，部署や職務の点で言えば，やはり8年目部署の昇進への影響力が大きいことが見て取れる。一方，初任部署の係数が8年目部署のそれに比べて低く出ているのは，最初の配属先は昇進にさほど決定的な影響は

表3-5 昇進の有無についての推定結果（プロビット分析）

被説明変数：入庁11年目時点までの昇進の有無（昇進＝1，非昇進＝0）

	モデル(1) 係数	モデル(1) 限界効果	モデル(2) 係数	モデル(2) 限界効果	モデル(3) 係数	モデル(3) 限界効果
性別	1.360 (1.438)	0.181	1.258 (1.498)	0.185	1.235 (1.461)	0.172
出身校ランク	0.061 (0.112)	0.008	0.237 (0.478)	0.035	0.003 (0.005)	0.000
出身校所在地	0.195 (0.397)	0.026	0.174 (0.391)	0.026	0.136 (0.282)	0.019
初任部署	0.668 (1.437)	0.089	0.751* (1.679)	0.110	0.476 (1.142)	0.066
初任職務	−0.183 (−0.294)	−0.024	0.101 (0.184)	0.015	0.237 (0.448)	0.033
2回目部署	0.515 (0.904)	0.068	1.193*** (2.836)	0.175	−	−
2回目職務	0.833 (1.319)	0.111	0.862 (1.577)	0.127	−	−
8年目部署	1.356** (2.042)	0.180	−	−	1.529*** (3.069)	0.213
8年目職務	0.214 (0.388)	0.028	−	−	0.528 (1.068)	0.074
8年目時点異動回数	−1.083** (−2.099)	−0.144	−1.427*** (−2.972)	−0.210	−0.986** (−2.124)	−0.138
定数項	−3.803** (−2.342)	−0.505	−2.640** (−2.214)	−0.388	−3.010** (−2.395)	−0.420
対数尤度 χ^2検定量	−20.130 50.068		−22.559 45.209		−21.431 47.465	

注：カッコ内はt値。***は1%水準，**は5%水準，*は10%水準で有意。8年目時点で異動なしの2名の2回目の部署・職務は、初任部署・職務を計上。

及ぼさないことを示唆するものである。また、2回目部署の係数が8年目部署のそれに比べて低く出ているのは、3、4年目の選抜で勝った者でも、8年目時点まで勝ち残らない限り早期昇進が保証されているわけではないことを示唆するものと思われ、トーナメント型の昇進構造を裏付けるものと思われる。あるいは、大卒の2度目の職場ということでとりあえずは出先から本庁のほどほどの部署に異動できたような者の存在が、2回目部署の係数を低くしているという解釈もできよう。しかし昇進者の場合多くは2回目部署と8年目部署とが

同一であることから判断しても、やはり2回目部署・職務の昇進への影響力は大きいと考えるべきであろう。よって上記の推定結果は、本節(2)および(3)における指摘ともおおむね符合する結果になっていると言える。

また、8年目職務の係数がやや低く出ているのは、8年目時点では多くの者が「戦力」として成長し、昇進可能性の高低にかかわらず難易度の高い管理的な職務に就く傾向があるからであろう（高い次元での平準化）。初任職務の係数が小さく（モデル(1)ではマイナス）なっているのは、有能な者も含めて、初職ではさほど高度な職務は割り当てられない傾向があるからであろう（低い次元での平準化）。あるいは、能力的な見極めが困難な新人の場合、必ずしも各自の能力に見合った職務が割り当てられていないという解釈もできよう。また、「8年目時点異動回数」の係数のマイナスが大きくかつ有意水準も高いのは、頻繁に異動する者は評価が低く、逆に有能な者は職場に引き留められる傾向があることを如実に示している。

また属性面で言えば、性別ではやはり男子の方が昇進可能性が高いことが示されている一方、出身校別では名門大出身者や地元大出身者の昇進における有利さはさほどでもないことがわかる。

以上のような計量的分析の結果からも、本節(2)および(3)における指摘内容は支持できると思われる。

4　A市のキャリア管理の特徴と評価

(1)　特徴の整理

前節3では、政令指定都市A市における同期入庁者の入庁11年目までのキャリアに関するデータに基づき、地方自治体における大卒行政職事務系職員の初期キャリアの特徴と、それが中期キャリアに入っていく時点での昇進に及ぼす影響について検討した。その特徴をもう一度整理すると次のようになる。

まず第1に、ヨコのキャリアについては、初期キャリア段階においても、同期入庁者に対する画一的なキャリア管理は行われておらず、ヨコの異動の幅や

頻度には各人間で相当バラツキがあるということである。異動の幅については，民間大企業よりも広めで，特定フィールドを越えるようなランダムな異動が多い。しかし一部にやや狭く，一貫して管理的部署・管理的職務の中でのキャリアを重ねる者が存在している。そしてその種の者の方が異動の頻度も少なく，さらに昇進率も断然高い。これらがファースト・トラック候補者の中心をなす。ただしその種の者にあっても，小池らの言う「はば広い1職能型」のキャリアの者はほとんどいない。むしろ彼らファースト・トラック候補者の多くは，経理と人事の2職能を経験するなど，管理的部署・職務の範囲内ではやや広めのキャリアをたどっている。一方ファースト・トラック候補者以外のその他大勢は，この段階ではより幅広いゼネラリスト的キャリアを歩み，専門性の形成はあまり顧慮されないようである。ただしその他大勢組の中でも部署や職務の格の差に応じた形で細かい格差はついていく。

　第2に，タテのキャリアに関しては，「早い選抜」が指摘でき，入庁3，4年目の最初の異動によりファースト・トラック候補者が事実上選抜されていると言える。その部分から入庁9～11年目での昇進者が出，彼らがファースト・トラックを形成していくのである。むろん3，4年目の最初の異動で選抜されたファースト・トラック候補者の中からも2回目の異動時に「脱落」する者は出るが[33]，反面3，4年目で選抜されなかった者が9～11年目で昇進する例はほとんど見られない。また，入庁時に本庁管理部門や管理的職務に配属されながら1回目・2回目の異動で「脱落」する者は存在するが，最初の配属時にそれらの部署・職務に就かずとも，3，4年目の1回目の異動でそれらに抜擢され9～11年目で昇進していく者は存在する。これらのことから，最初の配属時における選抜はさほど重要ではない反面，3，4年目での選抜が極めて重要であると言える。入庁3，4年目の異動時点，あるいはそれを目指す時点からトーナメント型の競争が始まるとも言えるのである。

　第3にタテとヨコのキャリアの連関について言えば，入庁11年目までの昇進者は例外なく，本庁官房系部局・事業局の庶務担当課・それに準じる管理的な部署において管理的職務を経験してきた者である[34]。そして彼らのキャリアの

幅は同期の中では相対的に狭い。これは，タテの昇進のためには，初期キャリアにおいて幅広い職務を経験するよりも，管理的部門を中心とした自治体の中では相対的に狭めのキャリアを重ねることを通じて，そこで管理的スキルを身につけることが極めて重視されていることを示している。ただし上述のように最初の配属で管理系部署・職務に就かずとも，3，4年目の選抜で勝つことにより2度目の職場でそれらに抜擢され，9～11年目で昇進していく者は存在することから，最初の職場の中ではそれ以外のスキル（例えば対人スキルなど）も評価されている可能性は指摘できる。

　第4に出身校・性別などの属性と配置・異動・昇進の関係については次のように言える。まず昇進に及ぼす出身校のランクの影響は，さほど大きなものとは言えない。ただし名門大出身者が最初の配属時点では格の高い部署・職務に配置される（いわばシードされる）傾向はあり，それにより3，4年目での選抜時においても名門大出身者が有利になることは考えられる[35]。しかし最初にシードされた者であっても，最初の職場で実績を積み，その結果として3，4年目での選抜に勝たない限り，以後はシードはされない。また3，4年目の選抜で勝っても，その次の異動で格の低い部署に移っている名門大出身者も見受けられる。これらの意味で，入庁時に名門大出身者中心にエリートが選抜されそれが一貫して庇護されるという形での庇護移動が行われているとは言えない。名門大出身であることがシグナルとして極端には重視されていないことの背景には，もちろん学校間バランスや非名門大出身者の士気への配慮があることも否定はし切れないであろう。しかしそれ以上に，ペーパーテストによる競争試験を通じて採用が行われているため個々人の学力の粒が民間企業よりは揃っており，かつ採用後も研修の考課測定や昇任試験等によりそれを適宜把握できるという事情が大きいと思われる。一方，性別について言えば，本人の意欲や志向の問題はあろうが，配属部署・職務から見る限り最初の異動以降は女子の方が概して不利な扱いを受けていると言い得る（初戦ではさほど格差はないが）。少なくとも既婚女子についてはそう言わざるを得ない。

(2) **評価と問題点**

　ではこのような特徴を持ったＡ市のキャリア管理は，いかなる問題をはらんでいると考え得るであろうか。

　まずＡ市におけるヨコのキャリア管理については，専門性の形成よりは経験職務の幅広さが意図されている。ただしファースト・トラックの部分については，少なくとも初期キャリア段階ではその他大勢組との比較において相対的にはむしろ幅が狭い。これは，キャリアの幅が狭くとも管理的部署・職務であれば全体的な目配りがきくということであろうか。しかし幅は狭くとも，人事労務畑をやや例外とすれば，専門的スキルを養成しようという姿勢が異動のパターンを見る限り見出し難いと思われる。経理や政策，税務等の特定専門領域内での異動を通じて，専門的スキルを養成しようとすることは，少なくとも初期キャリアの段階では行われていない。むしろ管理部門内での漠然たる異動という色彩が強い。

　Ａ市の場合，彼らには昇進後に出先や外郭団体などで幅広い部署を経験させるというのが方針のようである。実際，若手の係長昇進者は昇進直後に区役所や外郭団体などに行く傾向がある。しかしそれは通常一度だけであり，そこで大きな失敗がない限り次からは本庁管理部門に戻る例が多い。また，出先勤務であっても，彼らは出先の官房系部局とでも言うべき内部管理的業務や庁内外他部局との折衝業務が中心となる部署に配置されることが多く，異質なキャリア経験とは言い難い。将来幹部となる者が，若い時期から管理的職務や対人調整的職務に専念することに問題はないのであろうか。一方で，その他大勢組に無原則な幅広キャリアを歩むことを強いることは，実務能力や専門性，行政サービスの水準などの点で問題があると言えるし，中堅人材の無駄づかいとも言えるだろう。このようなパターンは，エリートとは言えない「実務の第一線の担い手」の方がエリートよりも狭いキャリアとなっている多くの民間大企業のキャリアパターンと比べて，果たして合理的であると言えるのであろうか。

　次にタテのキャリアについては，次のような問題点が指摘できる。第１に，昇進に関しての初期の配属部署や職務の規定力が大きすぎるということである。

既に述べたように最初の部署・職務の規定力はさほどではないにしても、２カ所目以降の部署・職務の規定力は非常に大きい。また最初の配属先も含めて、それが本庁官房系部局や事業局庶務担当課などの管理的職務を行う部署であれば、他部局の管理職の目に止まることも多く、次の異動においても有利であろう（逆は逆）。また、昇進への動機付けという点でも、それらの部署とそれ以外の部署では格差があろう。つまりこれらのことにより初期キャリアの段階で、管理職からの評価・経験・能力形成・動機づけ等において格差の累積が生じるということである。仮に「早い選抜」が必要だとしても、それは昇任試験を通じて実施することが可能であるにもかかわらず、なぜそれ以前のキャリア展開の中で事実上の格差をつける必要があるのだろうか。昇任試験以前の段階での選別があるために、こうしたほとんど特定のキャリアを歩んできた者が昇任試験に受かっていくいわば「出来レース」の構造は、情実を排し実力本位で多様な人材を登用するという昇任試験の本来的意義を空洞化させるとともに、幹部の資質の多様性を排除してしまう危険をはらんでいる。

　第２に、昇進においては、ファースト・トラックの選抜基準に問題はないかということである。Ａ市の例でも、ファースト・トラックの選抜においては、実務能力や幅広い視野よりは特定の管理的技能が問われていると言わざるを得ない。確かに、管理職に最も要求されるスキルは管理能力だから、管理部門中心のキャリアを歩む者が昇進において有利であるのは合理的であるという主張もあり得るだろう。しかし、管理職のスキルは管理能力に尽きるものではない。実務能力、政策形成能力や特定分野の専門的能力も必要であろう。また仮に管理能力が重要だとしても、果たして初期キャリア段階において管理能力を十分見極めることが可能かという問題もあろう。部下を持たない初期キャリア段階においては、単なる対人協調能力が「管理能力」と見なされてしまう恐れもあるのである。特に、最初の配属でそのような管理的スキルをさほど問われない部署・職務に就きながら３，４年目の異動で管理的部署・職務に抜擢される者に関しては、むしろ対人協調能力の方を買われて抜擢されるケースも多いのではなかろうか。

5 先行研究に対する含意と今後の研究課題

　最後に本節では，2節で取り上げた民間企業ホワイトカラーならびに公務員のキャリア管理についての先行研究に対するA市の事例分析からの含意を述べ，その上でなお残された研究課題についても言及する。

(1) ホワイトカラーのキャリア管理に関する既存研究に対する本事例の含意

　まず，ホワイトカラーのキャリア管理の既存研究に対する本事例の含意について述べる。第1にタテの昇進構造については，A市の事例からは，今田・平田（1995）で指摘されているような重層型の昇進構造は見出せず，初期キャリア段階からトーナメント型の選抜が行われているということである。すなわち，まず初期キャリアにおいては，最初の配属先の昇進への影響力は大きくはないものの，最初の配属先での評価の結果として入庁3，4年目の最初の異動でファースト・トラック候補者が選抜されるのであり，たとえ等級・職位上の差がつかなくともこの時点で選抜されることが9～11年目あたりで昇進するための必要条件になる。従って入庁3，4年目で実質的な昇進格差がつくと言えるのであり，その意味で初期キャリアにおいて一律年功昇進が行われているとは言えないのである。

　さらに言えば，初期キャリア段階でこのように差がつくと，中期キャリアでの「仕切り直し」も困難であろうと推測される。実際A市の人事担当者の言によれば，係長レベルでのキャリア管理は，同期入庁者の年次管理ではなく，係長への同一年次昇進者の間での年次管理という性格の方が強くなるという。従って，同期同士が同じ職場で上司・部下の関係となったり，先輩が後輩の部下として働くケースも出てくるという。これは，ポスト数や級別定数の制約がきつい公務部門の構造的要因から来るものでもあろうが，いずれにせよ同期がかなり遅い段階まで年次管理され，職能資格制度により課長クラスを大量生産でき，その段階までは同期の間での「仕切り直し」や「リターン・マッチ」（竹内 1995）が可能な民間大企業のような昇進構造はA市においては存在し得な

そしてこのような昇進構造の中でも、新任研修をへて最初の職場に配属される段階での選抜を1回戦、最初の職場での2、3年間をへて1回目の異動における選抜を2回戦と数えるなら、1回戦だけはその結果が以後のキャリアに重大な影響を及ぼさないという意味で相対的に「競争移動」型の競争が行われる。ただし名門大出身、あるいは民間有名企業からの転職組などの属性の者は、最初の配属において多少のアドバンテージを与えられる傾向は見られる。これは、名門大出身者などが最初の配属において比較的優遇されるという意味で、彼らへの1回戦免除、あるいは2回戦のレースを戦いやすいシードされたコースを割り当てることにたとえられよう。しかしそれはキャリアのスタート時点で多少シードされるという程度のものであり、既に述べたその後のキャリアの分析からも明らかなように、名門大出身者などへの永続的な庇護ではない。その意味で、A市における昇進構造は、競争移動型でも庇護移動型でもなく、最初の配属先を決める1回目の選抜を除けばやはり初期キャリア段階からトーナメント型（あるいは一部へのシード権つきトーナメント）であると言って差し支えないだろう[36]。

 それでは、このように初期キャリア段階からトーナメント型の選抜が行われるとすれば、「敗者」への動機づけ、竹内の言う「再加熱」はいかにして行われるのかという問題が生じるが、A市の場合それは係長昇進年次の差（1、2年程度の差は有意ではないとしても）やA選考・B選考・C選考の別などによるトラックの細分化によって果たされていると思われる。実際、A市の組合関係者の言によれば、例えば1997年のC選考導入以降、中高年係員の昇進への意欲が以前にもまして高まってきているということである。

 第2にヨコのキャリアに関する既存の議論に対しては、A市の事例からは次のように言うことができる。すなわち、全体としてみれば民間大企業よりもキャリアの幅が広く、小池らの言う「はば広い1職能型」のキャリアの者は、初期キャリア段階ではごくわずかである。また初期キャリア段階では、ファースト・トラック候補者の方がキャリアの幅が相対的に狭く、日本労働研究機構

(1995)・松繁（1995）などの民間大企業を対象とした既存の研究とは逆の結果となっている。言い換えると，エリートとは言えない「実務の第一線の担い手」候補者の方が，初期キャリア段階においては幹部候補者よりもキャリアの幅が一層広いのである[37]。

民間大企業よりは全体的にキャリアの幅が広いことの背景には，公務部門では，相対的に管理的業務の比率が高い一方で大卒者の比率が（大卒比率の高いA市でさえも）まだ低いため，大卒者の「実務の第一線の担い手」たる性格が民間大企業よりもまだ弱いということが考えられる。従って大卒者をエリートでない者も含めて幅広く異動させても，今のところ実務上はさほど支障をきたさないのであろう。

しかしその中ではファースト・トラック候補者の方が相対的にキャリアの幅が狭いことの背景としては，彼らには管理スキルの形成が期待されていること，そして管理部門を限定的に経験させてもそこは市の事業を統括する部署であるがゆえに全体的な目配りはきくようになるという考えがあるのであろう。またより直接的事情としては，A市においては民間に比して「早い選抜」が行われていることもあるのであろう。すなわち，ファースト・トラック候補者を選ぶ選別が入庁3，4年目という民間よりも早い時期に行われ，その後彼らは部署数に限りのある管理部門内で育成されるため（もちろん既述したとおりその中での競争はあり「脱落」者も出るが），初期キャリアにおける彼らのキャリアの幅は部署の面でも経験職務の面でも狭くならざるを得ないということである[38]。従って一般論として言えば，キャリアの幅の広狭は，事業に占める管理的業務の比重や選抜時期の早い遅いに影響されてくる可能性があるであろう。

さらにヨコのキャリアとタテのキャリア格差との結びつきについて言えば，職務間には明白な階層的格差が存在する（A市の例では，管理系＞企画系＞事業系＞窓口系）。建前はどうであれ，このことは職務の難易度，枢要度，管理職からの評価，昇任試験時の評価，などからも否定し難い。この職務間の格差が部署間の格差（これも建前はどうであれ実態として否定し難い）とも結びつき，初期におけるヨコのキャリア展開の中で職員が階層化されていく。ヨコのキャ

リアは職員の育成過程であると同時に選別過程でもあるのである。小池らは職務間の階層性やヨコのキャリアパスを通じた選別には言及しないが，この点は留意されるべきであろう。

(2) 公務員のキャリア管理に関する既存研究に対する本事例の含意

次に公務員のキャリア管理に関する既存研究に対する本事例の含意を述べる。まず，「おそい昇進（おそい選抜時点）」（稲継 1996：3）が職員の動機付け要因になっているという稲継（1996）の主張[39]についてであるが，国や稲継が言及する別の政令指定都市Ｂ市などとは異なるタイプの昇進管理を行っているＡ市の場合については，このような主張をあてはめることはできない。それは言うまでもなく，Ａ市においては，大卒職員の入庁時点での選抜が比較的緩く，制度上係長昇任試験を導入しており，実態としても既述の通り「早い選抜」が行われているからである。そしてＡ市のようなタイプの昇進管理を行っている地方自治体が多くなっているとすれば，稲継の主張は一般性をもっているとは言えない。従ってＡ市，あるいはＡ市のようなタイプの昇進管理が行われている自治体の場合，職員の動機付け要因がたとえ昇進であるとしても，それは「おそい昇進」によるものではなく，トラックの細分化（Ａ市の場合同期の間での微細な昇進時期格差やＢ選考・Ｃ選考の存在）や再編（競争相手が同期入庁者から同期昇進者へ変化）によるものであろう。

一方，山本（1996，1997）が指摘するような，係長昇進時期に将来の職位を規定する決定的選抜が行われるという意味での「早い選抜」説については，次のように言える。すなわち，Ａ市の人事データの分析からも「早い選抜」説自体は支持できるのであるが，「早い選抜」説をとるのであれば係長昇進という一時期のみに注目した議論では不十分であるということである。なぜなら，昇進というものはそれ以前の少なくとも数年間のキャリアの中での評価の結果としてあるからである。その意味で，さらにさかのぼって係長昇進以前の係員時代におけるヨコのキャリアパスの中での選別と格差に注目する必要があるのである。本章においてはその観点から入庁８年目までの初期キャリアの分析を

中心に行い，入庁3，4年目での選抜が極めて重要であることを指摘したわけである。

また山本における管理職のキャリアの幅の議論（経験部門数が多い者ほど最終職位が高い）について言えば，本章における分析結果とは相反する方向のものであるとも言える。しかし山本の分析は係長昇進以降のキャリアを対象にしたものであるため，係長昇進以前の初期キャリアを分析した本章の結果と相反するものとは必ずしも言い切れない面もある。だが，管理部門であれば全体への目配りがきくなどの理由から，中期キャリアにおいても引き続きファースト・トラックに対して管理部門中心の狭い異動が行われていることはやはり考え得ると思われる。

最後に峯野（2000a, b）の見解との位置関係について述べるならば，峯野の実証結果（早い選抜および選抜過程での管理スキルの重視）は本章の事例からも支持でき，峯野が行った政令指定都市Q市の事例分析からの指摘は一般化に耐えうると思われる。ただし既に強調してきた通り，A市の場合最初の配属における格差は入庁3，4年目の最初の異動時に逆転することも可能であり，実際最初の配属が管理的部署・職務でなくとも3，4年目の異動で管理的部署・職務に抜擢されている者は見られる。従ってA市の事例を踏まえる限り，少なくとも最初の配属先にいる間は，管理スキル以外の要素（例えば対人協調能力など）も問われ評価されている可能性は指摘できるだろう。さらにA市の事例からは，3，4年目での選抜で勝った者がその後庇護的に育成され早期昇進を保証されているわけではないと言える以上，その後の昇進構造は庇護移動型ではなくトーナメント型であることは強調されるべきである。

またキャリア管理が行政組織に及ぼす影響の面について言えば，行政が諸利益集団から距離を置きその中立性を確保するという見地からは，住民との接触が薄い管理部門中心のキャリアパスと早い選抜によって育成され管理技能や組織防衛技能を備えたエリートは必然的存在根拠を持っている，という峯野の主張にはやや疑問がある。早い選抜というシステムの中で，エリートの資質として管理能力や調整能力が重視され専門性が評価されないのは，地方自治体への

権限委譲という傾向が進む中では行政運営上も望ましくない。しかもその管理能力は、選抜上の評価過程においては対人協調能力的なものに矮小化されがちで、その結果管理部門内での調整能力には長けていても現場や住民に対するリーダーシップを発揮できない幹部を大量生産する恐れもあるのである（利益諸集団から中立的でいられる保証もない）。そしてその裏側として、その他大勢組に少なくとも初期キャリア段階において原則の乏しい単なる幅広キャリアを歩ませることは、実務能力形成や行政サービス水準の確保という点からは問題があると思われるのである。

　もっとも峯野も、たとえ「早い昇進」であっても管理技能や組織防衛技能が重視されるような昇進管理であれば、「遅い昇進」と同様に管理者型の管理職ばかり生産することになるので、それは組織の生産性という観点から見れば合理的であるかどうかは疑問であるともしている（その意味での「早い昇進」と「遅い昇進」の通底性）。だが、昇進管理と組織の生産性との関係については、エリートの裏側としてのその他大勢組のキャリアがどのようになっているかも含めた、職員トータルのキャリア管理の分析を踏まえることなしには十分な議論はできないと思われる。組織の生産性は一部のエリートの能力だけによって決まるものではないからである。従って、仮に峯野のような問題意識に立つとしても、エリートの裏側としてのその他大勢組への影響も踏まえたキャリア管理への評価なしには、いわば「エリート必要論」の是非も検証できないであろう。その意味では、本章で試みたようなコーホート全体を対象としそのキャリア管理の全体像を解明しようとする分析は、（データへのアクセスの困難さという問題はあるが）今後さらに深められる必要があるのではなかろうか。

(3) 残された課題

　以上、ある政令指定都市Ａ市を事例として大卒行政職事務系職員の初期キャリアの分析を行い、その特質と問題点を指摘するとともに、既存研究に対する本事例からの含意について述べた。ただし本章は初期キャリアの分析を中心にしたものであり、それを中期キャリア以降のキャリア管理と一層結びつけた

分析や，中期キャリアの中でのヨコのキャリアの幅や多様性の分析などについては今後の課題である。また，キャリア管理の実際的な制度・ルール・運用等については，単なる当局側の専権事項としてではなく一定の労使関係の帰結として成立しているはずである。従って当局側のキャリア管理に対する労働組合側の認識や対応について検討していくことを通じて，現行のキャリア管理システムを労使の相互作用の観点から分析していくことも必要であると思われる。さらには，近年の公務員制度改革の目指す「能力・実績主義」の方向と，本章で取り上げたような従来の公務員キャリア管理システムとの位置関係や整合性についても検討がなされなければならないであろう。これらの課題については本章では論じきれなかった点であり，これらについては松尾（2009, 2010, 2011）などもあわせて参照されたい。

---

1) その代表的なものは，稲継（1996）などで主張されている公務員の昇進構造を「おそい昇進（おそい選抜時点）」（稲継 1996：3）ととらえるような議論である。
2) なお，庇護移動とは，一定の基準に基づきエリートが早期に選抜され，彼らは将来の地位が約束され「庇護」される形で上昇移動する形の移動である。競争移動とは，上位ポストの空席は全ての者に開かれており，決定的選抜は先送りされ，ほとんどの競争段階においてランダムな競争が行われる形の競争である。それらに対してトーナメント移動とは，その段階での勝者のみがより高次の競争段階に進めるという形の移動（勝ち抜き戦）である。この場合勝者には能力の「底」が規定されるが，次の段階での勝利が約束されるわけではない。一方，敗者にはその時点で能力の「天井」が規定され，敗者復活はあり得ないことになる。ただし高校野球の全国大会などのようなスポーツの世界における純粋な形のトーナメントとは違い，現実の昇進レースにおいては敗者がそれ以降全く昇進しないというわけではない。竹内洋も述べるように，昇進レースにおけるトーナメントとは，昇進スピードの相対的速度の問題であり，スピードの上で敗者が勝者を追い抜くことがまずないという程度の意味である（竹内 1995：170）。
3) 例えば竹内（1981）など。
4) それは例えば，学校で問われる能力と職場で問われる能力とは違う，あるいは係長段階で問われる能力と課長段階で問われる能力とは違うというような，状況に応じて必要とされる能力は異なってくるという能力観である。
5) すなわち，竹内のこの実証的な研究は中間管理職レベルまでが対象となっているのであり，後期キャリアにおいてはトーナメント型競争となるという今田・平

田の知見を覆すものとは言えない。竹内も,『会社職員録』から無作為に抽出した429社のデータを使って行ったより大規模な調査では,課長を超える職位への昇進においてはリターン・マッチや逆転は少ないことを指摘している(竹内 1988:105)。また今田・平田も,中間管理職(課長・係長)段階までは追い抜き・追い抜かれが生じることを指摘している。むしろ竹内の研究の意義は,選抜過程自体が,何をもって優秀とするかといった一定の能力観や望ましいスキルを規定してくるということを指摘したことの方にあるだろう。

6) ただし松繁(1995)は,電機大手企業の大卒男子従業員の勤続10年までの異動と昇進の分析から,係長昇進が起こる前の勤続5,6年目あたりまでの段階で,従業員間の格差が異動の差として現れていることを示唆している。ただしこの研究も,具外的な部署・職務の内容の分析に立ち入って初期キャリア段階での格差形成を検討したものにはなっていない。

7) なお小池は,タテのキャリアについては,入社後最初の15年ほどは決定的選抜に至る前の年功的昇進の段階であり,同期の間で決定的な昇進格差はつかないとし,「おそい選抜」説を支持する立場に立っている(小池 1991:182)。

8) 日本労働研究機構(1995:48-49)。また松繁(1995)も,特に事務系社員の場合,勤続数年のキャリアの中でキャリアの幅が広く異動回数が多い者ほど昇進する傾向があることをデータの分析から指摘している。

9) 公務部門においては「昇進」は正式の語ではなく,この現象を指す正式の語は「昇任」である(早川 1997:60)。だが,本論文には民間企業を対象にした既存研究との対比という意図もあるため,「係長昇任選考」などの自治体特有の用語でない限り,より一般的に用いられている「昇進」の語を原則として使う。

10) ところで昇進管理の研究においては,「はやい(遅い)昇進」と「はやい(遅い)選抜」というように,昇進スピードの速さの概念と選抜時期の早さの概念とが混同して用いられることが多々ある。しかし昇進と選抜は次元の異なる概念である(例えば同期一律昇進のように選抜を伴わない昇進もあり得る)以上,両者は本来区別して用いられるべきである。特に国家公務員キャリア組の昇進・選抜の場合,確かにある時期までは同期入庁者間での昇進格差はつかない(選抜時期が遅い)が,その昇進スピード自体はノンキャリアに比べ非常に速い。従って国公キャリア組の昇進管理を稲継(1996)のように「おそい昇進」と表現するのは違和感があるのであり,やはりこれは「遅い選抜」と表現する方が適当であろう。

　さらに,入職時点での選抜と入職後の選抜についても区別されるべきであろう。そして入職時点での選抜は入職時の一時点で必ず行われるものであるから,それを「はやい選抜」「遅い選抜」と表現するのは適当ではない。むしろそれは「厳しい選抜」「緩い選抜」とでも表現すべきである。

　要は,「遅い」「はやい」の分類は,入職時の選別の度合いや昇進スピードではなく,入職後の選抜時期の早い遅いを基準に行われるべきであろうということで

ある。結局，国家公務員キャリア・同ノンキャリア・地方公務員行政職・民間大企業ホワイトカラーについて，入職時の選抜の厳しさ・入職後の選抜時期・昇進速度を対比させると，以下の表のように整理できよう。

入職時・入職後の選抜，昇進速度の対比

	入職時の選抜	入職後の選抜	昇進速度
国公キャリア	厳しい選抜	遅い選抜	はやい昇進
国公ノンキャリア	緩い選抜	遅い選抜	遅い昇進
地公行政職	緩い選抜	はやい選抜（?）	遅い昇進
民間ホワイトカラー	緩い選抜	やや遅い選抜	やや遅い昇進

11) 稲継は，国家公務員の場合キャリア・ノンキャリアともにそれぞれのレベルでは遅い時期まで昇進格差がつかないことをもって「おそい昇進」としているのであろうが，この意味するところは注10で述べた「遅い選抜」と同義である。
12) 峯野（2000a）ではQ市，峯野（2000b）ではK市と表記されているが，両者は同じ自治体である。
13) 技術系や専門職系職員のキャリアの分析もむろん重要な課題ではあるが，本章では大卒行政職事務系職員のキャリアの分析に限定することにする。これは，先行研究の多くが事務系ホワイトカラーのデータを主として扱っており，それゆえ明示的であれ黙示的であれ事務系ホワイトカラーを想定した議論を展開していることや，特に公務部門においては，幹部職員，特に上級幹部に占める比率の上でも意思決定上の影響力の上でも事務系職員が優位に立っているという現状からである。
14) 本章における地方自治体の事例では，特に最初の係長昇進者が出る前の入庁8年目あたりまでを「初期キャリア」の段階と想定する。
15) A市の場合1990年代初頭では，大卒行政職は事務系を100人，技術系を40人程度採用していた（行政職では他に高卒事務50人，同技術10人，短大卒事務10人，高専卒技術数人程度を採用）。時期的にはバブル期にあたるが，1980年代に比べて大幅に採用数が膨らんだわけではない。ただし1990年代後半以降，A市では全学歴区分においてかなり採用数を絞り込んでいる。なおA市の場合は学歴ごとの採用区分が明確であるため，大卒が中級職枠で採用されるケースはなく，大卒・院卒はすべて上級職枠での採用となる。A市の昇進管理のひとつの特徴として，行政職採用者に占める大卒比率が政令指定都市の中でも高い方であるため，大卒者の入庁後の選別が比較的厳しいことが指摘できる。この点ではA市は峯野の例示するQ市と類似し，稲継が「おそい昇進」の実施例として挙げる別の政令指定都市（ここではB市とする）とはやや異なっている。
16) ただし修士卒はこれより2年早く入庁後5年半で受験資格を得る。
17) なお2002年現在，短大・高専卒は入庁11年目，高卒は同14年目から係長昇任試験を受験できる。また，いわゆるワタリにより昇格した5級の職員はあくまで係

員である。
18) ただし近年はポスト不足が深刻化しているため，昇任試験合格者のほとんどは1年現職で係員のまま待機させられた上で（ただし等級上は5級に移行），その後昇進するのが普通であるという。従って最短（学部卒の場合入庁8年目）で合格しても，ほとんどは入庁10年目での係長級昇進となる。本章の事例においても，入庁9年目での昇任者は1人に過ぎない。しかもその1人も修士卒であることから判断すると，1年現職で待機させられていた可能性が高い。
19) A市の職員労働組合の組織範囲は係長級までであるため，課長級以上への昇進の必要経験年数については，入手した組合側の資料には記載されていなかった。従ってこれは人事担当者や組合関係者からの聞き取りによるものである。ただし部長級以上への昇進の場合，これ以上に早く昇進する者もごく一部存在するという。
20) 一般選考であるA選考のほかに，学科試験の負担を軽くした特別選考（40歳以上対象のB選考，50歳以上対象のC選考）もある。C選考は1997年に導入された制度である（C選考合格者は6級に昇格し原則としてその職場で「担当主査」に発令，その後一般の係長になることも可能）。
21) この比率は組合関係者からの聞き取りによる。
22) A市の人事担当者の言でも，その程度の数値だということであった。
23) この年の新規入庁者については，新規入庁者向けに入庁当初配られる『自己紹介書（大学・短大・高専卒）』の冊子より特定した。この冊子には，その年の大卒・短大・高専卒新規入庁者（原則として行政職）の氏名・生年月日・採用区分・最終学歴などが記載されている。なおこの85人の中には修士卒が5人含まれているが，採用区分上学部卒と区別されていないため特に区別して分析することはしない。また，キャリア管理の実状を考慮し，法律職・経済職を区別せず両者を大卒行政職事務系として一括に分析対象にする（A市の人事担当者の言でも，法律職と経済職とのキャリア管理上の区別は特には行っていないということである）。
24) 本章では，職制改正などに伴う所属の変更は異動には含めないこととする。また，局・区内での課間異動までは異動に含めるが，課内での係間異動は異動に含めないこととする（職員録を見る限り，課内での係間異動は本章のサンプルではほとんど見られないが）。
25) なお窓口系ばかりのキャリアの者もわずかに存在するが，これは通常個々人の特別な事情によるものであり意味が異なる。この種の職員は通常の昇進コースからは外れているのが普通である。
26) とりあえず本章では旧帝大・一橋大・東工大・神戸大・早大・慶大を「名門大学」の範囲としておく（二部等は除く）。院卒については，学部段階の出身校は知り得ないこともあり，これらの大学の大学院卒であれば含めることとする。

27) 女子職員の未婚・既婚の別は，姓の変更の有無から判断した。
28) 入庁11年目での昇進者の場合，少なくとも「現役」では昇任試験には合格していないわけであるが（おそらくほとんどが「1浪」＋待機1年での昇進であろう），「現役」合格者と比べての1年程度の差がその後のキャリアに決定的な差をもたらすとは考え難いので，本章では，11年目での昇進者までは9年目・10年目での昇進者と分析上区別せずに扱うこととする。
29) なお組合側からの聞き取りによれば，格の高い部署に所属していれば，それが昇任選考時の勤務評定の点数に反映されてくるだろうとのことであった。
30) 10年目時点までの昇進率は，名門大出身者が26人中7人の26.9％，その他大出身者が59人中6人の10.2％となっている。11年目時点までの昇進率は，名門大出身者が26人中7人の26.9％，その他大出身者が59人中12人の20.3％である。
31) なお，職員録を見る限り，本事例における退職者は男女共に入庁4年目までにほとんどが集中している。
32) 2回目部署と8年目部署との間，そして2回目職務と8年目職務との間には，実態として有意な相関が検出されるので，（共線性の問題を取り除くために）8年目部署・職務を変数から除いたモデル(2)，2回目部署・職務を変数から除いたモデル(3)による推定もあわせて行った。
33) この場合の「脱落」のパターンとしては，3，4年目の1度目の異動で選抜されて本庁管理部門に異動したが，そこで適応できずに1，2年で出先に回されるというものが多いようである。
34) 部署別では官房系部局の昇進率が高いが，事業局の庶務担当課もそれに次ぐ昇進率となっている。官房系からの昇進者もその前は事業局の庶務担当課に在籍していた者が多い。
35) これはたとえて言えば，陸上競技や水泳の大会で持ちタイムの良い者はシードされ，競技しやすいレーンを予選で割り当てられるようなものである。
36) ただしこれは，スポーツにおける純粋なトーナメントのように，あるラウンドにおける敗者が次のラウンドに全く進めないというものではない（注2参照）。実際，入手したＡ市の人事データを見ても，例えば1984年の大卒事務系採用者81人の中で2001年7月時点で係長級以上に昇進していない者は18人に過ぎない。初期キャリアにおけるトーナメントとは，その結果として「勝者」と「敗者」との間でまず挽回不可能な昇進スピードの差がつくという程のものである。ただし中期キャリア以降ではより純粋なトーナメントになっていくであろう。
37) 恐らく初期キャリア段階でのヨコのキャリアの幅広さの度合いは，公務その他＞公務ファースト・トラック＞民間ファースト・トラック＞民間その他の順序になると思われる。
38) ただし地方自治体においても，中期キャリア以降は，逆にファースト・トラックが総括的管理者候補としてゼネラリスト的な幅広いキャリア，それ以外の者の

多くが「はば広い1職能型」もしくはスペシャリスト的な狭いキャリアを歩むようになる可能性は否定し切れない。この点は今後の検討課題である。
39) ただし稲継は現実の個別的人事データの分析をほとんど行っていないこともあり，地方自治体において規範ではなく実態として「おそい昇進（おそい選抜時点）」（稲継 1996：3）が行われてきたことを実証できてはいないと思われる。

第4章
大学入試と学歴格差形成[1]
―― 入試類型と階層・地域間格差との関連を中心に

1 はじめに――本章における問題意識

　本章では，大学入試という大学入学時の選抜における問題を取り上げ，ホワイトカラー労働市場への参入以前の段階における格差形成の問題について考察する。大学入試の問題を特に取り上げるのは，日本の大学入試が，その是非はともかく，実態として新規大卒労働市場における選抜の予備選抜という性格を有しているからである。

　さて，出身階層や出身地域などの属性的要因が学歴・学校歴の達成に影響を及ぼすことはしばしば指摘されることである。特にいわゆる入試難関大学への入学者が特定階層出身者によって寡占状態となっているという指摘は常々なされることである。日本では，大学の受験機会は大学受験資格を認められた者には形式上平等に開かれているにもかかわらずそのような状況が生じているのは，様々な理由から平均としてみれば出身階層によって受験学力に差があることに主として起因するのであろう[2]。従って階層と学歴達成格差の関係を検討する従来の実証的研究も，例えば社会学分野であればブルデューの文化的再生産論などを援用しつつ，階層間の「文化資本」の差などに由来する絶対的な学力格差が学歴達成格差をストレートに再生産することに注目するなどする。

　しかし，いったん入学すれば卒業は比較的容易である日本の学校制度においては，個々人の学歴・学校歴を直接的に規定してくるのは学校の入試，特に大学学部段階の入試それ自体である。そして入試に必要な受験学力といっても様々な要素により構成されているので，入試の科目内容が異なったり評価基準が異なったりすれば，その試験で選抜される者の顔ぶれも変わってくる可能性があ

る。そうだとすれば，属性的要因が学歴達成にストレートに影響してくるというよりは，その媒介となる入試の具体的なタイプに応じて，出身階層・地域等に関して特定の属性を持った者がより有利に選抜されるということも考えられるのではなかろうか。

その意味で，出身階層・地域などの属性と学歴達成格差との関係を検討するのであれば，入試自体を検討の俎上に載せることや，属性による学力タイプの差異に着目する視点も必要であろう。すなわち属性的要因により学力は絶対水準のみならずタイプ的にも異なってくる可能性があり，それが特定の入試類型と結びついた時に階層間の垂直的格差に転化する可能性にも注目すべきではなかろうか。

こうした問題意識に立ちつつ本章では，大学入試のデータを用いることによって，大学入試の制度自体が出身地域・階層等の個々人の属性の差異を学歴達成の垂直的格差に変換してしまう可能性について検討してみたい。すなわち本章では，まず出身階層・地域などの属性と学歴達成との関連に言及した先行研究・調査を概観し，それらの問題点を踏まえて本章における検討課題を抽出する。その上でまず第1に，本章の課題に関して全体的な状況を把握するため，大学入試センター試験の都道府県別平均得点に関するデータの分析を行うことにより，所得水準や地域による総合的なレベルでの学力格差にとどまらず，地域ごとの学力タイプの特徴をも浮き彫りにする。第2に，同一大学でも試験タイプが異なれば出身地域や出身校のタイプ等の合格者の属性がどのように変わってくるかについて，入学定員を分割しそれぞれ異なったタイプの入試を行って合格者を選抜している特定大学の入試データをもとに検証してみる。それらの作業を通じて，入試類型の相違によって合格者の出身階層・地域などの属性の差異が現れてくることの可能性について指摘したい。

そのことによって，個々人の属性の背景に対して一見中立公平に見える入試においても，一定の条件の下では入試のタイプによって入試合格者の出身階層・地域等の属性にバイアスをもたらす可能性が強いことを示し，さらにその上でそれに対する入試政策上の（少なくとも入試制度上の）対応の方向についても展

望してみたい。

2　先行研究・調査の概観と検討課題の抽出

(1)　階層と学歴達成に関する先行研究からの含意

　親の所得・職業・学歴や出身地域などの受験生の属性によって，学歴や学校歴の達成において相違が出てくることは，諸論者により指摘される所である。つまり，親の所得・職業・学歴や出身地域などによって子供の学力水準は上下し，そのことが大学進学行動に影響を及ぼすわけである。

　例えば労働経済学の分野であれば，荒井（1995）が，『賃金構造基本統計調査』による都道府県別の所得データなどを説明変数，都道府県別の大学進学率を被説明変数とした重回帰分析により，父親の所得の高さが大学進学率を高める重要な要因であることを指摘している。樋口（1994）も，大学の入学難易ランクとその学生の家庭の所得とは正の相関を持つことを指摘している。

　また出身階層と学歴達成との関連については，SSM調査（社会階層と社会移動全国調査）のデータに依拠した社会学者による研究が，両者の関連の強さを指摘し，さらに教育の量的な拡大は出身階層と教育達成の関連を変化させないことも強調してきた（尾嶋 1990，石田 1999，荒牧 2000など）[3]。

　だが労働経済学にせよ社会学にせよ従来の研究は，親の所得や職業階層などと子供の達成学歴・学校歴との相関を指摘しているだけであって，所得や階層などが高ければなぜ子供の学力が高くなり達成する学歴・学校歴も高くなるのかという因果関係については十分答えていないと思われる。せいぜい，所得が高ければ多くの教育投資を行えるから，という程度の説明である。また従来の研究は，受験生の属性に応じた学力や進学先を，入試偏差値などによる垂直的な序列のみによって分類することに関心を集中させすぎであったと思われる。そのために出身地域や階層といった属性によって学力のタイプ（文系型か，理系型か，いわゆるオールラウンド型か一芸型かといったような）が異なってくるという可能性には注目していないのである。

ただし社会学においては、この点に関してブルデューの階層再生産論が出身階層と地域による文化資本の格差に起因する学歴達成格差を指摘していることは有名である。1960年代のフランスで行われたブルデューらによる調査によれば、学生の出身階級・出身地域と言語資本の量との間には相関があるとされる (Bourdieu et Passeron 1964＝1997：156, 1970＝1991：106-107)。

しかしブルデューらの主張においても問題なのは、(言語資本)×(大学入学での選別)→(言語能力)という図式を置くことにより、出身階層・地域によって言語資本量に差はあっても、入試の選別をクリアしてきた者の間では最終的な「言語能力」のレベルでは大差がなくなっている(あるいは差が逆転している)という主張を行っていることである[4]。だが、「選別の結果として生き残った集団」(Bourdieu et Passeron 1970＝1991：106)のレベルでは、出自による能力的な差異はさほど認められないのは当然のことである。つまりブルデューらはむしろ選別後の結果の方に注目してしまっているのであるが、問題にされるべきは、そのハードルを越えることへの出身階層・地域ごとの負担の差であり、また出身階層・地域間でのそのハードルを越えられる者の割合の差であろう。

さらに、ブルデューらの階層再生産論において階層・地域による学力格差や高等教育進学機会格差が指摘されているとしても、上記の「大学入学での選別」、すなわち入試による選別過程はブラックボックスとなっており、それ自体の階層性の分析が十分に行われているとは言いがたいのである。むしろ彼らの言うところの「選別」は「学校教育課程を通しておこなわれる」(Bourdieu et Passeron 1964＝1997：12)ものとされ、入試自体の選別機能への具体的な分析はなされてないのである[5]。要するにブルデューらにおいても、「文化資本」や「ハビトゥス」といった概念を強調し過ぎたがゆえに、社会階層ごとの高等教育への距離感の格差に起因する主観的な自己選別(「試験なき排除」[6])を強調する方向[7]に傾斜してしまい、そのため試験そのものによる選別についての分析が弱くなっていることは否めないと思われる。これは高等教育進学において階層間の競争遮断が強く存在していたと思われる当時のフランスの状況を反

映したものであり，その限りにおいてはやむを得ぬものであろう。その意味では，「大学に進学する民衆階級の学生の割合はめざましく上昇したとしても，これらの学生の相対的な選別の度合は小さくなるのだから，社会階級間での言語資本および文化資本の配分の不均等とむすびついた修学上の不利は，次第にそれによっては相殺されなくなる」(Bourdieu et Passeron 1970＝1991：108) という彼らの主張を検証する素材としては，ある程度階層横断的な学歴獲得競争が展開されてきた高度成長期以降の日本の状況がむしろ適していると言えるであろう。

　また，このブルデューの階層再生産論を踏まえた日本の社会学研究者の実証的研究（藤田・宮島・秋永・橋本・志水 1987, 佐々木 2000, 中西 2000, 橋本 2001 など）も，出身階層間の「文化資本」の格差等に起因する絶対的な学力格差や，それを通じた学歴・学校歴格差の世代間再生産などに注目する反面，それによって学力タイプの差異が生じる可能性には十分には目を向けていないと思われる。だが，出身地域や階層によって学力は絶対水準のみならずタイプ的にも異なってくる可能性があり，それが特定の入試制度と結びついたときに垂直的格差に転化する可能性に注目すべきではなかろうか。

　要するに，試験以前の暗黙の排除のメカニズムについて検討することもそれはそれで重要であろうし，出身階層による「文化資本」の格差を実証していく作業も重要であろう。だが入試のスタートラインについた一定以上のレベルの者を直接に選別するのは入試そのものなのであるから，ブルデューらの文化資本論の枠組みを踏まえるとしても，どのような形式の試験において出身階層・地域等による格差がより現れやすいかといった入試自体ついての実証的な検討を深めることもまた重要な作業の一環となってくるはずである。そしてブルデューらの言う「組織だった教育がおこなわれず，文化的行動が個人的な趣味や熱意の論理よりもむしろ社会的な決定要因に規定されるような領域におけるほど，文化的不平等がはっきり現れてくることはない」(Bourdieu et Passeron 1964＝1997：33-34) という命題は，そうした作業の中においてこそ検証されうるであろう。

(2) 入試難関大学入学者の属性についての先行研究・調査からの含意

しかし1990年代半ば以降の大学進学率が急激に上昇してきた状況下[8]では，単に大学全体に焦点を当てていたのでは認識を誤る恐れすらある。単なる学歴よりも大学間の格や難易の格差を考慮した学校歴を重視する視点が必要である。その意味で，ここでは入試難関大学に焦点を当ててみよう。

東京大学などの入試難関大学において，その合格者の少なからぬ割合が一部の中高一貫校出身者によって占められていることはよく知られている。このことをもって，子供を中高一貫校[9]に入学させ通学させるだけの財力をもった層の出身者が難関大学入学において有利であることがしばしば指摘される。

しかし，苅谷（1995a）によれば，東大をはじめとする「エリート大学」入学者の多くは，中高一貫校の隆盛以前の時期から一貫して上層ノンマニュアル（管理職・専門技術職など）の階層の出身者によって占められていたことが指摘されている。苅谷は，東大合格者における中高一貫校の寡占状態が強まった1970年代以降に，東大入学者の出身階層において上層ノンマニュアル層が増加した傾向は東大当局による学生調査のデータからは認められないし，またSSM調査などのデータに依拠しながら東大以外の有力大学でも同様のことが言えることを指摘している（苅谷 1995a：62-71）。苅谷によれば，例えば東大の場合だと，1960年代以前に日比谷や西などの都立上位校を経由して東大に入っていた層が，1970年代以降開成や麻布などの中高一貫校経由にシフトしたに過ぎないということなのである。このことは東大自身が継続して行っている「学生生活実態調査」などの調査の結果からも裏づけうる[10]。

この点については荒牧（2000）も，同じくSSM調査のデータを用いた実証分析により，「出身階層と進学先大学グループの関連は時間的に安定している」という仮説を裏づける結果を導いている（荒牧 2000：33）。

このような先行研究や調査を踏まえれば，いつの時代も入試難関大学には高い階層の親を持った有名高校の生徒が安定した比率で入学していると言える。もちろん上層ノンマニュアルの中でも差は大きく，それらの中でも相対的に上位階層部分の出身者が増加しているか否かまでは不明である。しかしこれらの

データによれば、上層ノンマニュアルを区分上の基準にして集計する限り、その比率は時代を通じて大きく変化してはいないということである。単に高校入試制度の変更等の要因により、難関大学に多数の合格者を出す高校の顔ぶれが、時代によって公立有名校から私立を中心とした中高一貫進学校に変わったに過ぎないということなのである。

確かに東大などの難関大学の多くでは、少なくとも1990年代末ごろまでは、中高一貫校を中心とした私立・国立校出身者の比率が上がり続けてきた（図4-1)[11]。しかし合格者出身校のデータを検討してみれば明らかであるが、その上昇を主に支えてきたのは、1980年代後半以降公立高校のレベル低下と反比例するかのように大学進学実績を伸ばしてきた主として大都市圏（特に首都圏）の新興私立進学校[12]であった。そしてこれらの学校については、従来なら公立進学校に進学していた層を取り込んでいるという指摘がなされているのである[13]。従って、少なくともこの種の学校の進学実績の伸びに関しては、従来子供を公立高校に通わせていた階層が選択肢を変えた結果に過ぎないということになる。要は、この種の私立高校と公立高校との間での力関係の変化は、一定

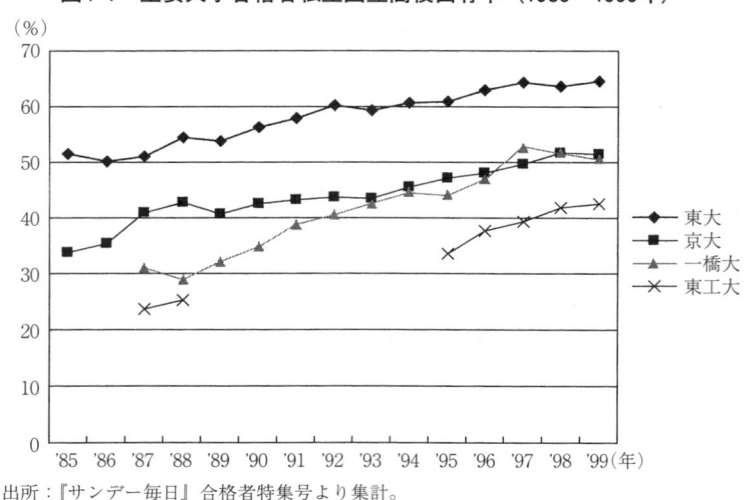

図4-1 主要大学合格者私立国立高校占有率（1985～1999年）

出所：『サンデー毎日』合格者特集号より集計。

の層の子供の奪い合いの結果であり，その意味でゼロサムゲームに近いものである[14]。一方，仮に1980年代より前から大学進学実績の高かった"老舗"の中高一貫校には恵まれた階層の子供が多く進学しているとしても，これらの高校の難関大学への進学実績は多くの場合近年横ばいか低下傾向にあり，従って難関大学入学者における中高一貫校出身者比率の近年の増大には貢献していないことは明らかである。

また現実に，難関大学入学者の家庭の年収についても，例えば東大であれば，1995年に行われた「第45回東京大学学生生活実態調査」における学部学生の「主たる家計支持者」の平均年収は1095万円[15]である。この数字は，『家計調査』における全世帯の年間実収入額684万9804円（1995年）[16]や，同年の『賃金構造基本統計調査』における50～54歳男子の年間給与総額722万900円[17]などと比較すれば，それに対する比率はそれぞれ1.60，1.52であり，かなり高いとは言える。しかしこの1995年の数値は，1990年の同調査の数値1016万円との比較で言えば，この期間での中高一貫校出身者比率の増大にもかかわらず，全国平均年収との格差において若干縮小しているのである（1990年の『家計調査』『賃金構造基本統計調査』の数値は，それぞれ626万1084円，643万6900円であり，同比率は1.62，1.58）。従って，（近年の東大生の親の所得は高いという類の議論は巷間なされるが）東大生の親の所得や社会階層が高いとしてもそれは以前からのことであり，少なくとも近年になってそれが高くなったという通念は支持しがたい[18]。なお，より以前までのデータを入手できた京大の場合だと，学部学生の家庭の全年収の平均は1995年で1170万円であるが[19]，『家計調査』の年収値に対する比率で言えば，1983年1.66，1987年1.71，1991年1.66，1995年1.71とさほど変化していない[20]。

また，2000年に行われた「第50回東京大学学生生活実態調査」では，東大学部学生の「主たる家計支持者」の平均年収は1016万円となっている[21]。この数値の，2000年の『家計調査』における勤労者世帯の平均年間実収入額（673万1448円）に対する比率は1.51，同年の『賃金構造基本統計調査』における50～54歳男子の年間給与総額（708万8500円）に対する比率は1.43であり，この間の

中高一貫校出身者比率の増加にもかかわらず1995年の同比率1.60，1.52よりもさらに低下している。なお，この1016万円という額は，慶応大学で同年（2000年）行われた『慶應義塾大学学生生活実態調査報告（第20回）』における慶大学部学生の「主な家計支持者」の平均年収1232.5万円よりもかなり低い[22]。

　よってこれらのことから示唆されるのは，難関大学に生徒を送り込んでいる進学校，特に中高一貫進学校をすべて同種のごとくみなし[23]，その出身者比率の増大をもって難関大学入学者が上位の所得・階層出身者によって独占されつつあると考えるのはかなり無理があるということである。従って，出身階層などの属性的要因と学歴・学校歴達成との関連について検討しようとするなら，むしろそれら進学校の中での地域性や学校類型の差異を考慮した上で，入試制度自体によって地域や学校類型（これらは生徒の出身階層などの属性とも関連してこよう）ごとに有利不利が出ていないかどうかを調べることの方が有意味なのではないかということである[24]。つまり特定の入試制度自体が特定の属性の者をより好んで拾い上げる可能性について検討しなければならないということである。実際，進学校，特に私立国立の中高一貫進学校に限っても，それらが全て一様に上位の階層の子供を集めているとは言い難く，むしろ地域的要因や校風などから，階層的に上位の親の子供が特に多い学校もあれば，それほどでもない学校もあると思われる。中高一貫進学校に限っても，それぞれがある程度の地域的基盤とそれと関連した階層的基盤を持っていると考えた方が自然であろう。よってある特定の入試形態の下では，進学校の中でも特定のタイプの高校が相対的に有利になってくることは十分あり得ると思われるのである。

3　受験学力の地域間格差と特徴
―― 大学入試センター試験自己採点データから

　次に全体的な状況を把握する意味から，大手予備校（河合塾）が都道府県別に集計した大学入試センター試験（以下，センター試験と呼ぶ）の自己採点データ（1993～2000年分）[25]を検討することにより，受験学力水準の地域や所得水

準間における格差の状況や，学力タイプの地域的特徴をみておきたい。

(1) 学力水準の地域間格差と近年の傾向

最初に地域別の全体的水準をみておくと，地域別の平均点（800点満点）は下

表4-1 センター試験地域別平均点（5教科6科目型，800点満点）と現役志願率

	北海道	東北	北関東3県	首都圏	甲信越静岡	北陸3県	中京3県	近畿6府県	中国	四国	九州沖縄	全国平均
1993年	526.0	518.3	536.9	557.1	525.7	539.7	534.0	566.0	527.3	541.5	527.7	539.5
現役志願率	15.2%	16.6%	17.4%	14.2%	16.8%	28.0%	24.8%	16.5%	23.8%	24.4%	22.9%	18.5%
2000年	532.2	517.7	531.0	553.8	522.0	518.2	524.8	549.0	518.2	527.5	524.8	532.4
現役志願率	23.4%	25.0%	32.3%	32.1%	30.9%	40.3%	40.1%	32.8%	36.8%	35.9%	31.8%	32.4%

注：平均点は河合塾の自己採点データによる。全国平均には検定・その他分も含む。現役志願率は大学入試センターのデータ（『大学入試センター試験—実施結果と試験問題に関する意見・評価—』）による。

図4-2 全国平均点との格差（800点満点）

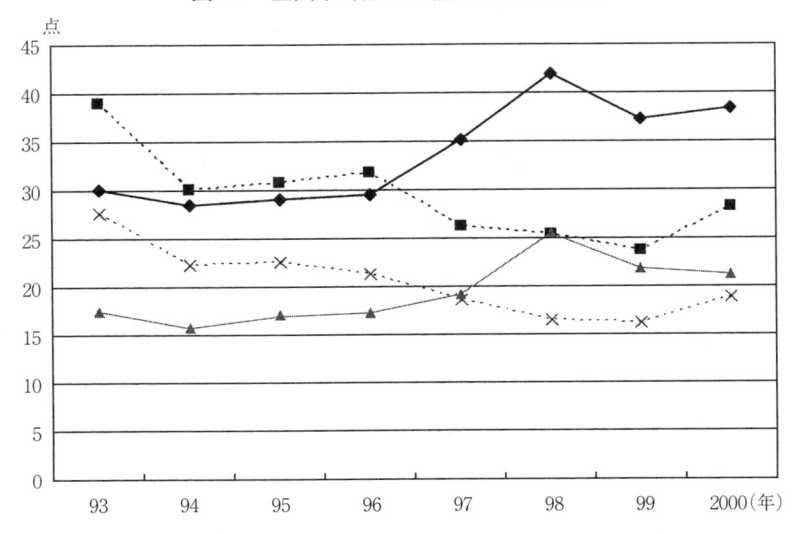

──◆── 点差（東京都）　⋯⋯■⋯⋯ 点差（大阪府）　──▲── 点差（首都圏）　⋯×⋯ 点差（関西圏）

注：首都圏は東京・埼玉・千葉・神奈川の1都3県。関西圏は京都府・大阪府・兵庫県。

記の表4-1の通りである。やはり地域別では首都圏と近畿圏が突出して高いことがわかる。

次に年次別の得点データを見ると、そこから読み取れるのは、この期間において首都圏（東京・埼玉・千葉・神奈川の1都3県）、特に東京都の高校の平均点（5教科6科目[26]＝800点満点）と全国平均点との格差が傾向的に拡大してきているということである（図4-2）[27]。東京都の場合、全国平均点との格差は2000年には38.5点に達している。また順位的にも1998年以降東京都の平均点はそれまでトップであった奈良県を抜いて全国1位になっている。1990年代における東京都立高校の全体的な水準低下は難関大学への合格実績などからみても明らかであるから、これらは都内の中高一貫校の貢献によるものであろう。

ただし、受験者がほとんど国公立大志望層で占められる5教科6科目型ではなく、私大志望層も加わる英数理型（対象は理系学部志望者）や英国数or社型（対象は文系学部志望者）[28]でみた場合、首都圏、特に東京都の平均点と全国平均点との格差は逆に年々縮小傾向にある（図4-3）。この傾向は英国数or社型

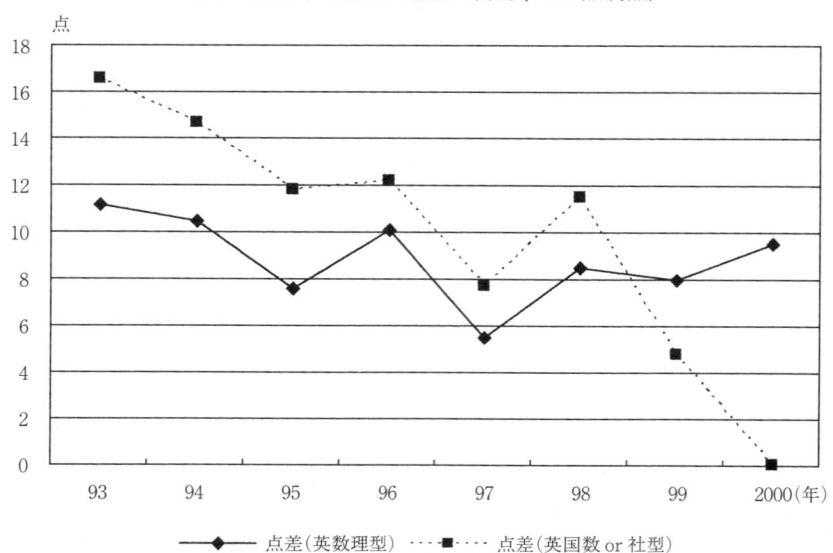

図4-3　全国平均点との格差（東京，500点満点）

において特に顕著である。科目別で見ると、国語・日本史・数学Ⅰ・生物といった受験者中文系志望者の割合が高い科目において首都圏、特に東京都の成績が良くない（図4-4）。これらのことは、首都圏、特に東京都において、年を追うごとに私大文系志望層がセンター試験に数多く参入し（多くは英国社の3教科に重点を置いて受験する）、この層の中下層が平均点を引き下げていることを示すものである。事実、2000年度の首都圏のデータでは、5教科6科目受験者2万7834人に対し、英国数or社型で集計対象になっている者の数は4万0023人にも達する（うち東京都はそれぞれ1万1388人、1万6998人）。全国合計では5教科6科目受験者23万4635人に対し、英国数or社型は20万6073人である。この数字から、首都圏、特に東京において私大文系志望層の比率が高いことがわかる。

　これらのことから、学力格差の観点から言えば、首都圏、特に東京都においては、上位層の貢献により平均点が引き上げられる一方で、受験生間の格差拡大が全国レベルよりもより顕著になってきていることが推測できる。なお他の大都市圏で見ると、関西圏（京都府・大阪府・兵庫県）では、「5教科6科目

図4-4　2000年科目別偏差値（全国平均＝50）

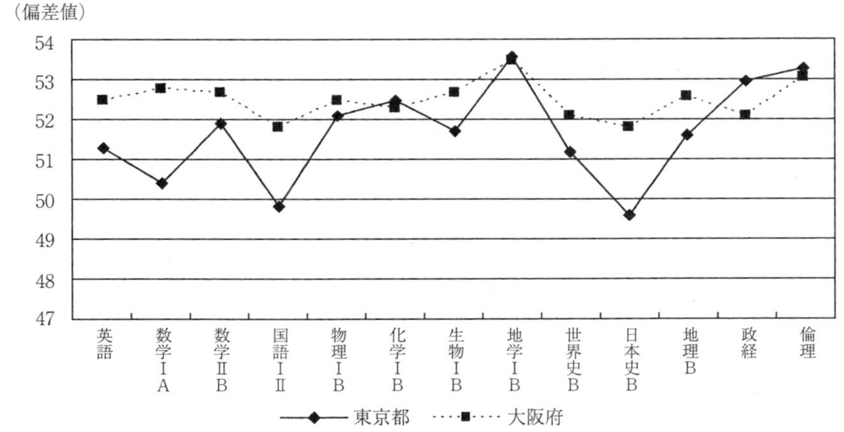

（偏差値）

［折れ線グラフ：東京都（◆）と大阪府（■）の科目別偏差値。横軸：英語、数学ⅠA、数学ⅡB、国語ⅠⅡ、物理ⅠB、化学ⅠB、生物ⅠB、地学ⅠB、世界史B、日本史B、地理B、政経、倫理］

注：元データの標準偏差が不明のため、偏差値算出にあたっては平均点が近い別の大手予備校のデータの標準偏差を使用した。

で全国平均との差が年々拡大する一方で英数理型や英国数 or 社型で全国平均との格差が年々縮小する」という首都圏のような現象は見られない。また科目別得点でみると，関西圏では，国語や日本史などでやや全国平均との差が小さいという首都圏と共通する特徴も見られるが，その差は小さい。基本的に関西圏は各受験型・各科目においてほぼ満遍なく全国平均レベルを上回っていると言える（ただし全国平均との差は近年やや縮小傾向にある）。

(2) 所得階層と学力水準

次に，引き続き大手予備校（河合塾）のセンター試験のデータを使って，学力の地域的・階層的特徴を絶対的水準の格差に注目しつつ分析してみよう。管理職や専門・技術職など階層的に上位の層が大都市圏，特に首都圏に集中していることは明らかであるから，大都市圏，特に首都圏の特徴を浮き彫りにするようにしてみたい。

そのために，2000年と1993年のデータを使い，センター試験の都道府県別平均得点（5教科6科目型，英数理型，英国数 or 社型）を非説明変数，都道府県別年間給与総額（単位：千円）を説明変数とする回帰分析を行ってみる（むろん標本数は47となる）。1993年のデータについても分析を行うのは，私大志望層のセンター試験への参入が少なかった時期と今日との比較という意味からである。なお，都道府県別の年間給与総額は，『賃金構造基本統計調査』に収録されている都道府県別の全男子労働者の賃金データから，「決まって支給する現金給与額」×12＋「年間賞与その他特別給与額」の式で計算する（もちろん親の勤務県と子供の高校の所在県が一致するとは限らないが，おおむね近似できるものとする）。ただしその上で，大都市圏，特に首都圏であることの影響を検証する意味で，「首都圏ダミー」というダミー変数を設定する（東京・埼玉・千葉・神奈川の1都3県にダミー変数1を入れる）。また，他の大都市圏との比較を通じて首都圏の特徴を浮き出させるため，「関西圏ダミー」をもダミー変数として設定する（京都府・大阪府・兵庫県にダミー変数1を入れる）。

このようにして行った重回帰分析の結果をみると，2000年のデータの場合，

表4-2　2000年センター試験データによる重回帰分析の結果

(*は5%水準で有意，**は1%水準で有意)

被説明変数＝都道府県別平均点（5教科6科目）

説明変数	偏回帰係数（標準〃）	t値
年間給与総額	0.0139(0.4774)**	3.3360
首都圏ダミー	9.3543(0.1638)	1.2005
関西圏ダミー	15.6674(0.2404)	1.9462
定数項	454.2016**	21.8121
修正済決定係数	0.4194	

被説明変数＝都道府県別平均点（英数理型）

説明変数	偏回帰係数（標準〃）	t値
年間給与総額	0.0074(0.3518)*	2.1156
首都圏ダミー	−7.5293(−0.1834)	−1.1565
関西圏ダミー	14.6577(0.3128)*	2.1792
定数項	299.4153**	17.1979
修正済決定係数	0.2158	

被説明変数＝都道府県別平均点（英国数or社型）

説明変数	偏回帰係数（標準〃）	t値
年間給与総額	−0.0054(−0.3721)*	−2.1060
首都圏ダミー	0.0822(0.0029)	0.0172
関西圏ダミー	10.9148(0.3361)*	2.2041
定数項	340.7617**	26.5852
修正済決定係数	0.1149	

出所：センター試験の都道府県別平均点は河合塾の自己採点データによる。

　都道府県別年間給与総額の標準偏回帰係数は，5教科6科目型で0.4774，英数理型で0.3518，英国数or社型で−0.3721となっている（表4-2参照）。やはり所得が高い県ほど平均点が高いという傾向が明瞭に現れている[29]。ただ英国数or社型で係数がマイナスとなっているのは意外だが，これは大都市圏，特に首都圏で私大文系志望者の中下層が平均点を下げているためであろう。首都圏ダミーの標準偏回帰係数は，5教科6科目型で0.1638，英数理型で−0.1834，英国数or社型で0.0029となっている。一方，関西圏ダミーの標準偏回帰係数は，5教科6科目型で0.2404，英数理型で0.3128，英国数or社型で0.3361となっている。首都圏ダミーの標準偏回帰係数はいずれも5%水準で有意ではないが，係数の数値の傾向から考えると，首都圏は相対的に文系優位型の学力傾向を示しているとは言える。

　私大文系志望者のセンター試験受験がまだ少なかった1993年のデータでみる

表4-3　1993年センター試験データによる重回帰分析の結果

(＊は5％水準で有意，＊＊は1％水準で有意)

被説明変数＝都道府県別平均点（5教科6科目）

説明変数	偏回帰係数（標準〃）	t値
年間給与総額	0.0227(0.5736)＊＊	3.8414
首都圏ダミー	−1.1248(−0.0145)	−0.1031
関西圏ダミー	15.7111(0.1772)	1.3650
定数項	420.7951＊＊	14.7092
修正済決定係数	0.3828	

被説明変数＝都道府県別平均点（英数理型）

説明変数	偏回帰係数（標準〃）	t値
年間給与総額	0.0140(0.5101)＊＊	3.2297
首都圏ダミー	−6.2343(−0.1160)	−0.7801
関西圏ダミー	14.2290(0.2319)	1.6883
定数項	258.2440＊＊	12.3283
修正済決定係数	0.3095	

被説明変数＝都道府県別平均点（英国数 or 社型）

説明変数	偏回帰係数（標準〃）	t値
年間給与総額	0.0123(0.5172)＊＊	3.7079
首都圏ダミー	4.9057(0.1047)	0.7974
関西圏ダミー	4.3767(0.2688)＊	2.2159
定数項	270.6687＊＊	16.7857
修正済決定係数	0.4613	

出所：センター試験の都道府県別平均点は河合塾の自己採点データによる。

と，上記の傾向はもう少し明瞭である（表4-3参照）。この年のデータによる分析では，まず都道府県別年間給与総額の標準偏回帰係数は，5教科6科目型で0.5736，英数理型で0.5101，英国数 or 社型で0.5172となっている（すべて1％水準で有意）。また首都圏ダミーの標準偏回帰係数は，5教科6科目型で−0.0145，英数理型で−0.1160，英国数 or 社型で0.1047である（いずれも5％水準では有意ではない）。一方，関西圏ダミーの標準偏回帰係数は，5教科6科目型で0.1772（5％水準では有意ではない），英数理型で0.2319（5％水準では有意ではない），英国数 or 社型で0.2688（5％水準で有意）となっている。

(3) 学力タイプの地域的特徴

続いて，今度は，所得と絶対的な学力水準との関係よりも，むしろ地域別の

第4章　大学入試と学歴格差形成　129

表4-4　因子負荷量：回転後（バリマックス法）

変　数　名	因子 No. 1	因子 No. 2	因子 No. 3
英　　　語	0.72221	0.29752	0.09526
数 学 I・II	0.80854	0.23154	−0.22759
国　　　語	0.26715	0.10950	0.65952
物　　　理	0.96785	0.17314	0.07587
化　　　学	0.72842	0.37049	−0.23362
生　　　物	0.47353	0.70467	−0.23767
世　界　史	0.45484	0.56673	−0.13696
日　本　史	0.25660	0.67894	0.14574
地　　　理	0.57984	0.54320	−0.24439
政　　　経	0.34950	0.29838	−0.72075
倫　　　理	0.43420	0.17712	−0.74001
地　　　学	0.08485	0.30779	−0.11214
学力タイプ	理系高学力型	文系高学力型	国語得意型

図4-5　因子No.1×因子No.2

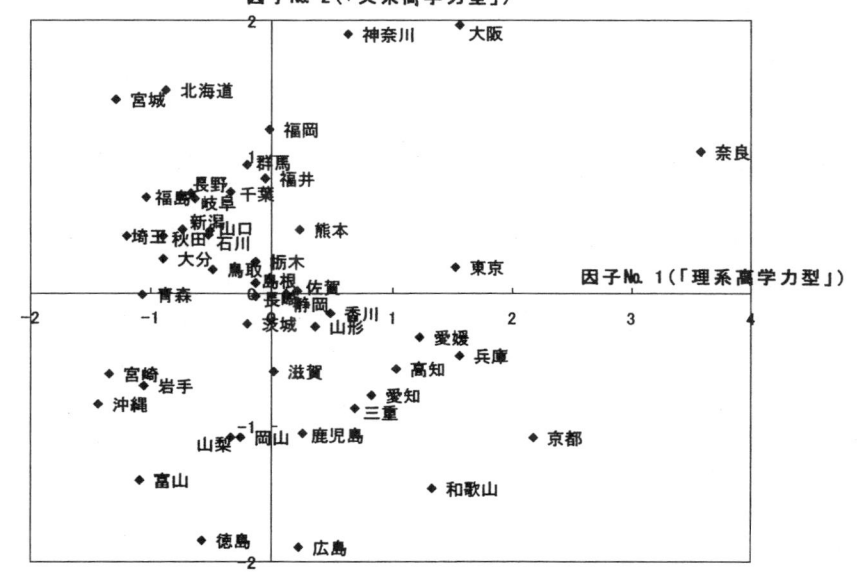

学力タイプの特徴をより明確にするため，2000年のセンター試験の各科目[30]について各都道府県別の平均得点を変数として因子分析を行ってみる[31]。因子分析から固有値1以上の3つの因子を抽出したが，寄与率が高い順に第1因子を「理系高学力型」，第2因子を「文系高学力型」，第3因子を「国語得意型」，とする（表4-4）[32]。各都道府県に因子得点を与え，第1因子を横軸，第2因子を縦軸とした散布図にその得点を描き出すと，図4-5のようになる。図の右上にプロットされる県ほど総合的な学力も高いと言えるだろう。図よりも明らかに，地域的特徴では，理系型の特徴を持つ西日本，特に関西地方に対し（大阪と奈良は両方強いが），東日本は総合的な学力で西日本より低い県が多いが，文系優位型の学力傾向（あるいは理系が相対的に弱い）を示している[33]。ただし首都圏，特に東京都は中堅私大文系志望層のセンター試験への参入が多く，この層が文系科目の点を下げているためか，文系優位型という東日本の特徴があまり明確に出てこない面がある。

　本節の以上の分析より，第1に絶対的な学力水準については，地域の所得の高さ[34]とセンター試験の得点とは明確な相関を示していること，第2に学力の地域的特徴については，東日本は絶対的な学力水準は西日本より低い傾向があるが，相対的に文系優位型の学力傾向をもっていると言える。ただ，その中でも首都圏が文系優位型の学力傾向を示しているのは，特に事務系ホワイトカラー上層が首都圏に一極集中しているという雇用構造とも無縁ではないであろう（首都圏における私大文系志望層の厚さもそのことと無縁ではないだろう）。しかしセンター試験のデータで見る限り，東京都で思ったほど文系型傾向が強く出ないことは，東京都の受験生の上下差の大きさを示唆していると言えよう（私大文系専願が多数派であろうと思われる下位層が文系向き科目の得点を下げている）。

　さらに，東日本の学力的特徴を踏まえた場合，首都圏私大文系のいわゆる私大文系3教科型の試験形式は，東日本の受験生に相対的に有利に働くと推測できるが，特にそれは理数に弱く総合学力もさほど高くない者が多い私大文系専願型の受験生に対してはある程度の救済措置となる面も否定できない。しかし首都圏に多いと考えられる文系が強く総合学力も高いという型の受験生に対し

ては，それは場合によっては過度の優遇になりかねない[35]。この点については次節で検討する。

4 入試難関大学における入試形態と合格者の属性

　以上前節ではセンター試験のデータを分析することによって，地域・所得階層と受験学力との関係ならびに学力タイプの地域的特徴について指摘した。しかしセンター試験という大くくりに集計されたデータだけでは，階層，地域，及びそれらを反映した学校類型などと，入試との関係について検討するには不十分であると言わざるを得ない。冒頭で述べたように，どのような属性の者が入学するかを直接的に規定するのはやはり個別大学の入試である。従ってより個別的なレベル，すなわち個々の大学の入試データの分析を避けては通れない。

　その意味で，本節では，どのような入試形態が入学者の属性に関してよりバイアスをもたらしやすいのかを，入試難関大学の入試データを通じて検討してみる。すなわち，特定の入試難関大学の合格者について，入試形態ごとの出身校などの差異を検討することにより，試験形態によって合格者の出身階層・地域等の属性上の差異が生み出されるか否かについて検討してみたい。むろん入試難関大学への進学者は，大学進学者全体の中でさえもごく一部にすぎない[36]。しかしそのようないわば"上澄み"部分を敢えて俎上に載せるのは，センター試験という幅広い学力層が受験する全体的なデータだけでは，地域ごとのセンター試験受験層の裾野の広がり方の差ゆえに（例えばすでに述べたように大都市圏，特に首都圏では私大志望者の受験も多い），大都市圏・首都圏のスコア（特に文系）が表面上低く出るなど，階層的・地域的な格差状況がわかりにくくなるという問題が生じるからでもある。

(1) 東大の事例

　入試難関大学の代表としてまず東京大学の事例を検討する。なおデータとしては，『サンデー毎日』が1999年まで氏名入りで毎年掲載してきた東大の入試

合格者及びその出身校のデータを用いる（本章で扱うのは原則として1997〜1999年の３年分)[37]。東大を事例に選ぶのは、第１に当時の一般入試の全合格者について週刊誌記事から氏名と出身校を把握できること[38]、第２に入試の後期日程で、４教科入試の前期日程とは異なり論文入試[39]を全学的に導入している（当時）こと、第３に大学ヒエラルキーの最上位の大学のため、全国各地の学力最上位層のほぼ共通した受験目標になること（東大志向の強さに地域差はあるが）、またそれゆえ後期日程でも他国公立大学前期日程不合格者の流入が少なくほぼ東大第一志望者のみによる競争になること、などの理由からである。ただし、一大学のみのデータを検討するバイアスを多少なりとも緩和するため、後期日程などで論文を入試科目に加えている他の難関大学の事例についても次の(2)で言及することとする。

　さて、1997〜1999年の３年分の合格者出身校データを検討すると、東大にあっても、文理・科類ごとに合格者の出身校類型や地域構成には若干の差異がある。特に試験形式が異なる前期日程入試と後期日程入試とを比較した場合、合格者の出身校類型や地域構成はかなり異なっていることがわかる（表4-5参照）。

　すなわち、この３年分の合格者数合計により前期と後期との間での合格者の出身校・主身地域の差異を比較した場合、まず合格者全体に占める私立・国立校出身者の占有率には前後期の間で統計的に有意な差（カイ２乗検定で５％水準未満）はみられず、その率は前後期とも64％台となっている。ただし私立・国立校の中にあっても、中村（1999）の格付けによるＡランク未満の高校[40]からの合格者の割合は後期でやや上昇している（これは、入試形態の違いはあるが、総合的に判断すれば後期入試の方が難易度が低いことを示唆するものでもあろう）。しかしこれらだけから判断すると、入試類型の相違は合格者の属性にさほどの相違はもたらしていないようにもみえる。

　しかし上記のように合格者の出身校における私立・国立／公立の比率には前後期で有意差がない一方で、首都圏／地方の比率には前後期で大差がみられる。数値的に言うと、1997〜1999年の３年間の前期日程入試合格者合計に占める首都圏の高校出身者の比率は43.8％であるが、後期日程入試合格者ではそれが

第4章　大学入試と学歴格差形成

表4-5　東大合格者出身校種別（1997～1999年の3年分の合計）

前期	文系			理系			前期計		
高校種別	合格者数（比率）	うち女子（左に対する占有率）	うちAランク未満（同）	合格者数（比率）	うち女子（左に対する占有率）	うちAランク未満（同）	合格者数（比率）	うち女子（左に対する占有率）	うちAランク未満（同）
首都圏・私立国立	1550 (38.4%)	344 (22.2%)	136 (8.8%)	1868 (36.0%)	340 (18.2%)	188 (10.1%)	3418 (37.1%)	684 (20.0%)	324 (9.5%)
地方・私立国立	1136 (28.2%)	156 (13.7%)	104 (9.2%)	1375 (26.5%)	99 (7.2%)	127 (9.2%)	2511 (27.2%)	255 (10.2%)	231 (9.2%)
首都圏・公立	226 (5.6%)	43 (19.0%)	90 (39.8%)	391 (7.5%)	52 (13.3%)	151 (38.6%)	617 (6.7%)	95 (15.4%)	241 (39.1%)
地方・公立	1111 (27.5%)	306 (27.5%)	230 (20.7%)	1541 (29.7%)	201 (13.0%)	374 (24.3%)	2652 (28.8%)	507 (19.1%)	604 (22.8%)
検定・外国・不明等	10 (0.2%)	3 (30.0%)	− (−)	10 (0.2%)	1 (10.0%)	− (−)	20 (0.2%)	4 (20.0%)	− (−)
合計	4033 (100%)	852 (21.1%)	560 (13.9%)	5185 (100%)	693 (13.4%)	840 (16.2%)	9218 (100%)	1545 (16.8%)	1400 (15.2%)

後期	文系			理系			後期計		
高校種別	合格者数（比率）	うち女子（左に対する占有率）	うちAランク未満（同）	合格者数（比率）	うち女子（左に対する占有率）	うちAランク未満（同）	合格者数（比率）	うち女子（左に対する占有率）	うちAランク未満（同）
首都圏・私立国立	207 (43.7%)	80 (38.6%)	34 (16.4%)	298 (46.3%)	46 (15.4%)	40 (13.4%)	505 (45.2%)	126 (25.0%)	74 (14.7%)
地方・私立国立	82 (17.3%)	16 (19.5%)	17 (20.7%)	136 (21.2%)	7 (5.1%)	18 (13.2%)	218 (19.5%)	23 (10.6%)	35 (16.1%)
首都圏・公立	65 (13.7%)	24 (36.9%)	32 (49.2%)	66 (10.3%)	12 (18.2%)	30 (45.5%)	131 (11.7%)	36 (27.5%)	62 (47.3%)
地方・公立	113 (23.8%)	32 (28.3%)	30 (26.5%)	139 (21.6%)	16 (11.5%)	39 (28.1%)	252 (22.6%)	48 (19.0%)	69 (27.4%)
検定・外国・不明等	7 (1.5%)	2 (28.6%)	− (−)	4 (0.6%)	0 (0.0%)	− (−)	11 (1.0%)	2 (18.2%)	− (−)
合計	474 (100%)	154 (32.5%)	113 (23.8%)	643 (100%)	81 (12.6%)	127 (19.8%)	1117 (100%)	235 (21.0%)	240 (21.5%)

注：『サンデー毎日』合格者特集号より集計。数字は一般入試分のみ。共学校からの合格者の男女別は氏名より判断。

56.9%にも達している。これは主に，後期日程においては，首都圏の私立・国立校が前期以上に占有率を上げているためである（ただしその占有率の上昇は地方の私立・国立校の占有率低下で相殺されているため，私立・国立／公立の比率には前後期で大きな差が出ないわけである）。公立校においても，首都圏の公立校が前期よりは合格者全体に占める比率をやや上げている。その一方で，地方の公立校はやや占有率を下げている傾向が読みとれる[41]。さらに公立の場合も，首都圏・地方ともに，それぞれのカテゴリー内ではAランク未満の高校からの合格者占有率がやや上昇している。

　なお，表より明らかに，後期合格者の方が女子の比率が高く，女子合格者の中でも首都圏出身者の占有率が高くなっている。ただしこの傾向がみられるのは文系のみであり，理系に関しては，合格者に占める女子比率，女子合格者の中での首都圏出身者比率ともに，前期と後期では有意な差はない。

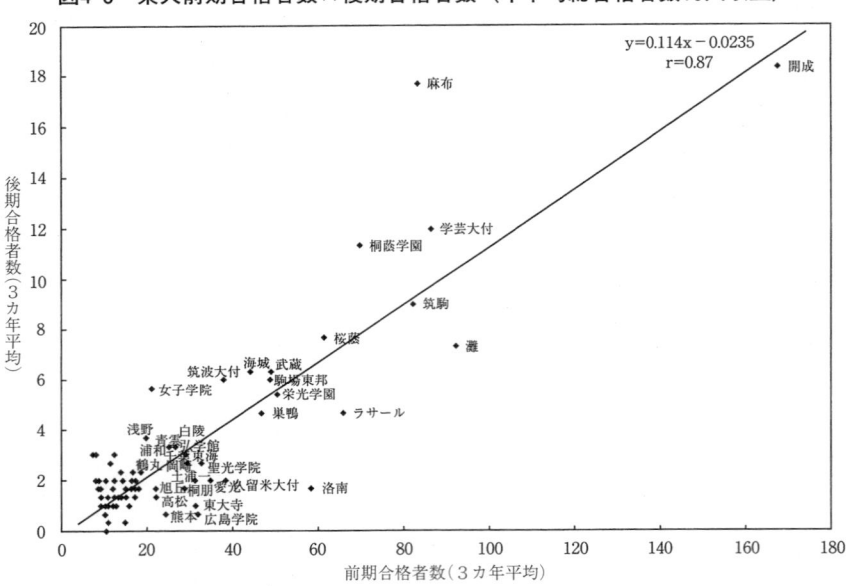

図4-6　東大前期合格者数×後期合格者数（年平均総合格者数10人以上）

$y=0.114x-0.0235$
$r=0.87$

注：合格者数は1997〜1999年の3カ年の平均。年平均総合格者数20人未満の高校名は省略。

第4章　大学入試と学歴格差形成　135

　さらに文理別に分けてみてみると、文系の場合、首都圏私立国立・公立共に後期で占有率が有意に上昇しているが、理系の場合占有率を有意に上昇させているのは首都圏私立国立のみである（首都圏公立も後期で若干占有率を上げているが、前期と有意な差はない）[42]。

　では、前期と比べて相対的に後期合格者の多い高校としては具体的にはどのような高校が挙げられるか。この点を調べるため、1997年から1999年までの３カ年で合計30人以上（年平均10人以上）の東大合格者を出した77校を対象に、前期入試合格者数と後期入試合格者数との相関を調べた（図4-6）。各高校の数字はこの３カ年の合格数の平均を用いた。この作業によって、ある程度以上のレベルの高校の間でも、どのようなタイプの高校において相対的に後期合格者が多いかを調べてみるのである。

　図4-6よりも明らかに、前期合格者数と後期合格者数との相関は高い（r = 0.87）。しかし、図上で回帰線より上方へのプロットが目立っている高校、すなわち前期合格者数の割に後期合格者数を多く出している高校もあり、それらは首都圏の私立・国立校がほとんどである。一方、回帰線より下方へのプロットが目立つ高校は、西日本の私立校が多い。この図上では校名がないため確認できない部分もあるが、総合格者数がより少ない高校についても同様の傾向が指摘でき、前期合格者数の割に後期合格者数の多い高校は、東日本特に首都圏の高校が多く、その逆のパターンになっているのは西日本の高校が多い。このように後期入試合格者の出身校は前期以上に首都圏の中高一貫校への偏りがみられる。そしてこのような傾向はやはり文系で顕著であり、前期合格者数×後期文系合格者数（図4-7）で散布図を描いてみるとそれが一層明瞭に出る。

　以上のデータ分析から、東大の後期日程の論文入試は、（後期でＡランク未満の高校からの合格者比率が高まっていることから判断しても）いわゆる無名校から「一芸型」や「私大専願型」とでも言うべきタイプの人材を少数拾い上げている面もあるものの、中高一貫校を中心とした一定レベル以上の進学校の間では、首都圏の私立・国立校に有利に働いているという可能性が指摘できる。

　さらに、地域差の要素をコントロールする意味からも、首都圏の私立・国立

図4-7　東大前期合格者数×後期文系合格者数（年平均総合格者数10人以上）

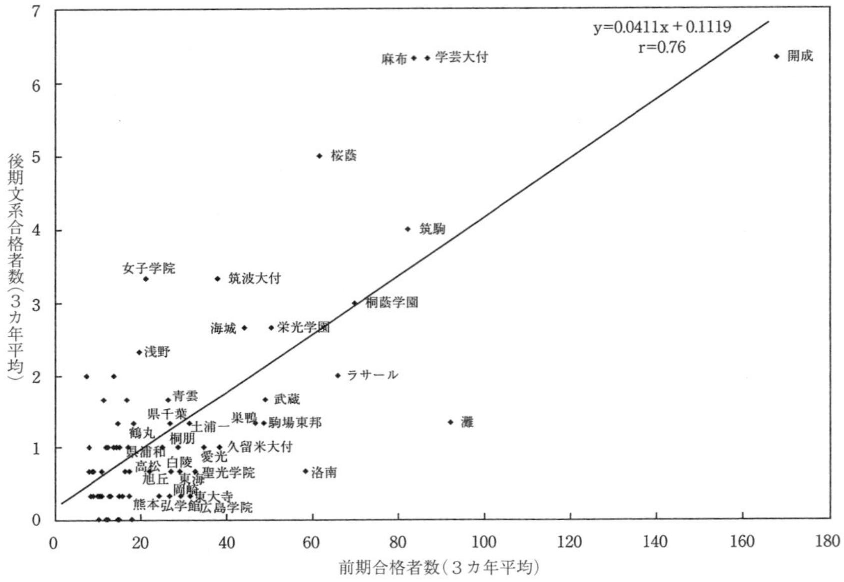

注：合格者数は1997〜1999年の3カ年の平均。年平均総合格者数20人未満の高校名は省略。

校に範囲を限定してそれらの中でも後期合格者比率が特に高い高校の顔ぶれを眺めれば，東大の後期入試は比較的上位階層出身の子弟が多いという世間的イメージのある高校に有利に働いている印象すら感じられるのである[43]。少なくとも，東大後期入試が，首都圏の進学校の中でも特定の学校文化や教育方針を備えた学校の学力傾向により合致し，その部分を相対的に多く拾い上げているという可能性は指摘できるのである。特に文系の後期入試についてはそのような可能性が一層強く指摘できる。従って敢えて図式化すれば，東大の場合，前期入試は自ら受験学力を身につけることによって社会的上昇移動を果たす「文化的社会移動型」の生徒により適合的な入試形態であり，後期入試（特に文系）は親から継承した文化資本などを活用して高学歴を獲得する「文化的再生産型」の生徒により適合的な入試形態と位置づけ得る可能性があるのである[44]。

東大後期入試において首都圏，その中でもある種のタイプの私立・国立校か

第4章　大学入試と学歴格差形成　137

らの合格者比率が高まる理由については簡単には判断し難い面もあろう。しかしこの理由として，第1にこれらの高校の生徒が保持するいわゆる「文化資本」量の多さを想定することは全く的はずれとはやはり言えないであろう（文系後期で首都圏女子進学校の占有率が特に上昇していることもその傍証となろう[45]）。また第2には，首都圏と地方との間での受験情報量の格差が後期入試のような特殊な入試形態においてはより顕著に現れるということも考え得る。第3にそれとも関連するが，後期入試においては大学での学習内容により近接した問題が出題されるため，学問志向の教員が多い高校の生徒に有利であり，そのような教員を相対的に多く抱えているのは首都圏の一部の私立・国立校であろう。第4には，前節で明らかにしたような東日本と西日本の学力パターンの相違，特に首都圏に事務系ホワイトカラー上層が一極集中している以上，首都圏上位層は文系優位型の学力パターンを持つ者が多くなり，それが論文型入試に有利に働くということも考えられる。

　もちろん，そもそも注41でも述べたように，東大の後期日程の場合，出願者に占める首都圏外の高校出身者の比率が前期日程に比べて少ないことは十分に想像され得る[46]。しかしそうした受験以前の段階での自己選抜[47]においても，上の段落で挙げたような要因が働いている可能性があることはやはり否定し切れないであろう。

(2) 他の難関大学の場合

　東大の事例を対象化しかつそこからの含意をより明確にするという意味でも，論文入試を導入している他の難関大学の事例についても触れておこう。東大以外の難関大学の場合では，例えば京都大学経済学部が1988年から論文入試を実施し，入学定員の約2割の枠をこの入試に配分してきたことはよく知られている[48]。ただ京大経済学部の場合，前期日程入試を一般型と論文型とに分けているため，『サンデー毎日』掲載の前期合格者氏名から論文入試合格者を特定することは困難である。だが，1994年にこの論文入試入学者の追跡結果についての報告書（京都大学経済学部論文入試調査委員会 1994）が公表されているので，

やや古いデータではあるが同書のデータを引用してみる。

　同書のデータから描き出される論文入学者と一般入学者との属性の差は次のようなものである（京都大学経済学部論文入試調査委員会 1994：33-42）。第1に女子の比率については論文型・一般型の間でほとんど差はない（論文9.5%，一般9%）。第2に論文型の方が公立高校出身者の比率が高い傾向がある（論文57.7%，一般50.0%）[49]。逆に一般型の場合は私立中高一貫校が多く，その比率は40.2%で論文型の28.5%とは有意な差がある。第3に入学者の出身地については，全体としては有意差はないが，論文型で関東地方以北の出身者比率が高くなっている（論文28.0%，一般13.1%）。第4に主たる家計支持者の職業では，一般型で民間企業社員が69.7%を占めるのに対し，論文型は51.6%に過ぎず，その分自営商工業が多い。全体としても主たる家計支持者の職業に関しては論文型と一般型との間で有意差がある。第5に学力タイプでは，論文入学者は高校時代国語が得意で英語・数学を不得意としてきた者の比率が高い。社会では全体としては大差ないが，論文型は政経倫社を得意としてきた者の比率が高い。第6に大学での成績に関しては，成績優秀者の中に占める論文入学者の比率は低く，特に数学・語学に関しては有意に低い。

　上記のような京大経済学部の論文入試入学者は，総合的な学力において一般入試入学者よりも低い一方，国語や政経倫社を得意とするということから考えると，学力タイプにおいて東大後期合格者と類似した傾向をもっているとも考えられる。しかし，一般入試合格者に比べて，女子比率が高くなく，公立出身者比率が高く，出身階層が相対的に高くない者が多いといった点は東大にはみられない点である。このような点から判断すると，京大経済学部論文入試の場合は，東日本出身者の比率が一般入試より高いという点などを見ると表面上東大後期と同じ傾向も出ているが，その実，東大後期の場合よりも相対的に下位の階層出身者をかなり多く合格させていると言えるであろう。

　そしてこのことは，首都圏・東日本と関西圏・西日本との学力タイプの地域差の反映であると同時に，首都圏以外において私大文系型の高学力層の層が薄い[50]ということの反映である可能性もあると思われる。すなわち，関西圏に

第4章　大学入試と学歴格差形成　139

おける私大文系型高学力層の層の薄さゆえに，論文入試の合格枠が私大文系型高学力層に占拠されることなく[51]，その枠が私大文系型でなおかつ相対的に学力の低い層にまで開かれているということである[52]。しかし角度を変えて言えば，論文型入試はこのように確かに入学者の属性の多様化に寄与する面はあるが，上記の関西圏におけるような条件がなければ，特に本節(1)の最後で挙げたような首都圏における一定の条件の下では，むしろ逆の効果を生む恐れもある，少なくとも入学者の出身階層に関しては一般入試以上のバイアスをもたらす恐れがあるということもまた言えるのではなかろうか。

5　まとめと今後の課題

　以上本章では，まずセンター試験の全体的なデータを用いることによって，所得階層や地域間での絶対的な学力水準の格差を指摘したのみならず，地域ごとの学力タイプの特徴をも指摘した。その上で個別大学入試の高校別合格者数のデータを検討することを通じて，特定の入試類型が合格者の階層・地域的属性にバイアスをもたらす可能性についても指摘した（むろんこれらのデータだけでは，階層・地域的属性の差異と学力格差との連関を実証するにはまだまだ不十分であり，より厳密な実証分析に耐え得るデータの収集が今後さらに行われなければならないであろうが）。

　もちろん，特定の入試類型が合格者の属性にバイアスをもたらしやすかったとしても，そのバイアスが階層・地域間の教育格差の是正という観点から見て望ましいものであるならば，時には選抜の公平性を多少犠牲にしても入学者の多様性を確保すべきという議論は成り立つであろう。特にセンター試験のデータを見る限り，地域的傾向として東日本で理数系科目が弱い傾向があるが，論文型入試や私大文系型入試などは主にこれらの地域における一定以下の学力層に対してはある種のアファーマティブ・アクションにもなり得る可能性がある。

　しかし本章でみたように一定の条件の下では，そのような入試形態は，ある程度学力上位の層の中では単なる不公平のみを生む恐れが強い[53]。特に首都圏

においては，事務系ホワイトカラー上層が集中し威信の高い私立大学も存在することなどから私大文系志望者の層が厚く，受験情報へのアクセスにも恵まれている。従って首都圏における威信の高い大学での論文型入試（あるいは高校での学習内容との隔たりが大きく，入試情報の収集にもコストがかかる入試）は，一般入試以上に合格者の出身階層・地域に偏りをもたらす可能性が高いと思われる[54]。

確かに論文型入試は大学での学習に関して目的意識の明確な者を合格させやすいという利点もあるが[55]，大学院レベルの教育もますます重視されつつある昨今，そもそも学部入試の段階でそのようないわば目的志向型の学力をことさら強く求めるべきか，という問題もあるだろう（むろん大学での志望分野や学問領域に無関心であっては困るが）。学部レベルは将来の専門性の基礎を築く時期とするならば，学部入試は英数国中心の基礎的なものとし，専門性は大学院入試で問うべきであろうし，またそうした方が出身階層・地域による学歴・学校歴達成の格差は相対的に生じにくいと思われる[56]。

もしいかなる入試であれ階層・地域間の学力格差などの要因から合格者の属性にバイアスをもたらすことが避けられないとすれば，そしてなおかつ複数のタイプの入試を組み合わせて実施する必要がどうしてもあるとすれば，相互の入試タイプのバイアスを補い合いその結果として入学者の属性に多様性をもたらすような入試制度が望ましいはずである。ただ本章の事例から示唆されることは，それが具体的にどのようなものであるかについては，個々の大学の地域的基盤や社会的位置づけなどによって違ってくる可能性が強く，従ってその点を顧慮しない画一的な対応は望ましくないということである[57]。

なお，本章では高校から大学への選抜における問題を対象としたが，本章で指摘したような論文型入試がもたらす問題は，面接や論作文が中心となる就職時の選抜においては一層鮮明に現れてくる可能性がある。そうだとすれば，たとえ同一大学の学生にあっても出身階層・地域等の属性に応じてその有利不利が出てくる可能性もある。こうした問題については本書第2章でも若干言及したが，近年の就職選考におけるエントリーシートの重視や，面接におけるコミ

ュニケーション能力の重視など，「ポスト近代型能力」が選抜の中で相対的に重視されつつある方向への変化は，就職時の選抜（公務員試験も含め）において出身階層・地域等の属性による格差を拡大させる可能性がある[58]。その意味では，本章における分析結果は，高校から大学への選抜や大学・大学院から職業への選抜などそれぞれの段階での選抜について，共通する問題をはらんだものとして統一的な視点から捉え考察することの必要性も示唆しているであろう。

1）バブル崩壊後の長期不況の中で，日本でも階層間の種々の格差の問題がクローズアップされるようになってきたが，個々人が社会の階層構造の中に仕分けられる基準のひとつとして学歴が大きな影響力をもっていることは否定できない。その意味で，獲得した学歴を通じて振り分けられた結果としての階層間の格差であれ，あるいはその学歴を獲得するにあたっての階層間の有利不利という意味での格差であれ，階層間格差の問題に言及するとすれば，学歴に関連した格差の問題を検討することは重要な課題である。そして社会におけるさまざまな格差の問題について社会問題として検討し，それへの政策的対応を考えることは社会政策上の重要な課題であると思われる。本章は根底的にはこのような問題意識に立ちつつ研究のサーベイとデータの分析を行うものである。
2）むろん，階層間での，教育費を支出できるか否かという経済的格差や学歴アスピレーション格差という要因も存在するであろうが，直接的要因としては受験学力の問題が大きいことは疑いない。
3）ただし原・盛山（1999）などは，同じくSSM調査のデータに依拠しながら，両者の関連や本人学歴による地位格差・賃金格差の発生を一定認めつつも，学歴・階層の世代間再生産については否定的に論じる方に軸足を置いている。
4）要するにブルデューらによれば，元々の言語資本の水準では，パリ上層階級＞地方上層階級≫パリ中間階級＝パリ民衆階級＞地方中間階級＝地方民衆階級の序列なのであるが，民衆階級の子弟は種々の要因から民衆階級にとって過酷となる大学入試をくぐり抜けてきているので，それにパスした者に限っては（入試の苦労が相対的に軽かった）上層階級出身者よりも優秀な言語能力を備えているとしているのである（従って入試にパスした学生の間での言語能力では，パリ民衆階級＞パリ上層階級＝地方上層階級＝パリ中間階級＞地方民衆階級＞地方中間階級となる）。下図参照。

ブルデューらの図式
(Bourdieu et Passeron 1964=1997：156, 1970=1991：107)

		言語資本	選別の度合		言語能力
民衆階級	パ　リ	－	＋＋	→	＋
	地　方	－－	＋	→	－
中間階級	パ　リ		＋	→	0
	地　方	－－	0	→	－－
上層階級	パ　リ	＋＋	－－	→	0
	地　方	＋		→	0

5) それは，フランスではグランドゼコールではなく大学に入ることは比較的容易であり，また逆にグランドゼコールを目指す競争においては民衆階級は最初から競争から遮断されていた，という事情からくるものであろう。

6) Bourdieu et Passeron (1970=1991：176)。

7) この点をブルデューらは次のように述べる。「家庭外の人間関係は，各ケースにおいて社会的同質性を保ちながら，社会的ヒエラルキーの上にいくほど広がるということからして，高等教育に進学できる主観的な期待度は，最も恵まれていない階級の人間にとっては客観的な可能性よりもさらに低くなる傾向があることがわかる」(Bourdieu et Passeron 1964=1997：14)。

8) 1990年代半ば以降の大学進学率の急上昇については，第1章でも触れたこともあり本章で改めて述べるまでもない。なお2000年代に入ってからも大学進学率は上昇し続け，2010年には50.7％に達している（『平成22年度 学校基本調査』）。ちなみに「大学（学部）進学率」は，当該年度の大学（学部）入学者数（浪人も含む）を3年前の中学校卒業者数で割った値で定義される。

9) それは私立高校に限定されるわけではなく，いわゆる国立大付属校も含む。国立大付属校の多くは実態的には進学校であり，私立高校に比べて授業料は安くとも入学するためには多くの教育投資を必要とする。従って生徒の属性は私立校，特に中高一貫私立校に近い。

10) 『淡青』（東京大学広報誌）創刊号（1999年10月）6ページ。ここに掲載されている「東京大学学生生活実態調査」の結果によれば，1970年代以降現在まで，親の職業が管理職・専門技術職・経営者である東大生の割合は70％台前半で安定している。むろん東大生の親の社会階層が高いことはやはり指摘されるべきであり，例えば2000年に行われた「第50回東京大学学生生活実態調査」でも，親の職業が「専門的・技術的職業，教育的職業，管理的職業」である学生の比率が75.3％である一方で，「生産工程・労務作業」である学生の比率はわずか4％に過ぎない（東京大学広報委員会『学内広報』No.1227，2001年12月14日）。しかし留意すべきことは，苅谷も指摘するようにそれらの比率が近年急に変化したわけではないことや，他の有力大学でも学生の出身階層に関してほぼ同様の傾向がみられると

いうことである。

11）ただし，地方の旧帝大（京大阪大は除く）ではやはり地元の公立進学校からの進学が大半であることは指摘されるべきであろう。また東大でも，2000年代以降，日比谷高校など「公立伝統校」の「復権」を目指した政策がとられたことから，中高一貫進学校の比率上昇にブレーキがかかってきてはいる。京大でも，堀川高校など政策的に育成された公立高校の進学実績が上昇し，同様の傾向が出てきている。

12）それらは例えば東京であれば，受験業界で言ういわゆる新御三家（駒場東邦・海城・巣鴨）やそれよりやや下のランクの私立高校である。首都圏の他県や関西地方にも同様のタイプの高校が存在することは知られている。それらの多くは1980年代より前には当該地域の公立進学校の受け皿的な役割を担っていた学校であった。そしてこのランク私立高校は，2000年代に入ってからの公立伝統校の「復権」を目指した政策の中で，公立進学校と再び競合するようになってきている。

13）例えば小川（2000）など。

14）ちなみに2000年代に入って以降は，例えば日比谷高校などの政策的に育成された公立進学校がやや息を吹き返し，上記の新興私立進学校からある程度人材を奪うことに成功しつつあるように思われる。

15）『サンデー毎日』1998年3月22日号216ページより引用（東京大学広報委員会『学内広報』No.1227，2001年12月14日にも数値掲載あり）。同調査は学部学生約2000人を対象にした東京大学学生生活実態調査委員会のアンケートである。また，『東京大学新聞』による2000年度の新入生アンケートでも，世帯年収1000万円未満という回答が全体の52％を占める（有効回答数2481人，『東京大学新聞』2000年4月18日号）。

16）『家計調査』における世帯の実収入×12で算出。

17）『賃金構造基本統計調査』における全産業50～54歳男子（学歴計・企業規模計）の数字から，「決まって支給する現金給与額」×12＋「年間賞与その他特別給与額」で算出。

18）もちろん学生の自己申告による親の収入額がどの程度正確かという問題はあるが，時系列的に数値比較を行うことによっておおよその変化傾向はつかめるはずである。

19）京都大学学生部委員会生活実態調査集大成編集委員会（1998：8）。同調査の対象数（学部学生）は毎回約1200人（回収数約800）程度である。なお年収に関して東大よりも京大の方が数値が高く出ているのは，京大の調査の場合家庭の全年収を調べているからであろう。

20）同上書のデータより算出。

21）東京大学広報委員会『学内広報』No.1227，2001年12月14日。

22）むろん，慶大の平均値の高さは内部進学者や帰国子女の寄与によるところもあ

るが，一般入試入学者のみの平均でも1164.1万円であり，東大の平均よりまだ150万円近く高い。なおごく最近の東大生と慶大生の親の所得データを比較しても，橘木（2009）も言及しているが，やはり慶大の方が高い（女子や文系，首都圏出身者の比率が東大より高いという学生の属性の差を冷静に考えればこれは当然のことであるが）。

23) 実際，東大などの難関大学に生徒を送り込んでいる進学校は，老舗の伝統校から新興進学校まで，学校のタイプとしては1990年代にある程度多様化が進んだと言えるであろう。

24) むろん同じ学校においてもある程度多様な属性をもった生徒が存在するのであるから，これについては学校単位よりも個人のレベルでの調査が本来は望ましいであろう。ただこれは一研究者の力では不可能に近い。地方よりも首都圏の高校，男子進学校よりも女子進学校の方が平均すれば生徒の親の階層が高い，といった経験的に概ね首肯し得る傾向に頼る，あるいはその高校の通学域の地域的傾向などを考慮するしかない。

25) このデータのサンプル数は2000年1月実施の2000年度試験で40万626人（大検・その他も含む）で，これはセンター試験全受験者の3分の2程度である（2000年度の総志願者は58万1958人）。むろんこれらの中には5教科全部受験していない受験生も含まれる。平均点は，低得点者がデータを報告しないことや自己採点ということもあり，実際の平均点より800点満点（5教科6科目）で20点程度高いとされる。なお都道府県別の分類は，受験者の出身高校の所在地を基準としている。

26) この時期のセンター試験では，英語・数学・国語（各200点満点），理科・社会（各100点満点）の5教科（合計800点満点）を受験するのが標準的であったが，数学は数学Ⅰと数学Ⅱをそれぞれ1科目と数えるので，この受験パターンでは5教科6科目となる。

27) 各年ごとの全国平均値（800点満点）の標準偏差は不明であるため偏差値ベースでの格差の算出はできなかったが，5教科6科目型の場合だと標準偏差は100点前後で安定していると思われる（なお大学入試センターも平均点や標準偏差は科目別でしか公表していない）。なお，インターネット上に出回っているデータ等（例えば，国民教育文化総合研究所 2006：19）も見れば，2000年代以降も首都圏と全国平均との得点の格差は引き続き拡大傾向にあるようである。

28) 英数理型は，理系学部志望者を対象に英語・数学ⅠⅡ（各200点満点）・理科（100点満点）の3教科の得点で集計したものであり，英国数 or 社型は，文系学部志望者を対象に英語・国語（各200点満点）・数学Ⅰまたは社会（100点満点）の3教科の得点で集計したものである（数学Ⅰと社会はいずれか得点の高い方を採用，理科や社会を複数科目受験した場合も同じく得点の高い方を採用）。

29) 所得の低い県（特に東日本）はおおむねセンター試験現役志願率が低い傾向が

あることを考慮すれば，同世代全体の実際の学力レベルではこの傾向はさらに強くなろうが，ここではセンター試験の平均点に基づいた議論を行うにとどめる。
30) この時期のセンター試験では同科目の中でもＡ科目Ｂ科目などと選択の幅が広がってきていたが，分析の対象とする科目は受験者数の多い代表的なものを選んだ。すなわち，英語・数学ⅠＡ・数学ⅡＢ・国語Ⅰ Ⅱ・物理ⅠＢ・化学ⅠＢ・生物ⅠＢ・地学ⅠＢ・世界史Ｂ・日本史Ｂ・地理Ｂ・政治経済・倫理。
31) 各変数は，その数値から各変数の平均値を引き，それを標準偏差で割ることによって標準化した。
32) 各因子の寄与率（バリマックス回転後）は，第1因子0.32，第2因子0.18，第3因子0.15である。
33) なお地域による学力格差については，班目（1981）が，1960年代に行われた文部省の一斉学力テストの結果や，1960年代から1980年代初頭までの大学進学率に関するデータの検討の結果から，近畿地方を中心とする西日本の相対的な高学力傾向を指摘している。班目はその原因を近代以前における西日本と東日本との文化的蓄積の格差に求めている。
34) むろん所得の高さと所属階層の高さとは明確な相関があるだろう。
35) 小川（2000）によれば，1980年代後半以降，私大文系3教科型に重点を置いて進学実績を伸ばしてきたのが，首都圏の中堅私立中高一貫校であった。
36) 仮に「入試難関大学」の範囲を旧帝大・一橋大・東工大・神戸大・早慶難関学部・国公立大医学部医学科あたりと考えたとすると，それらへの進学者数は毎年3万数千人程度であり，2000年頃で18歳人口の2％台，大学進学者全体の5～6％程度に過ぎない。
37) これはいわゆる帰国子女入試などを除いた一般入試のデータである。
38) ただし2000年の入試からは東大などでも合格者氏名が非公表になった。従って2000年以降週刊誌における「合格者全氏名」の掲載企画が不可能となったのみならず，高校別合格数の正確な把握も困難となっている。
39) 東大で1990年から後期日程入試において実施されている論文入試の内容は年度によって変遷があるが，2001年度の場合，文系が各類共通の外国語読解問題（200点）と各類個別の論文（200点），理系の場合，理科一類が数学または理科1科目（300点），英語読解力と日本語記述力をみる総合科目Ⅰ（100点），数学の応用能力をみる総合科目Ⅱ（100点），理科二類・三類が化学（150点），生物（150点），総合科目Ⅰ（100点）である。文系理系ともセンター試験は二段階選抜用としてだけの利用で総点には加えない。
　なお，東大の後期日程におけるこの論文入試は2007年入試を最後に廃止され，2008年入試からの後期試験の再編・定員縮小に伴い，全科類共通の総合試験（定員100名）となった。これによって文科各類における文系型の論文入試も幕を閉じることになった。このことは，従来の後期日程論文入試，特に文系型のそれに

対する東大自身の評価を暗示しているとも言えよう。
40) 中村は1998・1999年の2年間における各高校の大学合格実績を基準に，全国の5301高校をAからEランクにまでランク付けしている。Aランクに格付けされている高校は231校であるが，その基準は，この2年間における高校全体の合格実績で，国立9大学（旧帝大・一橋大・東工大）合格者数計50人以上，または東大・京大合格者数計25人以上，または国立9大学合格率8.4％以上である。中村の格付け基準における細かい問題点についてはここでは議論しない。ただし，私立大学の付属校等については同書の格付けの対象外となっているため，筆者の判断で早慶の付属校・系属校に限り本章では全てAランクとした。
41) このように後期入試において首都圏高校出身者の占有率が上昇していることの背景には，地方の高校の場合，前期で東大を受験していても後期は地元の旧帝大を受験する者が少なくないことも挙げられよう。また首都圏と地方とでは東大後期入試の位置づけや評価に差異がある可能性もある。しかし首都圏の東大前期受験者でも後期で一橋大・東工大などに回る者は少なくないのであるから，これらの面を過大に見積もることはできない。それに東大前期受験者の中では，東大合格へのアスピレーションに居住地域による差があると考えるのは現実的ではない。
42) これらの差については，この3ヵ年につき，対標本のt検定による検定を行った。
43) むろん首都圏の進学校ごとの親の平均所得データなどが調査できたわけではないから，その高校の世間的イメージや通学圏，地域的基盤などから，「都内の中高一貫校の中でも，例えばA高校よりB高校の方が親の平均所得や階層が高い」などと安易に判断することは慎まれるべきであろう。また仮に現実が実際その通りだったとしても，後期合格者比率が高い特定の高校からの合格者個々人が所得や階層の高い家庭出身であるという保証はない。しかし例えば東京大学新聞の新入生調査では，前期後期別・男女別でみると，後期入学者や女子の方が親の学歴が高いという結果が出ているという事実は存在する（『サンデー毎日』2001年4月1日号108ページ）。
44) 「文化的社会移動型」，「文化的再生産型」の用語については，藤田・宮島・秋永・橋本・志水（1987）の記述を参考にした。
45) 親の文化の継承性に関して男女間で格差が存在することに関しての実証研究については，藤田・宮島・秋永・橋本・志水（1987）など参照。
46) 一方，首都圏の高校の場合，東大には後期日程のみに出願する有名私大（特に文系）専願者が1997～1999年当時ある程度存在していたことも考えられる（そのこと自体も首都圏と地方の地域間格差や生徒の出身階層の格差の反映とも言えようが）。だがそのことは，ほぼ近似したレベルの首都圏の進学校の間においても前後期合格数比率にバラツキがみられる現象を十分に説明するものではない。また，中堅進学校ならともかく，図4-6・図4-7に校名が出ているレベルの進学校が，

私大専願者をそれほど多く抱えているとは考えにくい。
47) これは，ブルデューらの言うところの高等教育内容への距離感に起因する「試験なき排除」というよりは，試験内容自体が自分の学力タイプに合わないために（受かりそうにないと判断して）受験を諦めるという意味で，やはり試験を通じての事前選抜というべきものであろう。
48) 京大経済学部の論文入試の場合，1999年まで2次試験は論文のみで実施。配点は1次（センター試験）250点，2次800点であった。なお，この京大経済学部の論文入試は，2009年2月実施の2009年度入試より，募集定員が半数の25人となり，残りの25人分の定員は理系型の一般入試に振り替えられた。これはやはり，論文入試合格者の少なくとも下位層の学力水準にかなり問題があったということであろう。
49) ただし両者の差は5％水準で有意ではない。
50) これは首都圏以外で事務系ホワイトカラー上層の層が薄いことにも起因するだろう。
51) むろん首都圏私大文系型高学力層の流入は若干あるだろうが，京大前期に合格し入学手続きをすると，東大後期の合格資格を放棄することになるので，その流入はさほど多くはならない。
52) 加えて京大経済学部の場合，論文入試が前期日程に配置されているため，東大後期のようには一般入試不合格者の流入がないという点もこれに寄与している。なお，一般と比べての論文入学者の総合的学力の低さは，センター試験の自己採点データなどからも明らかである。
53) もちろん，合格者に占める女子比率を高めることを意図するのであれば，表4-5のデータが如実に示す通り，論文型入試や私大文系型入試は明らかに有効であろう（現実に東大でも，後期文系型の論文入試を廃止した2008年以降，合格者に占める女子の比率が伸び悩んでいる）。ただし，問題は，そうした入試によってどのような属性の女子が有利になるかということである。
54) この問題の検討については，(前述の通り東大の後期日程の論文入試は2007年入試を最後に廃止されたが）慶大の文系など，従来から論文を入試科目の中に取り入れてきた首都圏難関大における合格者の属性の分析や，その一般型入試合格者との比較を通じて，今後より一層掘り下げて行われるべきであろう。
55) ただし論文型入試での合格者の全員がそうであるはずはないし，また平均値でも一般入試合格者より目的意識が明確であるという保証もない。例えば京都大学経済学部論文入試調査委員会（1994）によれば，学生のゼミの所属率や卒業論文執筆率は一般入試入学者の方が高い。
56) ただし，数学の比重が高くなりすぎると，努力型の受験生が合格しにくくなり，いわゆる「地頭」の良い素質に恵まれた受験生が有利になる可能性はあるかもしれない。

57) 国公立大学の二次試験は共通一次試験の導入を期に多様化していったが，センター試験は一次試験の多様化まで容認しつつ二次試験の多様化の流れをさらに加速させた。国公立大学における論文入試や私大文系型入試の導入には，1980年代末の受験機会複数化や私大人気への対抗のみならず，このような政策的背景もあると思われる。入試制度多様化についての政策的背景からの検討など，入試政策自体についての検討は今後の課題としたい。

58) 現行の国家Ⅰ種試験が2012年度より「総合職試験」に再編されるが，この試験において採用数を大幅に超過した数の筆記試験合格者を出し，その中から「人物本位」や「コミュニケーション能力重視」等の基準によって最終合格者を絞り込むことが現行の国家Ⅰ種試験以上に行われるならば，例えば首都圏のいくつかの有名大学出身者が有利になるなど，合否においてコネや派閥，学閥等の影響力が増すことはあり得る。さらに，合格者の中から各省庁が採用者を絞り込む過程で，学閥・コネ等による囲い込み的採用が現状よりも露骨になる恐れはある。要するに，松尾（2010）でも指摘したように，公務員任用におけるメリットシステムの建前が崩され，スポイルズシステムへと傾斜していくことが危惧される。

第5章 ホワイトカラー予備軍への職業教育の現状と課題
―― 進学校アンケートの結果から

1 ホワイトカラー予備軍への職業教育の意義

　本章では，ホワイトカラー労働市場への参入より前の段階における問題の検討のひとつとして，将来のホワイトカラーの予備軍への職業教育の問題について，その職業キャリア意識形成という視点から検討を行う。

　さて，近年の数多くの若者論やフリーター・ニート論は，社会構造・経済構造の変化の中で主にノンエリート若年層が抱える問題を俯瞰し，主に職業能力形成という観点から，この層の人材形成と社会的自立の方向について論じてきた[1]。さらにその文脈の中で，それらは学校教育の場における職業教育の充実も強調してきた。しかしこの種の議論は，ほとんどの場合そこまでのレベルで議論が完結している面があると思われる。すなわち，それらの議論は，事実としての社会のヒエラルキー構造について言及するものであるにもかかわらず，ノンエリートの裏面としてのエリート[2]（ただし本章では，この語を一般的なイメージよりは広く，管理・専門・技術職といったホワイトカラー上層程度の意味で用いる）層の人材形成の問題については，ほぼ一様に議論を行っていないのである。だが，エリート層（の予備軍）への教育の問題について職業能力形成の観点からも検討することは，近年のグローバル化や産業構造変化などの状況の中で，これに対応し得る知的創造性の高いエリートの養成を教育に期待するといった，主として新自由主義的観点から台頭しつつある「エリート教育論」[3]とは違った意味においてやはり重要であると考える。それは以下のような理由からである。

　それは第1に，近年のグローバル化や産業構造変化などによる内部労働市

場[4)]システムの衰退の中で，従来のわが国の内部労働市場の最上層部分が，雇用流動性の高い専門的経営者や，ライシュが「シンボリック・アナリスト」(Reich 1991) と名付けたようなデータ・言語などのシンボル操作によって問題発見・解決・戦略策定などを行う高度専門職によって蚕食されていく可能性である。これが現実となった場合，社会・経済上の意思決定におけるこの層の影響力も増大してくるということが考えられる。しかしこの層は，既存の内部労働市場の中での養成が難しいと同時に，その中で他者がその行動のコントロールを行うことも難しい層である。従って，この種のエリートの社会行動——それは時に「エリートの反逆」とでも言うべき恣意的な行動となることもある——を社会的に統御することは，過度なエリートの一人勝ち社会の現出を防ぎ社会的格差の拡大を防ぐ意味でも，社会政策上重要な課題となる。そのためのひとつの手段として，エリート予備軍への職業教育のあり方について考察することは重要な課題となろう。

　第2に，山田 (2004) が指摘するように，社会におけるリスクの増大に伴い，山田の言うところの「パイプライン・システム」から漏れ，安定的なキャリアコースを歩めなくなるリスクがエリート予備軍にも及んできているということである。また社会リスクの増大は，内部労働市場における長期雇用を前提とした「長期蓄積能力活用型」のエリートと「シンボリック・アナリスト」としての「高度専門能力活用型」のエリートとの双方においても，その地位を守りきれず転落する者を増やす可能性が高い[5)]。これらの意味でも，エリート予備軍やエリート層に対してもセーフティネットを構想していくことの必要性は高まっていると考えられる。

　第3に，佐藤 (2000) などが指摘するように，エリートの空洞化の問題である。すなわち，選抜システムの精緻化に伴い，受験競争や出世競争は「目的意識や野心を断片化(コマギレ)して，競争に勝ち残ることだけを目標にさせてしまう」（佐藤 2000：119）ものになっていく。なお，内部労働市場システムの衰退の中でも，選抜そのものへのニーズが存在する限り，精緻な選抜システム自体はさほど変化しないであろう。そして，形式上「公平」な選抜システムの中でエリートが

勝ち残ってきたという事実は，エリートの「実績」を目的意識を欠いたまま既得権化させ，エリートの責任感を消滅させていく可能性がある。このようなエリート層とそれを生み出す教育システムを放置するならば，社会全体の空洞化も免れないであろう。

　以上のような点を踏まえるならば，ホワイトカラー（上層）予備軍としてのエリート予備軍に対しても何らかの職業教育を行うことは不可欠となる。それは，エリート予備軍[6]が将来実際にエリート的地位に就いたとして，その時に彼らに然るべき責任を果たさせるという意味でも必要なことである。エリート層の方が，応用度の高い非ルーティン的な仕事に就き，キャリアにおける自律性も高いものである以上，特に「キャリア教育」などはむしろエリート予備軍に対してより重点的に行われるべきであろう。例えば，非エリート層に対して「キャリア意識の形成」や「偏差値にとらわれない大学選び」を呼びかける一方で，エリート予備軍をそうした脱偏差値教育の対象外とし，そのエリート度に応じて従来同様に「パイプライン」に流し込もうとするようなダブルスタンダードは望ましくないであろう。

　以上のような考えから，本章ではノンエリート層の職業能力形成・人材形成の問題ではなく，その裏面としてのエリート層の職業能力形成・人材形成の問題について考察していくことにしたい[7]。言うまでもなくそれは，現実の社会的ヒエラルキー構造を是認することではなく，その構造自体やそれがもたらす問題の解決の方途を探るための作業である。

2　ホワイトカラー予備軍への職業キャリア意識形成教育の現状──進学校アンケート調査の分析から

　上記のような問題意識から，さしあたり本章では，ホワイトカラー（上層）予備軍への職業教育について，その高校段階での職業キャリア意識形成という視点から検討してみる。もちろんホワイトカラー予備軍の多くにとって最終学歴となるのは大学（学部）であり，そこでの専攻・学習内容や大学側の関与が

具体的な進路決定に影響してくることは否定できない。しかし，大学教育の学生の内面への関与はおおむね間接的である現状も考えれば，人生観や価値観の形成や，職業キャリアに関する意識形成という意味では，むしろ高校段階における教育内容を検討することの方が重要であると思われる[8]。またこのことは，現実に存在する高校のヒエラルキー構造[9]により，エリート予備軍と非エリートとの選別が行われるのが，（中高一貫進学校を除けば）主に高校入学段階であることにもよる。さらに，高校段階の学習とその結果としての大学受験先系統の選定段階で，事務系か技術系か，技術系であればおおよそどの系統かという職業の方向性はかなりの程度決まってくることにもよる。そして現実にも，「エリート教育」であれ「キャリア教育」であれ，その必要性が叫ばれるのは，大学よりもむしろ中等教育段階においてである。

　これらの意味から，ここでは，現実に社会における指導的人材を輩出してきたし，これからも輩出していくであろういわゆる進学校[10]とされる高校における進路指導と職業能力形成教育の現状について検討する。特に，進学校の進路指導の中で，将来の職業的キャリアへの意識を形成するような指導が当面の進学指導との兼ね合いの中でどのように意識され行われているか，そしてその

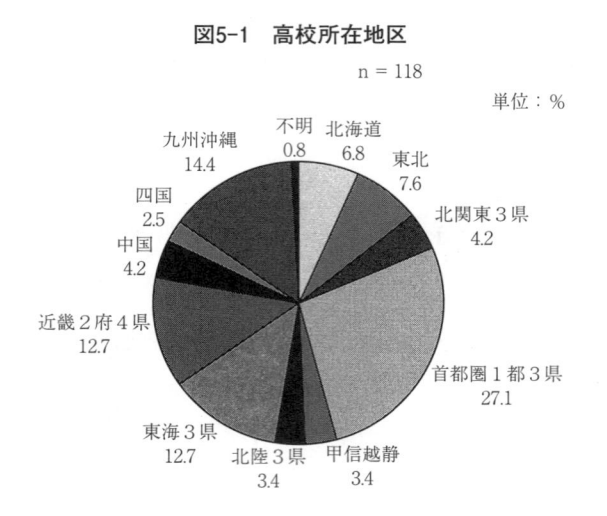

図5-1　高校所在地区

n = 118
単位：％

- 不明 0.8
- 北海道 6.8
- 東北 7.6
- 北関東3県 4.2
- 首都圏1都3県 27.1
- 甲信越静 3.4
- 北陸3県 3.4
- 東海3県 12.7
- 近畿2府4県 12.7
- 中国 4.2
- 四国 2.5
- 九州沖縄 14.4

第5章　ホワイトカラー予備軍への職業教育の現状と課題　153

図5-2　高校種別

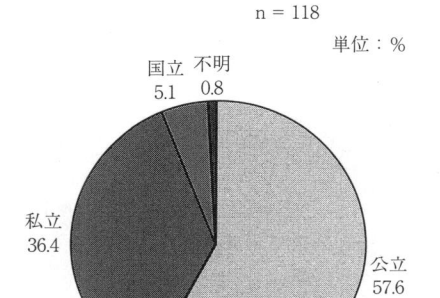

n = 118
単位：％

- 国立　5.1
- 不明　0.8
- 私立　36.4
- 公立　57.6

中で将来のホワイトカラー予備軍たる生徒の職業キャリア意識がどのようになっているのかを中心に検討する。

なお，本章での検討の素材とするのは，青山学院大学総合研究所プロジェクト「変化する労働と生活の国際比較」（代表者：本間照光経済学部教授）の分担研究の一環として2004年11月に筆者が独自に実施した全国の進学校254校[11)]の進路指導担当教諭へのアンケート調査（回収率46.5％）である（個々の質問とその単純集計，高校所在地域・高校種別集計の結果については，本書末尾の資料も参照されたい）。ちなみに，回答校の属性の分布は，図5-1，図5-2のようになっている。

(1) 学力水準と進路状況

アンケートの結果（巻末資料参照）を見れば，まず，これらの進学校といえども，近年の生徒の絶対的な学力水準の低下からはやはり逃れられていない。すなわち，「貴校の生徒の絶対的な学力水準は，10年ほど前の貴校生徒と比べてどのように変わっていると感じますか」（問6）というアンケートにおける質問に対しては，有効回答数中16.9％が「低下している」，50.8％が「やや低下している」と回答している（なお以前との比較については，問6のように特に断らない限りは，最近5年ほどの期間における傾向変化を聞いた）。むろん，これら

問6　生徒の絶対的な学力水準

n = 118
単位：%

- 上昇している　3.4
- やや上昇している　9.3
- ほぼ変わらない　19.5
- やや低下している　50.8
- 低下している　16.9

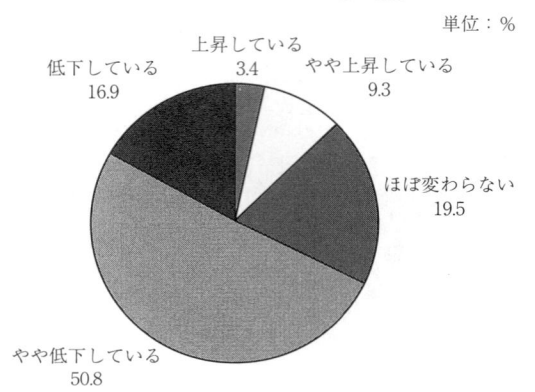

問7　生徒の相対的な学力ランク（他校との比較）

n = 118
単位：%

- 不明　1.7
- 上昇している　4.2
- やや上昇している　21.2
- ほぼ変わらない　50.8
- やや低下している　18.6
- 低下している　3.4

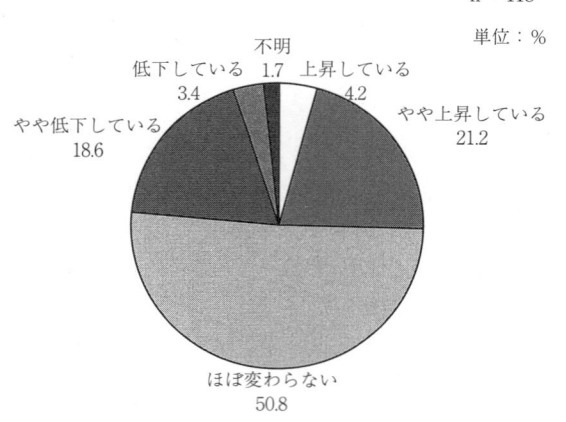

の高校が全体として相対的に「地盤沈下」したわけではない。その証拠に、他校との比較における相対的な学力ランクへの認識については、「低下している」と答えた回答が3.4%、「やや低下している」と答えた回答が18.6%にとどまっている（問7）。

　次に、生徒の進学系統の文系理系別については、やはり進学校のためか文系

第5章　ホワイトカラー予備軍への職業教育の現状と課題　155

問9　進学先の文理比率の変化

n = 118
単位：％

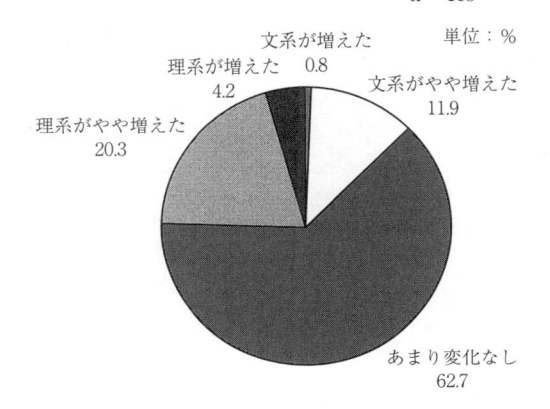

- 文系が増えた　0.8
- 理系が増えた　4.2
- 文系がやや増えた　11.9
- 理系がやや増えた　20.3
- あまり変化なし　62.7

問10　地元圏進学率の変化

n = 118
単位：％

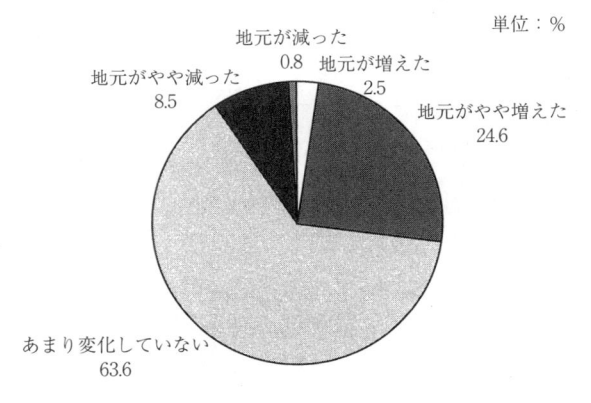

- 地元が減った　0.8
- 地元が増えた　2.5
- 地元がやや減った　8.5
- 地元がやや増えた　24.6
- あまり変化していない　63.6

進学者よりも理系進学者の比率が高いとする高校が多い（問8）。ただ，この傾向には地域差もあり，理系志向は地方，特に近畿圏の進学校においてより強く見られる。また進学先の文理別の近年の傾向変化についても，理系志向の強まりを示す結果が出ている（問9）。地域別で見ると，この傾向も近畿圏において特に顕著である。また，これも近畿圏をはじめ西日本の高校で特に顕著であるが，地元圏への進学志向の強まりも見られる（問10）。

問13　知的興味より進学先の難易・社会的威信を優先させる傾向

n = 118
単位：%

- 強まっている　0.8
- やや強まっている　13.6
- あまり変わらない　70.3
- やや弱まっている　15.3

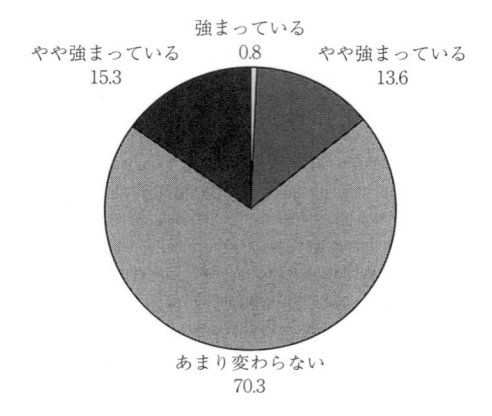

問14　学歴・学校歴によって将来の地位やキャリアが決まるという意識

n = 118
単位：%

- 強まっている　0.8
- やや強まっている　7.6
- あまり変わらない　75.4
- やや弱まっている　15.3
- 弱まっている　0.8

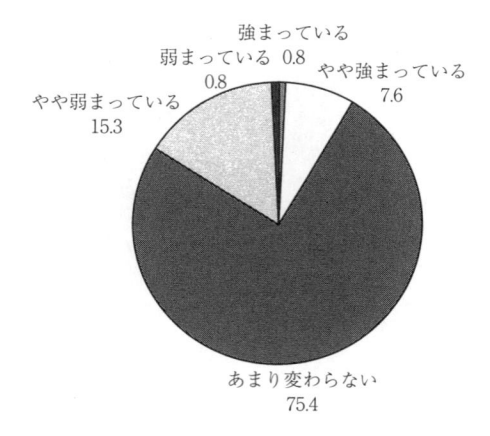

(2) 進路意識と進学行動の変化

　（進路指導担当教諭からみた）生徒自身の進路意識については，全体としては大きな変化は認識されていないようである。例えば，「進学先を選択する際に見られる最近の傾向」の項目（問11）を見ると，「分野系統を重視する度合

いが強まった」（36.4％）と「難易・威信を重視する度合いが強まった」（10.2％）の比率の合計よりも，「さほど変化はない」（52.5％）の比率の方が高い。また，「進学先選択において，知的興味より進学先の難易・社会的威信を優先させる傾向」（問13），「学歴・学校歴によって将来の地位やキャリアが決まるという意識」（問14）などの項目では，「以前とあまり変わらない」とする回答が７割台に達している。

　しかし，近年の社会経済情勢変化の影響が生徒の進路意識や進学行動に全く影を落としていないかと言えば，そうとは言えない。例えば，「進学先の選択と職業キャリアとの意識関係の傾向変化」（問12）については，「以前とさほど変化なし」という回答割合（35.6％）よりも「将来の職業重視」になってきたという回答割合（55.9％）の方が上回っている[12]。「将来の職業キャリアについて意識する度合い」（問16）についても，「あまり変わらない」よりも「強まっている」「やや強まっている」の合計の方が上回っている。「近年の社会状況の進学先選択への影響」（問17）についても，「感じ取れる」「やや感じ取れる」の合計が６割に達している（特に地方の高校でこの割合が高い）。この２つの選択肢を選んだ回答者に対して，その具体的反映状況を尋ねたところ（問18，複数回答可），その中では「実学系学部・学科志望者の増加」という選択肢への

問16　将来の職業キャリアについて意識する度合い

n = 118

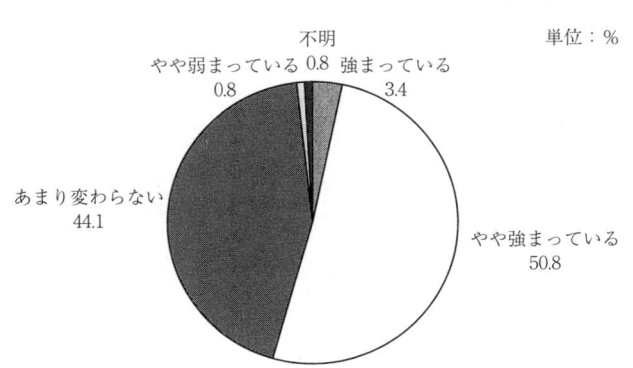

単位：％

- 不明　0.8
- 強まっている　3.4
- やや強まっている　50.8
- あまり変わらない　44.1
- やや弱まっている　0.8

問17 近年の社会状況の進学先選択への影響

n = 118　単位：%

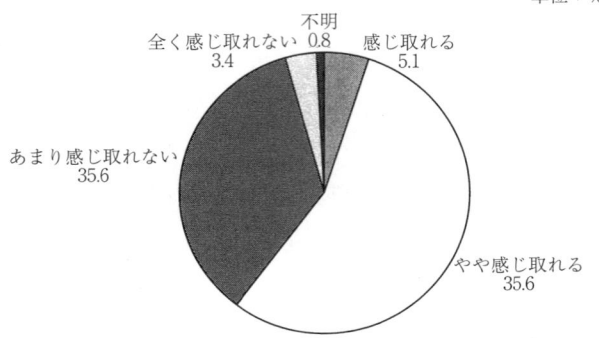

- 感じ取れる 5.1
- やや感じ取れる 35.6
- あまり感じ取れない 35.6
- 全く感じ取れない 3.4
- 不明 0.8

問19 生徒の進学行動における問題点

n = 118　単位：%

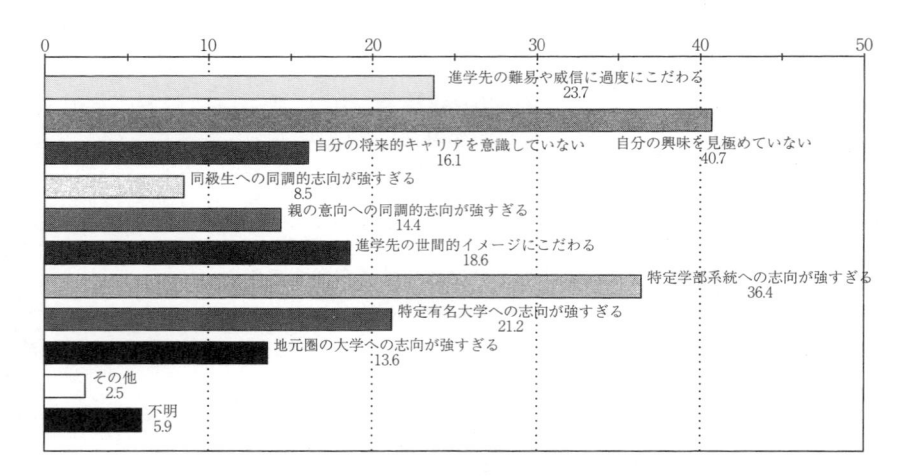

- 進学先の難易や威信に過度にこだわる 23.7
- 自分の将来的キャリアを意識していない 16.1
- 自分の興味を見極めていない 40.7
- 同級生への同調的志向が強すぎる 8.5
- 親の意向への同調的志向が強すぎる 14.4
- 進学先の世間的イメージにこだわる 18.6
- 特定学部系統への志向が強すぎる 36.4
- 特定有名大学への志向が強すぎる 21.2
- 地元圏の大学への志向が強すぎる 13.6
- その他 2.5
- 不明 5.9

　回答が圧倒的に多い。現実の進学先についても，理系を選択する割合がやや高まっているのは先に見た通りである。

　進学先選択行動における問題点（問19，複数回答可）については，「自分の興味を見極めていない」と「特定学部系統への志向が強すぎる」というものが回

問20 将来の志望職種（1番目）

n = 118
単位：％

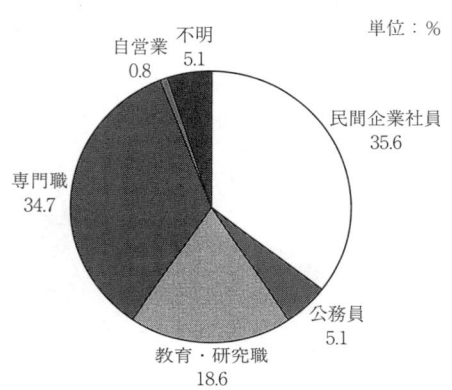

- 民間企業社員 35.6
- 公務員 5.1
- 教育・研究職 18.6
- 専門職 34.7
- 自営業 0.8
- 不明 5.1

答の中では多い。これらは具体的には，医学部志向を中心として，法学部や理系志向を指すものであろう[13]。要するに多くの進学校においては，「特定有名大学志向」よりもむしろ「特定学部系統志向」の方が強く，かつそれが問題であると教員側から認識されているようである[14]。

　生徒の具体的な志望職種については，専門職が多く，民間企業社員はさほど多くない（問20）。この傾向は，いわゆる難関校や中高一貫校，女子校において特に顕著である。ただし，首都圏1都3県（東京都・埼玉県・千葉県・神奈川県）のサンプルでは民間企業社員が最多である。また地方公立校においては教育・研究職（主に小中高教員をイメージした回答と思われる）も多く，公務員志望も散見される。要するに，近年の生徒の進路意識や進学行動については，社会状況を反映し，概して安定志向と実学志向がうかがえる。この傾向は特に首都圏以外において顕著であるといえる。

(3) 学校の進路指導方針

　学校サイドの進路指導方針（進学校であるので大学受験先の指導方針）については（問21），「進学先の難易・威信」（5.1％）や「大学における志望分野」（23.7％）よりも，「大学卒業後も見据えた志望分野を優先的に考慮する」（66.1％）

問25 進学先指導の程度

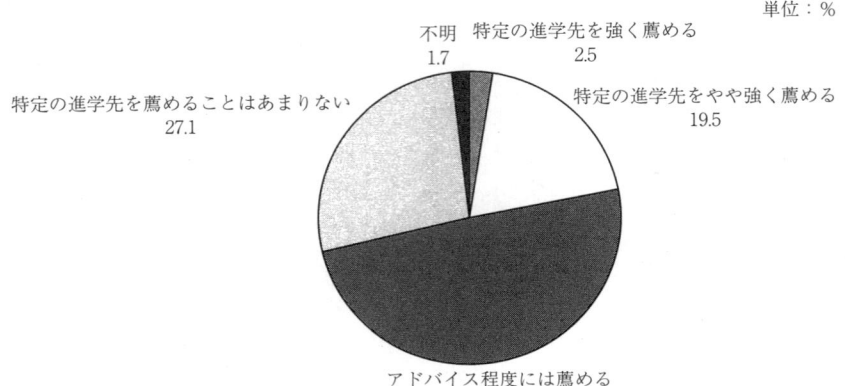

n = 118
単位：%

- 不明 1.7
- 特定の進学先を強く薦める 2.5
- 特定の進学先をやや強く薦める 19.5
- アドバイス程度には薦める 49.2
- 特定の進学先を薦めることはあまりない 27.1

という回答の方がやはり圧倒的に多い。そのこともあってか，学力的に志望先に届きにくい場合でも，例えば法→経済のような同一大学内における入試難易度の低い系統への志望変更の指導には消極的で，それよりも同系統内の入試難易度の低い大学を勧めるという回答が圧倒的であった（問22）。また，進学指導上重視する点については，「進学先の威信・難易」「進学先の就職有利度」よりも，「進学先の学問系統」や「進学先の学問的水準・実績」への回答の方が圧倒的に多い（問24）。ただし進学先指導の程度については，特定の進学先を「強く薦める」は2.5％，「やや強く薦める」でも19.5％にとどまっており，進学先（受験先）の選択については，生徒の自主性に任せる傾向が強く出ている（問25）。なお，進路指導上の留意点としては，「将来の希望職業」（61.9％）よりも「生徒の知的興味の尊重」（89.0％）への回答の方がやや多い（問27，複数回答可）[15]。

(4) 職業キャリアへの動機付け教育

次に，職業キャリアへの動機付け教育については，「力を入れるべき」という回答が有効回答の57.6％にも達している（問28）。その実施状況を見ると，「熱

第5章　ホワイトカラー予備軍への職業教育の現状と課題　161

問28　職業キャリアへの動機付け教育について

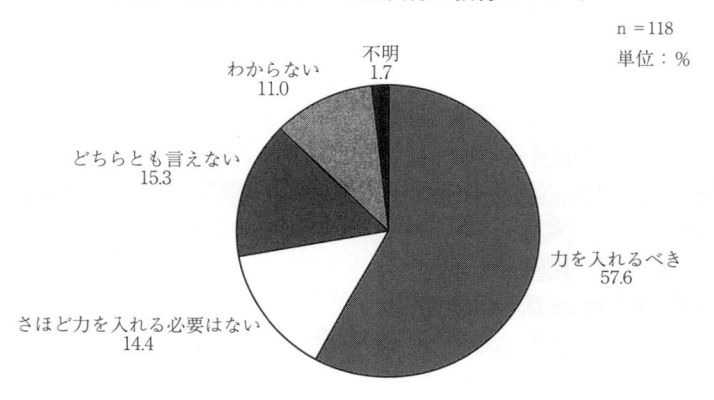

n=118
単位：%

- 力を入れるべき　57.6
- さほど力を入れる必要はない　14.4
- どちらとも言えない　15.3
- わからない　11.0
- 不明　1.7

問29　職業キャリア動機付け教育の実施状況

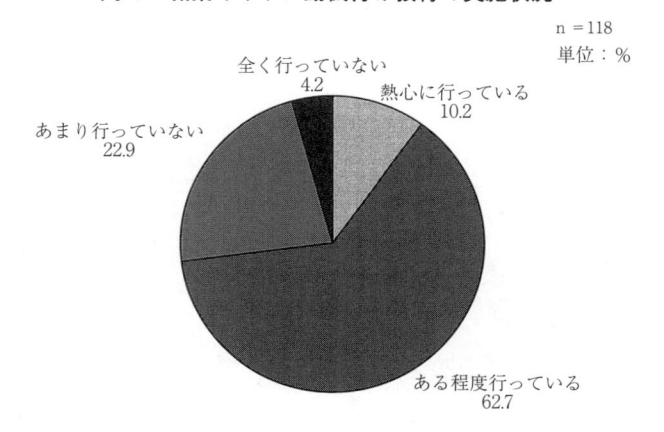

n=118
単位：%

- 熱心に行っている　10.2
- ある程度行っている　62.7
- あまり行っていない　22.9
- 全く行っていない　4.2

心に行っている」は回答全体の10.2％，「ある程度行っている」が62.7％であった（問29）。「熱心に行っている」「ある程度熱心に行っている」という回答者を対象にその具体的な内容を聞いてみると，「自校卒業の社会人による講演」（79.1％）と「大学関係者による講演」（72.1％）の2つが多い一方で，企業関係者の講演などは少なく，非進学校に比べて職業に直結した実際的な内容のものは必ずしも行われていないと思われる（問30，複数回答可）。しかし以前との比

問30 職業キャリア動機付け教育の内容

n＝86　　単位：％

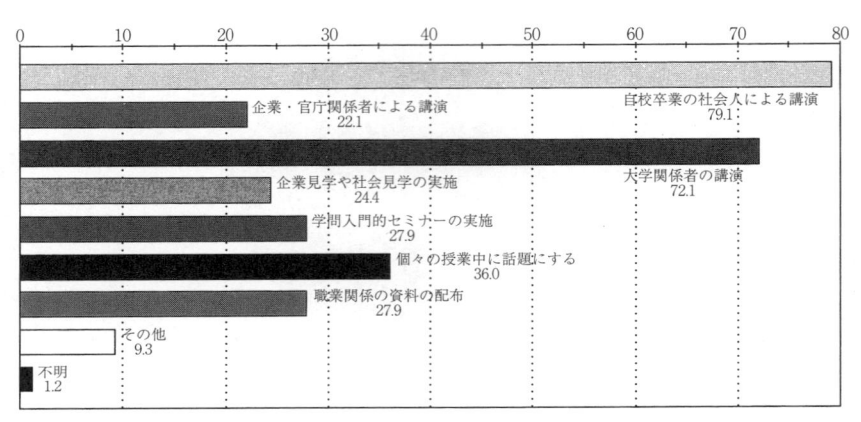

- 自校卒業の社会人による講演　79.1
- 企業・官庁関係者による講演　22.1
- 大学関係者の講演　72.1
- 企業見学や社会見学の実施　24.4
- 学問入門的セミナーの実施　27.9
- 個々の授業中に話題にする　36.0
- 職業関係の資料の配布　27.9
- その他　9.3
- 不明　1.2

問31 職業キャリア動機付け教育の重視度合いの変化

n＝118　　単位：％

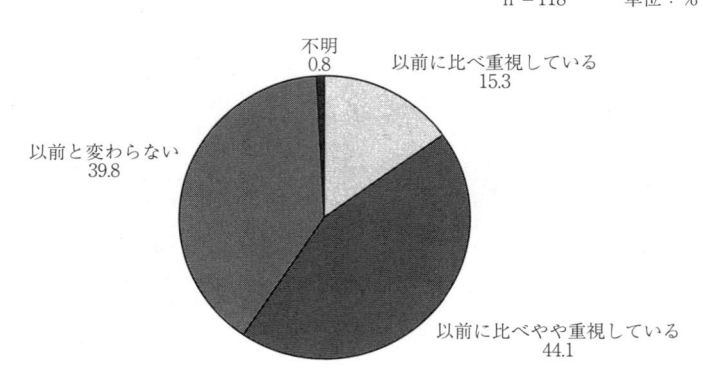

- 不明　0.8
- 以前に比べ重視している　15.3
- 以前と変わらない　39.8
- 以前に比べやや重視している　44.1

較では,「以前に比べ重視している」が15.3％,「以前に比べやや重視している」が44.1％であり,「以前に比べやや軽視している」と「以前に比べ軽視している」への回答は皆無である（問31)。このことからも, 進学校でも職業キャリアへの動機付け教育自体は以前よりも重視されるようになってきていることは確かである（ただし「重視している」「やや重視している」への回答は, 私立よりも公立,

首都圏よりも首都圏外の高校においてより高い数字が出ており，学校種別・地域によってやや温度差がある）。

(5) エリート育成教育への評価

いわゆるエリート育成教育を学校教育の中で行うことへの評価については，「エリート育成教育は必要」という回答が34.7％，「エリート育成教育は必要ない」が26.3％，「どちらとも言えない」と「わからない」の合計が37.3％となり，回答が分かれた（問32）。そして「エリート育成教育は必要」という回答サンプルの中では，実際にエリート育成を意図した教育を意識的に「行っている」と回答したものは58.5％，「（現在は行っていないが）今後行おうと考えている」という回答が22％となった（問33）。

ちなみに，このエリート育成教育については，地方（首都圏外）の公立高校で「必要」とする回答割合が39.0％とやや高く出た[16]。地方の名門公立高校は，地元のエスタブリッシュメントとの結びつきが伝統的に強く，地元で指導的地位に就く人材を長年輩出してきたことからも，これは当然の結果と言えよう。また，サンプル数が6件と限られているが，国立大学の付属高校で半数が「必

問32　学校教育の中でエリート教育を行うことへの評価

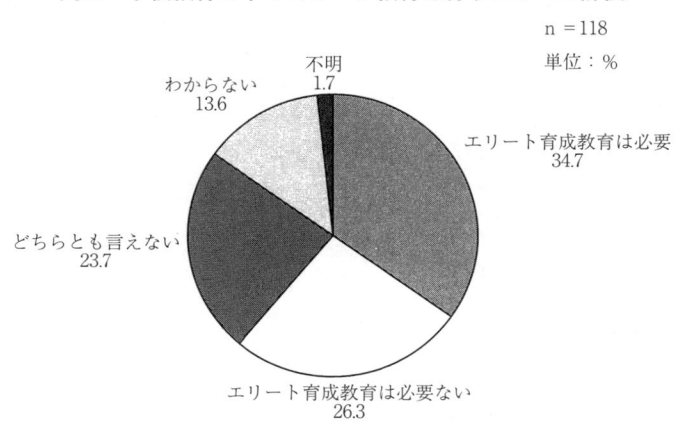

n＝118
単位：％

- エリート育成教育は必要　34.7
- エリート育成教育は必要ない　26.3
- どちらとも言えない　23.7
- わからない　13.6
- 不明　1.7

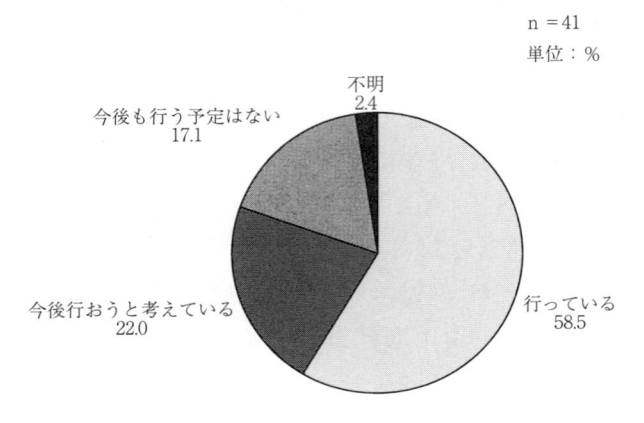

問33　具体的なエリート教育実施の有無

n=41
単位：%

不明 2.4
今後も行う予定はない 17.1
今後行おうと考えている 22.0
行っている 58.5

要」と回答している。一方，首都圏の中高一貫校（私立・国立）では，「必要」という回答の割合は，30.4％と全体の平均より若干低い[17]（ただし，「必要ない」と回答すること自体，エリート意識の裏返しとみることもできるかもしれない）。

「エリート育成教育は必要」と答えた回答を見ると，その理由としては，「社会においてリーダーシップを発揮できるために」，「世の中を良い方向にリードする人材の育成のため」，「能力ある者が社会や他者のために力をつくす真のエリート意識を持たせるため」，「次代の先端を担う人物を輩出」，「日本のリーダーを目指した教育をしている」，「本校の建学の精神」，「今の子供はリーダー性が乏しいので」，「能力に応じた社会貢献は責務」，「生徒の学問に対するモチベーションを上げる」，「生徒の社会的関心，問題意識が低下しているから」，「競争の原理は必要」，「国際化時代に対応」等が挙げられていた。このように，エリート育成教育を必要とする回答は，おおむね社会貢献とリーダーシップの観点からのものが目立った。

なお，「エリート育成教育は必要」と答えた高校が意識的に行っているエリート育成教育の例としては（むろん問33の結果が示すように，エリート育成教育を意識的に行っている比率は高くはないが）以下のようなものが挙げられている。すなわち，「ロングホームルームの重視，心の教育・情操教育の重視」，「各種

講演会」,「第二外国語の履修や全員参加の海外研修など,国際的な視野の育成」,「海外研修,スキー研修,総合学習,講演等」,「校内イベントの自主的運営」,「外部講師を招いてのシンポジウム」,「難関大学教授による出張授業と入試相談会」,「習熟度別クラス編成」,「校訓,行事の中で意識的に啓発している」,「国際教育」,「宗教観に基づく教育」,「学校教育全般」,「日常生活全般の中での動機付け」,「リーダー育成という意識で指導に臨んでいる」,「校長の訓話,日頃の教師の態度,積極的に委員になるよう求める」,「知的興味を満たす授業が結果的にそうなる」,「より高い目標を持たせる」,「折に触れて説諭」,「事あるごとに生徒の『優れた資質』について触れる」などである。ただし,全体的にやや曖昧なものが目立つと言わざるを得ない。

一方,「エリート育成教育は必要ない」とする理由としては,「(エリートは)社会が育成するもの」,「能力の高い人たちだけで社会を動かそうとするのではなく,その人たちが能力の低い人の中に入っていくことが必要」,「個々の問題であり,学校教育の中で意識的に実施する必要はない」,「一学校内に様々なタイプの生徒が存在するのが自然」,「すでに学校間格差が生じているので,今以上に強調する必要はない」,「エリート育成は(公教育から外れた)『私』の部分」,「公教育では必要ない」,「高校生の段階では難しい」,「まず生徒の能力に適した教育をすべきで,エリート教育はその結果」,「階層間格差をさらに広げ,社会が不安定になる」等が挙げられていた。また,「どちらとも言えない」の理由としては,「エリートの定義に諸論がある」,「エリート教育は生徒の何を育てるものなのか,定義がはっきりしない」,「単純ではない問題を含んでいる」,「教員間で賛否両論ある」,「エリート＝学力の高い者とは言えない」,「エリートというよりも将来のエキスパート育成につながる教育が望ましい」,「やり方が問題」,「程度の問題」等が挙げられていた。

(6) 高校教育の役割と高大連携

高校教育と大学教育との連携については,「高校では大学専門課程につながる問題意識を養わせるべき」という回答が51.7%に達し(比率は総回答に対する

もの),「高校は大学卒業後のキャリアやライフコースにもつなげうる生涯的教養の涵養に努めるべき」(39.8%),「高校は高校課程の範囲内での高度な学習をすべき」(38.1%)を上回った(問34,複数回答可)。(なお,高校教育と大学教育との連携に関する高校側の意見については,本書末尾の資料の最後に記載した問38

問34 高校教育と大学以降の教育との分担関係

n=118　単位：%

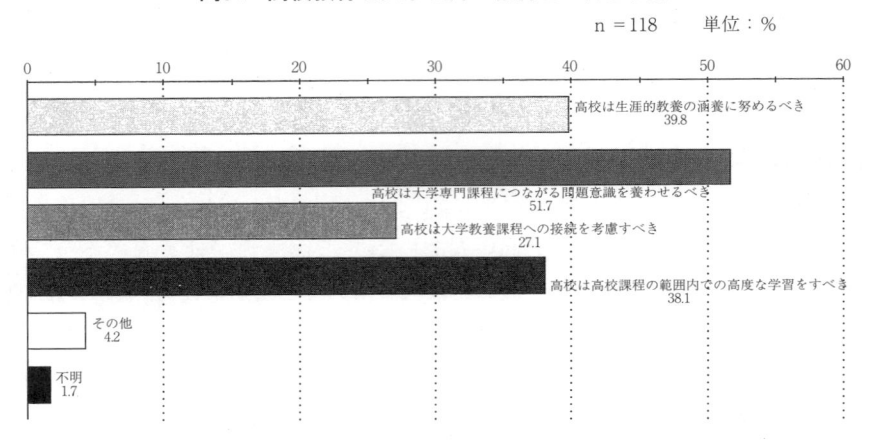

- 高校は生涯的教養の涵養に努めるべき　39.8
- 高校は大学専門課程につながる問題意識を養わせるべき　51.7
- 高校は大学教養課程への接続を考慮すべき　27.1
- 高校は高校課程の範囲内での高度な学習をすべき　38.1
- その他　4.2
- 不明　1.7

問35 普通科進学校における教育の第一義的位置づけ

n=118　単位：%

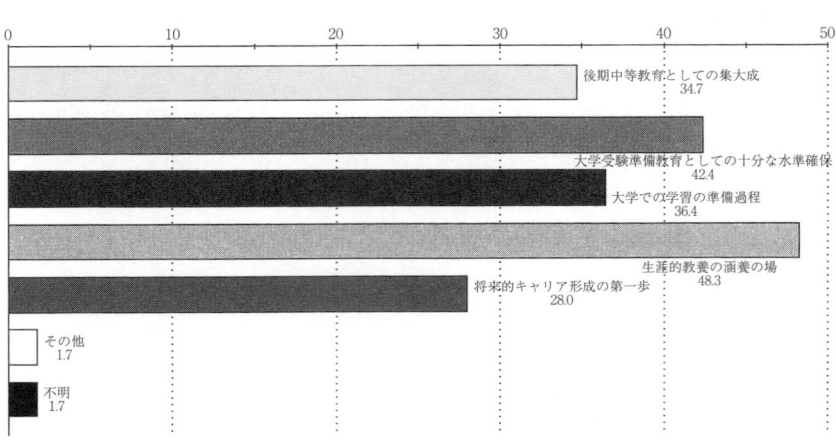

- 後期中等教育としての集大成　34.7
- 大学受験準備教育としての十分な水準確保　42.4
- 大学での学習の準備過程　36.4
- 生涯的教養の涵養の場　48.3
- 将来的キャリア形成の第一歩　28.0
- その他　1.7
- 不明　1.7

問36 普通科進学校の教育が職業キャリア形成に貢献できる部分

n=118 単位：％

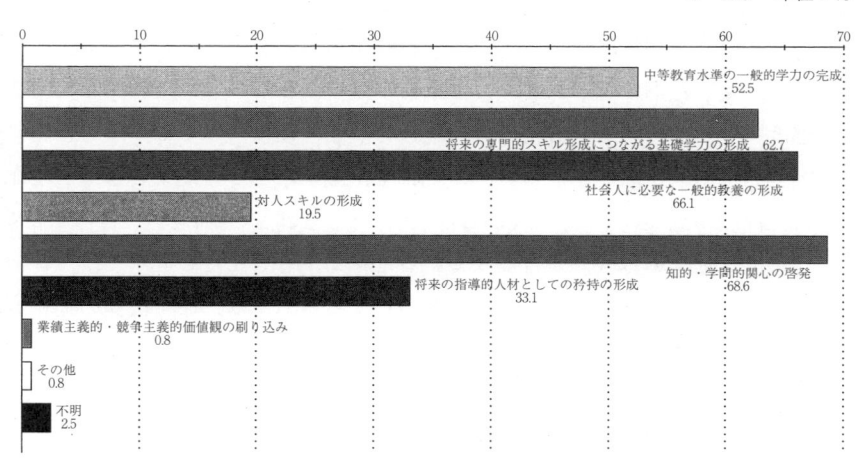

- 中等教育水準の一般的学力の完成 52.5
- 将来の専門的スキル形成につながる基礎学力の形成 62.7
- 社会人に必要な一般的教養の形成 66.1
- 対人スキルの形成 19.5
- 知的・学問的関心の啓発 68.6
- 将来の指導的人材としての矜持の形成 33.1
- 業績主義的・競争主義的価値観の刷り込み 0.8
- その他 0.8
- 不明 2.5

への自由記述回答も参照されたい）。しかし，普通科進学校の第一義的な位置づけについては，「生涯的教養の涵養」（48.3％）と「大学受験準備教育としての十分な水準の確保」（42.4％）の回答（比率は総回答に対するもの）が，「大学での学習の準備過程」（36.4％），「後期中等教育としての集大成」（34.7％），「将来的キャリア形成の第一歩」（28％）よりも上位にきた（問35，複数回答可）。最後に，普通科進学校の教育が職業キャリア形成教育として貢献できる面は何かについて尋ねたところ，「知的・学問的関心の啓発」（68.6％），「社会人に必要な一般的教養の形成」（66.1％），「将来の専門的スキル形成につながる基礎学力の形成」（62.7％）の順になった（問36，複数回答可）。

3　アンケート結果まとめ

このように，進学校は，生徒の大部分が大学教育を受けることを念頭に置きながら，① 大学進学後の専門的学習に対応できる学力と問題意識の形成，② それを通じての適切な進路の方向づけ，③ 生涯にわたり必要な一般的教養

の涵養，④ 将来上層ノンマニュアル職に就くことをにらんだ知的能力・関心の養成，などの点を主に意識した教育を行っていると言えよう。その意味で，進学校における進路指導教育は，その内容が当面の大学入試突破という目標に全面的に従属した形で行われているとは言い難い。また，人格主義的な教養教育を過度に強調しているとも言い難い。むしろ進学校においては，暗黙の内に大学進学と上層ノンマニュアル職への就職を意識するという従来とさほど変化のない生徒側の意識の下で，やはり以前とさほど変わりのないオーソドックスで「自由」な進学準備教育が行われていると言えよう。ただし近年では，経済の長期停滞や日本的雇用慣行の変質などの状況に対応する形で生徒側の進路意識もやや変わってきており，それを受けて学校側もキャリア意識の啓発には従来よりは力を入れ始めたということであろう。しかしそれは，大学関係者の講演など，基本的に大学進学に向けた知的関心の喚起に重点が置かれたものであると言えよう。

　それだけに現在の進学校では，大学卒業後の職業キャリアに直結した教育を行おうとする志向はさほど強くないと思われる。アンケートの回答の多くで見られた職業キャリアへの動機付け教育を従来よりは重視するようになってきているという姿勢[18]も，こうした伝統的な進学校の教育の枠組みを越えるものではないようである。むしろ，進学校は，即座に役立つ実践的な職業能力・関心の養成を図るよりも，大学教育を受けることを前提としつつ将来の専攻分野に関連した知的関心の喚起や基礎学力の充実を図ることが，生徒の多くが将来就くであろう上層ノンマニュアル職，特に専門・技術職向けの職業能力形成につながっていくという認識を持っているようである。また，生徒の意識としては実学志向がやや高まっておりそれが進学先の選択にも反映されているが，医学部を中心とする特定学部志向については，それが安定志向と偏差値志向によるものである限り，必ずしも好ましいものとは学校側はみていないようである。

　なお，いわゆるエリート育成教育については，その必要性を認める回答が地方の公立高校を中心に予想以上に多くみられた。しかし，そうした回答においても，何をもってエリート育成教育と考えるか，いかなるエリート育成教育を

行っているのか，行えばよいのかについては，必ずしも明確な回答を示していないものが多数であった。

4 職業能力形成という観点からみた「エリート教育」のあり方

　以上，進学校を対象にしたアンケートの結果により，高校段階でエリート予備軍向けにどのような職業能力形成教育が行われているかについてみた。ここから読み取れることは，職業キャリア意識の形成教育も職業教育のひとつと考える限り，進学校は職業能力形成教育を必ずしも軽視してはいないものの，基本的にそれを伝統的な一般教育・進学準備教育の枠組みの中で考え，実施しているということであった。また進路指導については，生徒の「自主性」に任せる傾向が強く出ている。これらは，中産階級を再生産するという進学校のひとつの機能からみてむしろ当然の結果であろう。だが，これは，実体的な職業能力よりも職業への意欲や態度の形成を重視するような近年の「キャリア教育」のエリート版であり，本田（2005b）が言うところの教育の「職業的意義（レリバンス）」を欠いたものという評価もできる。

　しかしエリート予備軍に対する教育における適切な「職業的意義（レリバンス）」とは何かを定義し，かつそれを踏まえた教育を行っていくことは，非エリートに対する以上に難しい問題である。ただこれまでの分析を踏まえるならば，少なくとも次のようなことは言えるであろう。すなわち，仮に何らかの「エリート教育」的なものを認めていくとしても，それはエリート意識の涵養教育やいわゆるノブレスオブリージュを観念的に強調するような態度主義的な教育ではなく，各分野における将来のエキスパートのとしての基礎的素養を養成するものでなければならない，ということである。その理由は，第1に，アンケートの回答を見ても，「エリート教育」に肯定的な高校においてさえも，そのコンセプトを現場が明確に定義できていないからである。第2に，その一方で，進学校における相対的に「自由」な教育と進路指導の中で，将来のホワイトカラー上層に

ふさわしい一般的態度や心性（自主性や知的探求心など）の形成には，すでに一定注意が払われていると思われるからである。第3に，アンケート結果を見ても，現実に進学校の生徒の志望職種としては専門職が多いと考えられるからである[19]。

各分野における将来のエキスパートとしての基礎的素養を養成するためには，専門職一般に共通する職業観や職業倫理をまず教えることが必要である。また，グローバル化への対応という意味からも，語学力や国際理解の力の養成は不可欠である。さらにその上で，将来の志望分野をある程度明確に意識させ，それぞれの分野に応じた職業観や職業倫理をできる限り具体的に教えることが必要となろう。もちろん，大学進学後の進路変更は許容されるべきであるとしても，志望分野を一度は明確にした経験なしには，後の志望変更も確固としたものにはなり得ないであろう。

また，進学校においては，ある程度幅広く学ぶことを通じて種々の学問分野・専門領域への興味を喚起し，それを進学先の系統の選択に結びつけさせていくことも重視されるべきであろう（すでに，「総合的な学習」の時間を利用した「学問入門講座」などの形でこれを実施している進学校もあるが）。そのことが，目先の選抜だけに関心を集中することなく将来の職業を見据え，かつそれに向けた勉強をすることにつながるという意味で職業訓練教育にもなる上に，前述したエリートの空洞化の問題や進学先の特定学部系統への集中の問題を幾分かでも緩和することにもつながるだろうからである。

最後に本章をまとめれば，エリート予備軍への職業能力形成教育については，エリートの社会的影響力の強さゆえにノンエリートへのそれに劣らず重視されるべきであるということである。ただしそれには，松尾（2006）で検討を行ったノンエリートに対するものと同様に，「労働・生活・学習というトータルな局面において人材形成，職業能力形成を図る」という視点が重要である。仮にエリート教育の必要性を認めたとしても，それを学校教育のみに担わせることは学歴の既得権化や学校現場の負担等の問題を生み出すと思われるからである（本研究のアンケート調査の結果からも，エリート教育への現場の支持は必ずしも高

くないし，またその方法も未確立である)。むしろエリートは社会の中でもう少し時間をかけて選抜・育成されるべきであろう。エリートへの社会的制御という観点からもその方が望ましいであろう。その意味でも，学校教育におけるエリート予備軍への職業能力形成教育については，エリート意識の涵養教育やいわゆるノブレスオブリージュを観念的に強調するような態度主義的な教育ではなく，各分野における将来のエキスパートとしての職業観や職業倫理をできる限り具体的に教えるものである必要があろう。

(資料) 進学校アンケート質問票と集計結果 (巻末に掲載)

---

1) この分野の代表的な諸研究への検討については，松尾 (2006) も参照されたい。
2) 本章は，エリート・ノンエリートというものをひとつの相対的な区分として考えるものであり，両者を絶対的な概念や対極的な関係としてとらえるものではない (その意味でも本章は，ごく少数の特権的エリートの分析やその育成論について議論するものではない)。そもそも，何をもってエリートとみなすかという定義づけの問題は困難かつ微妙な問題である。ただし，エリートの定義やエリートの存在の可否に関する議論はひとまず措いたとしても，現実にある職業威信や学歴の格差構造から目を背けることは社会分析上望ましい姿勢とは言えまい，というのが本書のスタンスである。
　しかし何らかの定義なしには議論も困難であるから，本章ではとりあえず，「エリート」については世間通俗的なイメージよりは広めに定義し，管理的職業や専門・技術的職業などの上層ノンマニュアル職に現実に就いている者としておく。佐藤 (2000) の言う「W雇上」とある程度重なる定義である。また「エリート予備軍」については，一定ランク以上の大学に進学して将来上層ノンマニュアル職に就くことを暗黙のうちに目指しており，現実に大部分が最終的にはそのような職業に就くであろう層，と定義しておく。比率的には多くみて同世代の上位約2割程度であろうか。いわゆる大学ランク的観点から言えば，国公立大学やいわゆる MARCH・関関同立クラス以上の私立大学に入るか，それらに入ることを真面目に目指していたような層などであろう。ちなみに橋本 (2003) によると，2000年の新規大卒者のうち，労働者階級 (橋本の定義では，専門・管理・事務以外の職業に従事する被雇用者，ただし女子の事務は労働者階級に含める) に所属する者の比率は47％に達する (橋本 2003：154)。言い換えれば，まだ今のところ大卒者の約半数は非労働者階級 (そのほとんどは新中間階級) となっていると

いうことである。2000年時点の大学進学率が約4割であるから，橋本のデータから判断しても，上で言う同世代の上位約2割というのは一定根拠のある数字であると思われる。
3) その厳密な定義はともあれ，従来の日本においてもエリート的社会集団が存在しなかったわけではないだろう。ただ，その育成教育論が従来さほど議論にのぼってこなかったことの背景には，従来は，学校教育における偏差値序列体制と内部労働市場における昇進競争とを通じた人材選別によって，内部労働市場に適合的なタイプのエリートはある程度効率的に確保できていたということがあると思われる。
4) この経済学的概念を厳密にどのようなものとして定義するかは必ずしも容易な問題ではない（この問題の簡単な整理については，松尾（2006）や本書序章の注3も参照されたい）。ただし本章のテーマは内部労働市場の概念を厳密に確定することにはないので，本章では，内部労働市場の語を「内部昇進制や長期雇用慣行などが支配的である主に大企業における正規従業員の労働市場」という程度に理解しておく。
5) よく知られているように，日経連の有名な戦略文書である『新時代の「日本的経営」』（日経連 1995）は，労働者を雇用管理上，「長期蓄積能力活用型」「高度専門能力活用型」「雇用柔軟型」の3つのグループに差別化するモデルを提示している。
6) もちろんエリート予備軍はあくまで予備軍であり，全員に将来のエリート的地位が保障されているわけではない。しかし，100％の地位保障はないにしても，確率的にその構成員の大半がエリート的地位に就くことがまず間違いないとすれば，その集団に対しては一定の対応がなされるべきである。
7) なお，ノンエリート層への職業教育の問題については，松尾（2006）で筆者なりの議論を行っている。
8) このことは，戦前においてエリート的教養の形成教育が行われていたのは，大学よりもむしろ旧制高校や旧制中学の段階であったこととも類似する。
9) 中等教育には完成教育と進学準備教育という2つの異なる側面がある上に，日本では中等教育が進学型と職業型に明確には分岐していない「単線型」のシステムを取っている以上，こうした構造が生じることには，その是非は別として一定の必然性があることは否定できない。
10) もちろんどのような高校を進学校とするのかについては，確固たる定義はない。しかし，大学等への進学率が顕著に上昇した今日では，少なくとも単なる大学等への進学率を基準とした定義では不十分であり，いわゆる進学先の入試難易ランクなどもやはり考慮する必要がある。
11) アンケート対象の進学校については，中村（1999）が行った1998・1999両年の各高校の大学合格実績を基準にしたランク付けにおける「Aランク」の高校（こ

の2年間で旧帝大・一橋大・東工大の国立9大学合格者数計50人以上，または東大・京大合格者数計25人以上，または国立9大学合格率8.4％以上）231校を選んだ。ただし首都圏の進学事情も考慮し，次位の「B1ランク」（国立9大学合格者数計20人以上，または東大・京大合格者数計10人以上，または国立9大学合格率3.4％以上）でかつ早慶合格者数が一定基準（この2年間で100人以上）に達している首都圏1都3県の23校もそれらに加え，結局254校を選んだ。上記の基準の結果いくつかの旧帝大の地元県の高校がやや多めにリストアップされていることや，やや古いデータであるため近年の公立高校改革などにより進学実績を伸ばした公立高校がいくつか漏れているなどの問題はあるが，結果に影響を及ぼすほどのものではない（なお中村は，有名私大の付属校で本体大学への内部進学率が高い高校については，ランク付けの対象外としている）。なお，本章は進学実績による高校の序列化を肯定するものではないが，現実にある学校間の階層性を認知することは分析上必要であると考えた。

12) 生徒の学歴・学校歴志向の要因（問15）についても，「ブランド的効用の重視」「生徒間の同調的志向」「学校の雰囲気」などよりも「将来の地位獲得のための必要条件」という回答の方が圧倒的に多い。要するに，学歴・学校歴のブランド的効用を重視する消費財的学歴観よりも，将来のキャリアを見据えた投資財として学歴を捉える意識の方が強いと言える。ただし，これは進路指導教員へのアンケートであり一定の建前的回答が含まれていることや，生徒自身の深層心理は教員側も十分には把握しきれないという問題はある（恐らく現実には，両方の意識と折り合いをつけながら進学先の選択を行っているというのが実態に近いのであろう）。

13) なおこれに関しては，アンケートの自由記述欄において，特に中高一貫校を中心に生徒の医学部志向の強さを指摘する回答が散見された。自由記述欄には，「人材の特定分野への偏り（本校では医学部）が顕著である。これは必ず社会の衰退をまねくと思う」という記述すらあった。

14) ただし首都圏（1都3県）では，地方圏より医学部志向が弱まり，その分有名大学志向，特に東大志向が強まるためか，特定学部志向よりも特定有名大学志向を指摘する回答の方が多い。松尾（2003）でも検討を行ったが，首都圏の大学進学行動と首都圏以外のそれとの間には一定の差異があると言える。

15) ただし，ここで見たようなこれらの進路指導方針については，やはり教員の立場としての一定の建前的回答も含まれている可能性も否定できない。その意味で生徒の実際の進学行動とは異なる面もあろう。

16) ただし，首都圏1都3県，東海3県，近畿2府4県を除いたいわゆる三大都市圏外の公立高校に限れば，「必要」と回答した割合は33.3％であった。

17) 首都圏における中高一貫私立校に限れば，この比率は27.3％とさらに低く出る。

18) ちなみにこの姿勢は，ベネッセ総研が行ったアンケート調査（「高校の進路指

導に関する意識調査」）でも確認し得る。同調査によれば，進学校（同調査での定義は「ほとんどが4年制大学に進学する普通科高校」）においても，「職業観形成に関する指導」の重要性の認知度自体は上昇している。すなわち，「今後さらに重要性が増す進路指導の内容」で「職業観・勤労観の形成にかかわる指導」を挙げた進学校の割合は，1997年の29％から2004年の40％に上昇している。ただしその上昇度合いは非進学校に比べると低く出ている（『朝日新聞』2005年7月19日夕刊）。

19) なお，専門職のあり方も，かつての（少なくとも建前のレベルでの）中立不偏のプロフェッションというイメージからは近年かなり外れてきていると言えよう。しかしそれだけに，（古典的な専門職像を押しつけるのではないにしても）単なる特定クライアントの利益の擁護者にはならないような職業観や職業倫理を教えたり啓発したりすることの重要性は高まってきていると思われる。首都圏の中高一貫校においては，エリート教育を必要と考える回答割合がアンケートの平均値より若干低く出ているが，卒業生がこの種の専門職に就く可能性が現実に高い首都圏の中高一貫校においては，この観点からの教育を検討していく必要度は高くなってくると思われる。

終章

まとめと展望
——グローバリズム・新自由主義と内部労働市場衰退下における学歴格差

　本章では，本書のまとめとして，本書各章の分析結果を簡単に要約する。その上で，経済活動のグローバル化，企業内長期雇用に基礎を置いた日本的内部労働市場システムの衰退，教育全般における新自由主義的流れの強まりなどの流れの中で，ホワイトカラーの労働市場において学歴や学校威信の格差がどのような影響力をもつようになっているか，また学歴や学校威信の格差が社会的にどのように扱われるようになってきているか，そして日本の「学歴社会」の今後はどのようなものとなるのかについて，本書各章の分析から示唆され得ることを述べる。

1　新規大卒労働市場における学校歴格差

　新規大卒労働市場における大企業就職機会と学校歴（出身大学ランク）間の格差については，第1章で，1990年前後のバブル経済期とバブル崩壊後の平成不況期とを対比させる形で検討した。そのことにより，先行研究，特に竹内洋の言う「分断的選抜」と大学ランク間格差形成との関係を検証した。その結果，不況による採用減少期には大学ランク間格差がより顕著に現れ，「分断的選抜」による大学ランク間の採用数バランスが維持されないことを指摘した。このことから，結局この「分断的選抜」方式も，能力の多様性確保よりも，難関大学との顔つなぎというコネクション形成の性格の方が強く現れてくる方式であり，採用総枠が縮小する不況期にはそうした性格が一層露呈されてくることを指摘した。

　続いて第2章では，「就職協定」廃止，その後の2000年代の大量採用復活期，

リーマンショック以降の不況期までをカバーした時期の動向を大学別の就職データに基づいて検討した。その結果，景気動向と大企業新卒就職実績における大学ランク間格差との相関は，第2章で対象とした1990年代後半以降の時期も業種差はあるが引き続き見られた。一方，大企業新卒就職実績における大学類型間格差については，首都圏内の入試難易ランクの近接した大学間で業種ごとに比較してみたところ，世間的なイメージほどの差は顕在化していなかった。これは，能力主義から成果主義へという近年の人事管理の変化方向や，採用におけるコミュニケーション能力などの「ポスト近代型能力」の重視という近年のトレンドにもかかわらず，コア的人材に対する企業の能力観や人材観にはさほど大きな変化がないことを示唆するものであろう。あるいは，それらが多少変化していたとしても，それは基礎的な学力の範囲内のものに過ぎないのか，あるいはそもそも（同偏差値ランクの大学間では）大学総体としては学生の気質に極端な相違はないのかもしれないということであろう。この点を詰めて検討していくことは今後の検討課題である。

　また，新卒就職における地域間格差については，近年の東京一極集中の進行にもかかわらず本書で取り上げたような伝統的な大企業においては顕在化しているとは言い難く，むしろほぼ同ランクの大学同士で比較すると，首都圏の大学よりも地方圏の大学の方が採用数が安定している傾向が見られた。

　なお，第2章では，東大と京大，慶大と早大など，近年における上位大学間での威信格差の拡大についても触れた。特に東大と京大との間の威信・入試難易度の格差拡大は，東京一極集中化の加速に伴う地域間格差の拡大とも明らかに関連している。しかし第2章での分析からは，こうした威信格差の拡大にもかかわらず，就職格差はさほど顕在化していないことが指摘できた。このことは，伝統ある大企業は採用において各有名大学との長年の実績関係を重視していること，そしてそれゆえに大学威信格差拡大の労働市場への影響は，例えば外資系企業など，企業内長期雇用型の内部労働市場システムの周辺部からまずは生じてくるであろうことを示唆しているのではないかと考えられる。

2　近年までの企業内長期雇用型内部労働市場システム下における学歴格差

　第3章では，日本における企業内長期雇用型の内部労働市場システム下における学歴（学校歴）格差の問題について，先行研究と事例に基づき論じた。事例としては，研究蓄積の多い民間大企業ではなく，ある地方自治体における大卒事務系職員の初期キャリアを題材とし，特に異動というヨコのキャリアの経歴が昇進というタテのキャリアにどのように影響してくるかについて，同期入庁者の人事データに基づき分析した。

　ちなみに高度経済成長期以降の日本では，大企業における長期雇用システムの浸透の中で，「長期の競争」や「遅い選抜」が普及し，それが入社時点での学歴・学校歴による格差をある程度リシャッフルさせてきたと言える。言い換えれば，日本の長期雇用システムは，少なくとも大企業男性正社員の間において，学歴（学校歴）を，それが大きな威力を発揮する時期がキャリアのある段階までに限局される「賞味期限」つきの属性とさせてきたのであった。

　この点については，一地方自治体における大卒事務系職員の初期キャリアという限られた範囲の事例ではあるが，本書第3章も，学歴の有効性が採用・初職配属時に限局されていることを指摘するものであった。ただし，初職配属以降の選抜においては，学歴はさほど重要ではないものの「早い選抜」の傾向が見られることと，ヨコのキャリアの中で管理部門を中心とした「枢要」な部署を経験することがその後の昇進において重要であることを指摘した。

　なお，公務部門における同一資格での採用者の間では学歴が初職配属時を除きキャリア上さほど重要ではないことの背景には，公務員は公務員試験というペーパーテストの競争試験を通じて採用されるため，個々人の学力の粒が民間企業よりも揃っており，かつ採用後も昇任試験等によりそれを適宜把握できるという事情があることも第3章では指摘した。

3　大学入試を通じた学歴格差形成

　第4章では、大学入試をホワイトカラー労働市場への予備選抜として位置づけ、そのデータを分析することにより、ホワイトカラー労働市場への参入以前の段階における格差形成の問題について検討を行った。まずセンター試験の全体的なデータを用いることによって、所得階層や地域間での絶対的な学力水準の格差を指摘し、地域ごとの学力タイプの特徴も指摘した。その上で個別大学入試の高校別合格者数のデータを検討することを通じて、特定の入試類型が合格者の階層・地域的属性にバイアスをもたらす可能性についても指摘した。

　具体的には、事務系ホワイトカラー上層が集中することなどから文系高学力受験生の層が厚く、かつ受験情報へのアクセスにも恵まれている首都圏においては、威信の高い大学での論文型入試（もっと一般化して言えば高校での学習内容との隔たりが大きく、入試情報の収集にもコストがかかる入試）は、一般入試以上に合格者の出身階層・地域に偏りをもたらす（特に首都圏のホワイトカラー上層家庭出身者が有利になる）可能性が高いことを、東大の後期論文入試合格者の地域別・学校種別分布の検討などを通じて指摘した。

　なお、第4章では高校から大学への選抜における問題を対象としたが、同章で指摘したような論文型入試がもたらす問題は、面接や論作文が中心となる就職時の選抜においては一層鮮明に現れてくる可能性がある。その意味で、第4章における分析結果は、高校から大学への選抜や大学・大学院から職業への選抜などそれぞれの段階での選抜について、共通する問題をはらんだものとして統一的な視点から捉え考察することの必要性も示唆している。

　そして上記の点について敷衍すれば、例えば近年の民間企業の採用選考におけるエントリーシートの重視の傾向や、公務員試験全般における専門試験よりも「人物重視」の傾向の強まり、さらに2012年度からの国家公務員採用Ⅰ種試験の総合職試験への再編による論文試験重視の傾向などは、それらの選考方法によって採用される者の階層的・地域的属性に一層のバイアスがもたらされる可能性もあることを暗示している（特にこれは公務員試験の場合、そのメリット

システムの建前すら崩しかねない由々しき問題である)。そして，もしそのようなバイアスがもたらされるとすれば，たとえ同一大学の学生にあっても出身階層・地域等の属性に応じて有利不利が出てくる可能性もあると考えられる。その意味では，同一大学の学生間における就職先格差という問題は，企業の能力観の変化という問題とも相まって今後の検討課題として残る。

4　ホワイトカラー予備軍への職業教育

　第5章では，進学校を対象にしたアンケートの結果により，高校段階でホワイトカラー（特にホワイトカラー上層）予備軍向けにどのような職業能力形成教育が行われているかについてみた。アンケートの結果から見出されたことは，進学校も職業能力形成教育を必ずしも軽視してはいないが，基本的にそれを伝統的な一般教育・進学準備教育の枠組みの中で考え，実施しているということであった。また進路指導については，生徒の「自主性」に任せる傾向が強く出ている。自主性や自由な知的探求心などは中産階級としてのホワイトカラー上層に期待される心性であろうが，アンケートの結果からは，進学校の進路指導や職業教育は，そうした心性の形成という意味ではその機能をそれなりに果たしていることが浮かび上がった。

　しかしその一方で，いわゆる「エリート教育」については，多くの進学校においてそれを支持する回答は必ずしも多くなかったし，またそれを支持する回答においてすらその具体的方法は明確に示されていなかった。

　このように，進学校における教育においては将来のホワイトカラー上層にふさわしい一般的態度や心性の形成にはすでに一定注意が払われていることが浮き彫りにされた。その一方で，「エリート教育」についてはそれに肯定的な高校においてすらそのコンセプトを明確に定義できていないことも明らかになった。これらの結果や，さらに進学校生徒の将来の志望職種は専門職が多いという結果を踏まえれば，学校教育におけるホワイトカラー予備軍への職業教育は，エリート意識やノブレスオブリージュの涵養を図るような態度主義的な教育で

はなく，各分野における将来のエキスパートとしての職業観や職業倫理をできる限り具体的に教えるものである必要があると第5章では結論づけた。

5　今後の展望：労働市場の規制緩和と
　　職業間威信格差の縮小→「超・学歴社会」？

　最後に，本書における分析結果を踏まえ，日本の「学歴社会」の今後の展望について記し，本書の締めくくりとしたい。なおここでは，竹内洋が言うところの「学歴の機能的価値」並びに「学歴の象徴的価値」（竹内 1995：90）の両観点からそれを記すこととする。

(a)　学歴の機能的価値

　今後，グローバルな競争の激化の中で，企業内における長期雇用慣行に基礎を置いた日本の内部労働市場システムがますます縮小・衰退していくならば，労働市場のコアと周辺への二極分化は一層進む可能性が高い。このことが，希少化したコアの労働市場に参入するための切符獲得手段としての学歴の機能的価値を高め，その獲得競争を過熱させていくことも考えられる。

　すなわち，この労働市場の二極分化という状況下では，仮にコアの労働市場にほぼ確実に参入できるレベルの学歴（学校歴）の間では出身校による就職格差はさほど大きなものではなくなっていったとしても，例えば旧帝大早慶クラスの大学とそれ以外の大学とのように，大卒者の間でもコアの労働市場にほぼ確実に参入できるレベルの学歴（学校歴）とそれ以外との格差はむしろ拡大する可能性があるのである。

　また，コアの労働市場における選抜の早期化傾向が今後も続くならば，コアの労働市場にほぼ確実に参入できるレベルの学歴の者の間でも昇進の個人間格差は拡大し，たとえ学歴の機能的価値に「賞味期限」があるとしても，その「賞味期限内」に決定的な勝負がついてしまう可能性が強い。なお，グローバル化の中で「ポスト近代型能力」がより重視されるような「ハイパー・メリトクラシー」という状況が強まったとしても，先にも言及したように「ポスト近

代型能力」も一般的・基礎的学力の範囲内あるいは延長線上にあるものに過ぎないのであれば，その重視は一般的・基礎的学力の代理指標たる学歴を通じた格差形成をむしろ増幅させる可能性があるのである。

　さらには，コアの労働市場にほぼ確実に参入できるレベルの学歴の中でも，その上澄み部分が大学院レベルの学歴や海外一流大学・大学院の学歴と結びつき，グローバルな「シンボリック・アナリスト」の登竜門となるならば，コアの労働市場にほぼ確実に参入できるレベルの学歴を上方に超え得るスーパー高学歴となる可能性もある。要するに特定の超高学歴が，グローバルなエリートを作り出す機能を強めていく可能性すらあるのである。

　なお，労働市場の規制緩和や中途採用の増加などによる労働市場の流動化は，仮にそれが生じたとしても，（一定の「下降移動」や「下剋上」を生み出しつつも）全体としてはむしろ新卒採用段階に生じた学歴による格差を一層拡大させる方向に作用するであろう。なぜなら，たとえ中途採用市場が拡大したとしても，むしろ中途採用市場においてこそ「弱い紐帯」（グラノベッター）を生かしたコネ採用が横行する可能性が高いからであり，そうした紐帯（関係資本）を多く保有するのは高学歴者であるからである（ただし，第2章の議論とも関連するが，同ランクの大学間においても，関係資本をより多く保有する大学の出身者が中途採用市場ではより有利になるなど，学校類型の差による格差は出てくる可能性がある）。

　要するに，学歴の機能的価値についてまとめれば，近年のグローバル化や新自由主義的社会経済思潮の強まり，企業内長期雇用に基礎を置いた日本的内部労働市場システムの衰退の中では，上記のように労働市場のコアと周辺とを分断する手段やコア内での一層の階層化をもたらす手段として，学歴の機能的価値は再び上昇する兆候をみせてきていることが指摘できる。

(b) 学歴の象徴的価値

　一方，学歴の象徴的価値も今後増大する可能性がある。これは，規制緩和等による伝統的なエリート職の威信低下と，それに伴う階層評価基準としての「職業」の有効性低下という現状からである。

　例えば法曹について言えば，ロースクールの導入を柱とした司法改革以降の

新司法試験下で毎年の司法試験合格者が約2000人にも達している現状では、法曹、特に弁護士の社会的威信は極端に低下し始めている。あるいは、「医師不足」が叫ばれる中で、医師の養成数が近年また増加傾向にあることからも、単に医師であることだけではエリートとは見なされ難くなりつつある（ちなみに国公立大学医学部医学科の入試難易度の上昇も、地方国立大を中心に近年峠を越した感がある）。近年の大学数の増加に伴い増加傾向が続いている大学教員についても同様である。キャリア官僚については、近年の行政改革と公務員数削減の中でむしろ人員が減少してきているが、これも国家Ⅰ種試験が総合職試験に再編されて選抜性が低下し合格者数も増加すれば、近年の公務員の待遇低下とも相まってキャリア官僚の職業威信も低下する可能性がある。

このように、近年は、制度改革や規制緩和等による人員増加や選抜度の低下によって、医師、弁護士、大学教員等の伝統的なエリート職業の威信低下の傾向が見られ、既にこうした特定の職業に就いていることだけでは、エリートとは必ずしもみなされ難くなってきていると思われる。

一方、こうした伝統的エリート職の全体としての威信低下の反面、同一職業内での個人間の格差はむしろ拡大してきていると考えられる。また、大企業ホワイトカラーの世界でも、成果主義的人事制度の下で同期入社者の間での処遇格差や昇進格差は拡大傾向にある。しかし、仮にある個人のステータスをその所属職業集団（例えば大学教員や弁護士）ではなしに、その所属職業集団内におけるその個人の地位（例えば大学教員なら○○大学××学部教授、弁護士なら渉外系○○法律事務所パートナー）で評価したとしても、その個人がその職業集団内のヒエラルキーのどのあたりに位置するかを部外者が判断するのはそれほど簡単ではない[1]。従って、その職業集団の全体としてのステータスが低下し、かつ同一職業集団内での個人間格差が拡大すれば、所属階層のわかりやすい判断基準として学歴（学校歴）はやはり有用性を増してくる可能性がある[2]。

確かに、総体として本書の事例分析結果は、近年のホワイトカラー労働市場における学歴の機能的価値の増大を必ずしも全面的には支持しないものであった。しかし、上記のように特定の職業や職種自体が階層評価基準としての有効

性を低下させつつある現状を踏まえるならば，少なくとも学歴の象徴的価値については，今後一層上昇する可能性があるのである[3]。従って，人々の間でのより普遍的な階層評価指標としての学歴，極端に言えば社会的身分としての学歴の重みが今後一層増していくという意味においては，「学歴社会」のさらなる深化を予測することはそれほど的外れではないであろう[4]。もちろん筆者自身はそのことを好ましいこととは考えないが，このように結論づけざるを得ないのである[5]。

---

1) 例えば大学教員の世界であれば，中堅私大教授と地方国立大准教授と旧帝大助教との間ではどれが実質的なステータスが最も高いかは，学問分野ごとの事情もあり，少なくとも部外者には簡単には判断し難い。そもそも同一大学同一学部の教授の間でも研究者集団内における地位には大差があるが，それは部外者には簡単にはわかりにくい。

　あるいは大企業ホワイトカラーの間であれば，例えば一流企業の課長と二流企業の部長とではどちらが実質的なステータスが高いかは簡単には判断しがたい。そもそも同一企業の課長の間でも，いわゆる良いポストの課長とそうでないポストの課長とでは実質的なステータスには大きな差があるが，そうしたポストのインフォーマルな「格」の差は部外者にはわかりにくい。そして企業組織のフラット化によって管理職ポスト数が減少すれば，処遇格差が拡大しても，その差は職位ではなく所属部署のインフォーマルな「格」の差の中にますます埋め込まれていくであろう。加えて，出向・転籍・転職等の増加による雇用流動性が高まれば，大企業ホワイトカラーの個人としての職業内のヒエラルキー上の地位は不安定化するとともに，特に部外からはその「偉さ」の度合いが一層わかりにくくなる。

2) 従って例えば，エリートと社会的に認知されるためには，単なる弁護士ではなく，「東大卒の弁護士」などの属性が必要になってくると思われる。ただし，属性としての学歴は相応の業績原理によって獲得されたものである必要があるのであり，有名大学出身者であっても編入・推薦等による入学者や大学院でのいわゆる学歴ロンダリングなどに対しては，やはりそのレベル相応の評価しかなされないであろう（むろん，学歴の「象徴的価値」ではなく「機能的価値」を追求するのであれば，学歴ロンダリングも悪い選択肢ではないが）。

3) こうした状況は，吉川徹が言うところの「近未来の日本社会においては，学歴のほかには，人びとに共通する階層評価基準となったり，価値観や選好を差異化する要素が見当たらなくなる」という「学歴の『不戦勝』」（吉川 2006：205-207）という状態にも通じる。

4）なお，言うまでもなく本書は学歴を文化論的に説明することを志向するものではないが，東アジアの儒教文化圏においては，高学歴者が経済的地位にかかわらず社会的尊敬を受ける度合いが高いなど，学歴の象徴的価値が元来高かったこと自体は否定できないことであろう。そしてこのことが，一般大衆レベルでの学歴崇拝をもたらしてきたことも否定できないであろう。

そこまで話を広げずとも，高度経済成長期以降の大衆化した受験競争の中で，学歴が経済的利得獲得の手段のみならずその獲得自体を自己目的化したものになるという「受験システムの自律化／自己準拠化」（竹内 1995：92），「選抜システムの自己組織化」（松尾 2006：176-181）が顕著になってきた時代以降（おおむね1970年代以降，特に共通一次試験開始以降）に生い立った世代が日本社会の中心を占めるようになってきたことや，少子化と大学数の増加の中で大学受験競争が従来大学受験をしなかった層も巻き込む形で1990年代半ば以降一層大衆化（激化ではない）してきたことは，草の根レベルでの学歴意識を一層鋭敏にするであろう。

さらに女子の大学進学率の増大は，吉川徹らが言うように，女性の階層評価基準としても学歴が重みを増すことにもつながるだろう（吉川 2006：239）。また，女子の大学進学率の増大は，いわゆる学歴同類婚の傾向をさらに強め，学歴意識が世代を超えて再生産される度合いも強めるであろう。

5）こうした問題に対して社会政策的にいかに対応していくべきかについては，今後論じるべき課題としたい。

参考文献

麻生　誠・山内乾史編（2004）『21世紀のエリート像』学文社。
安部由紀子（1997）「就職市場における大学の銘柄効果」中馬宏之・駿河輝和編『雇用慣行の変化と女性労働』東京大学出版会。
天野郁夫（1986）『試験と学歴――努力信仰を超えて』リクルート。
天野郁夫・川上婦志子・吉本圭一・吉田文・橋本健二（1983）「進路分化の規定要因とその変動」『東京大学教育学部紀要』第23巻。
荒井一博（1995）『教育の経済学――大学進学行動の分析』有斐閣。
荒牧草平（2000）「教育機会の格差は縮小したか」近藤博之編『日本の階層システム3　戦後日本の教育社会』東京大学出版会。
石田　浩（1999）「学歴取得と学歴効用の国際比較」『日本労働研究雑誌』No.472　1999年10月号。
稲継裕昭（1996）『日本の官僚人事システム』東洋経済新報社。
稲継裕昭（1999）「公務員と能力・実績主義」『都市問題研究』第51巻第9号。
稲継裕昭（2000）『人事・給与と地方自治』東洋経済新報社。
今田幸子・平田周一（1995）『ホワイトカラーの昇進構造』日本労働研究機構。
小川　洋（2000）『なぜ公立高校はダメになったのか』亜紀書房。
小塩隆士（2003）『教育を経済学で考える』日本評論社。
太田聰一（2010）『若年者就業の経済学』日本経済新聞出版社。
尾嶋史章（1990）「教育機会の趨勢分析」菊池城司編『現代日本の階層構造3　教育と社会移動』東京大学出版会。
片瀬一男（2005）『夢の行方――高校生の教育・職業アスピレーションの変容』東北大学出版会。
苅谷剛彦（1991）『学校・職業・選抜の社会学――高卒就職の日本的メカニズム』東京大学出版会。
苅谷剛彦（1995a）『大衆教育社会のゆくえ――学歴主義と平等神話の戦後史』中公新書。
苅谷剛彦（1995b）「就職プロセスと就職協定」苅谷剛彦編『大学から職業へ――大学生の就職活動と格差形成に関する調査研究――』広島大学大学教育研究センター。
苅谷剛彦（2001）『階層化日本と教育危機――不平等再生産から意欲格差社会へ』有信堂。
苅谷剛彦・岩内亮一（1995）「大学と就職」苅谷剛彦編『大学から職業へ――大学生の就職活動と格差形成に関する調査研究――』広島大学大学教育研究センター。
苅谷剛彦・本田由紀編（2010）『大卒就職の社会学――データからみる変化』東京大

学出版会。
吉川　徹（2001）『学歴社会のローカル・トラック――地方からの大学進学』世界思想社。
吉川　徹（2006）『学歴と格差・不平等――成熟する日本型学歴社会』東京大学出版会。
木下武男（1997）「日本的労使関係の現段階と年功賃金」渡辺治・後藤道夫編『講座現代日本3　日本社会の再編成と矛盾』大月書店。
京都大学学生部委員会生活実態調査集大成編集委員会（1998）『京都大学学生生活実態調査集大成』。
京都大学経済学部論文入試調査委員会（1994）『総合力と創造力を求めて――京都大学経済学部論文入試の成果と課題』。
熊沢　誠（1997）『能力主義と企業社会』岩波新書。
黒羽亮一（2001）『新版　戦後大学政策の展開』玉川大学出版部。
慶應義塾大学学生総合センター（2001）『2000年度　慶應義塾大学　学生生活実態調査報告（第20回）』慶應義塾大学学生総合センター。
小池和男（1991）『仕事の経済学』東洋経済新報社。
小池和男（1999）『仕事の経済学（第2版）』東洋経済新報社。
小池和男（2005）『仕事の経済学（第3版）』東洋経済新報社。
小池和男編（1991）『大卒ホワイトカラーの人材開発』東洋経済新報社。
小池和男・猪木武徳編著（2002）『ホワイトカラーの人材形成――日米英独の比較』東洋経済新報社。
小池和男・渡辺行郎（1979）『学歴社会の虚像』東洋経済新報社。
神代和欣（1983）『日本の労使関係』有斐閣。
河野員博（2004）『現代若者の就業行動――その理論と実践』学文社。
国民教育文化総合研究所（2006）『教育における格差研究委員会最終報告』。
小杉礼子編（2007）『大学生の就職とキャリア――「普通」の就活・個別の支援』勁草書房。
近藤博之（2000）「階層研究と教育社会の位相」近藤博之編『日本の階層システム3　戦後日本の教育社会』東京大学出版会。
佐々木洋成（2000）「教育達成と属性要因」『社会学評論』51巻第2号。
佐藤俊樹（2000）『不平等社会日本――さよなら総中流』中公新書。
佐藤嘉倫・尾嶋史章編（2011）『現代の階層社会――格差と多様性』東京大学出版会。
社会経済生産性本部（1995）『雇用変革時代の人事・賃金・労使関係（1995年版労使関係白書）』社会経済生産性本部。
社会経済生産性本部（2007）『2007年度版　日本的人事制度の現状と課題――第10回日本的人事制度の変容に関する調査結果』社会経済生産性本部。
芝祐順・渡部洋（1988）『入試データの解析』新曜社。

柴野昌山・菊池城司・竹内洋（1992）『教育社会学』有斐閣。
セオリープロジェクト編（2008）『学歴社会の真実——偏差値と人生の相関関係』講談社。
竹内　洋（1981）『競争の社会学——学歴と昇進』世界思想社。
竹内　洋（1988）『選抜社会——試験・昇進をめぐる〈加熱〉と〈冷却〉』メディアファクトリー。
竹内　洋（1989）「新規大卒労働市場における『ねじれ』効果」『京都大学教育学部紀要』35号。
竹内　洋（1995）『日本のメリトクラシー——構造と心性』東京大学出版会。
竹内　洋・中公新書ラクレ編集部編（2001）『論争・東大崩壊』中央公論新社。
橘木俊詔（2008）『早稲田と慶応——名門私大の栄光と影』講談社現代新書。
橘木俊詔（2009）『東京大学　エリート養成機関の盛衰』岩波書店。
橘木俊詔（2010）『日本の教育格差』岩波新書。
橘木俊詔（2011）『京都三大学　京大・同志社・立命館——東大・早慶への対抗』岩波書店。
橘木俊詔・松浦司（2009）『学歴格差の経済学』勁草書房。
橘木俊詔・八木匡（2009）『教育と格差——なぜ人はブランド校を目指すのか』日本評論社。
橘木俊詔・連合総合生活開発研究所編（1995）『「昇進」の経済学』東洋経済新報社。
立道信吾（1994）「大卒事務系社員の採用基準の研究」東京都立労働研究所『労働研究所報』No.15。
常見陽平（2009）『就活格差』中経出版。
東京大学（2001）『東京大学　現状と課題３』東京大学出版会。
永野　仁（2007）「企業の人材採用の変化——景気回復後の採用行動」『日本労働研究雑誌』No.567　2007年10月号。
永野　仁編著（2004）『大学生の就職と採用』中央経済社。
中村高康（1997）「大学大衆化時代における入学者選抜に関する実証的研究」『東京大学大学院教育学研究科紀要』第37巻。
中村忠一（1999）『全国高校格付け　2000年版』東洋経済新報社。
中西祐子（2000）「学校ランクと社会移動」近藤博之編『日本の階層システム３　戦後日本の教育社会』東京大学出版会。
日本経営者団体連盟（日経連）（1995）『新時代の「日本的経営」——挑戦すべき方向とその具体策』。
日本労働研究機構（1992a）『大卒社員の初期キャリア管理』日本労働研究機構。
日本労働研究機構（1992b）『大学就職指導と大卒者の初期キャリア』日本労働研究機構。
日本労働研究機構（1993）『大卒社員の初期キャリア管理に関する調査研究報告書』

日本労働研究機構。
日本労働研究機構（1994）『大学就職指導と大卒者の初期キャリア（その2）』日本労働研究機構。
日本労働研究機構（1995）『大卒者の初期キャリア形成』日本労働研究機構。
日本労働研究機構（1999）『変化する大卒者の初期キャリア』日本労働研究機構。
日本労働研究機構（2000）『変革期の大卒採用と人的資源管理——就職協定廃止と大卒の採用・雇用管理の変化』日本労働研究機構。
野村正實（2003）『日本の労働研究——その負の遺産』ミネルヴァ書房。
橋本健二（1999）『現代日本の階級構造』東信堂。
橋本健二（2003）『階級・ジェンダー・再生産——現代資本主義の存続メカニズム』東信堂。
橋本哲史（2001）「現代大学生の就職に関する意識と活動の実態——就職協定廃止前後の比較分析から」『ソシオロジスト（武蔵大学）』第3巻第1号。
花田光世（1987）「人事制度における競争原理の実態——昇進・昇格のシステムからみた日本企業の人事戦略」『組織科学』第21巻第2号。
濱中義隆（2007）「現代大学生の就職活動プロセス」小杉礼子編『大学生の就職とキャリア——「普通」の就活・個別の支援』勁草書房。
濱中義隆（2010）「1990年代以降の大卒労働市場——就職活動の3時点比較」苅谷剛彦・本田由紀編『大卒就職の社会学——データからみる変化』東京大学出版会。
早川征一郎（1997）『国家公務員の昇進・キャリア形成』日本評論社。
林　祐司（2009）『正社員就職とマッチング・システム——若者の雇用を考える』法律文化社。
原　純輔・盛山和夫（1999）『社会階層——豊かさの中の不平等』東京大学出版会。
樋口美雄（1994）「大学教育と所得分配」石川経夫編『日本の所得と富の分配』東京大学出版会。
樋口美雄（2001）『人事経済学』生産性出版。
樋口美雄・財務省財務総合政策研究所編著（2003）『日本の所得格差と社会階層』日本評論社。
平沢和司（1995）「就職内定企業の規定メカニズム」苅谷剛彦編『大学から職業へ——大学生の就職活動と格差形成に関する調査研究』広島大学大学教育研究センター。
平沢和司（2005）「大学から職業への移行に関する社会学的研究の今日的課題」『日本労働研究雑誌』No.542　2005年9月号。
藤田英典・宮島喬・秋永雄一・橋本健二・志水宏吉（1987）「文化の階層性と文化的再生産」『東京大学教育学部紀要』第27巻。
本田由紀（2005a）『多元化する「能力」と日本社会——ハイパー・メリトクラシー化のなかで』NTT出版。

本田由紀 (2005b)『若者と仕事——「学校経由の就職」を超えて』東京大学出版会。
班目文雄 (1981)『日本の教育課題——その地域的究明』第一法規。
松尾孝一 (1999)「90年代の新規大卒労働市場——大学ランク間格差と企業の採用行動」『大原社会問題研究所雑誌』No.482　1999年1月号。
松尾孝一 (2002)「地方公務員の初期キャリア管理——政令指定都市A市の大卒事務系職員の事例から」『青山経済論集』第54巻第3号。
松尾孝一 (2003)「学歴達成における階層・地域間格差と入試類型——入試政策への含意」『青山経済論集』第54巻第4号。
松尾孝一 (2006)「職業教育の現状・課題・国際比較——内部労働市場型から生活連携型へ」本間照光・白井邦彦・松尾孝一・加藤光一・石畑良太郎『階層化する労働と生活』日本経済評論社。
松尾孝一 (2007)「『エリート』予備軍への職業教育の現状と課題——進学校アンケートの結果から」『青山経済論集』第58巻第4号。
松尾孝一 (2009)「公務労使関係の変化——庁内労使関係を中心に」久本憲夫編著『労使コミュニケーション（叢書・働くということ第5巻）』ミネルヴァ書房。
松尾孝一 (2010)「公務部門改革下の公務労使関係——その変化と見通し」法政大学大原社会問題研究所・鈴木玲編『新自由主義と労働』御茶の水書房。
松尾孝一 (2011)「公務労働の特質と公務改革下の変質——公共性の観点から」『日本労働社会学会年報』第22号。
松尾孝一 (2012)「新規大卒労働市場における大学間格差——2000年代以降の動向を中心に」『経済研究（青山学院大学経済研究所）』第4号。
松繁寿和 (1995)「電機B社大卒男子従業員の勤続10年までの異動とその後の昇進」橘木俊詔・連合総合生活開発研究所編『「昇進」の経済学』東洋経済新報社。
松繁寿和編著 (2004)『大学教育効果の実証分析——ある国立大学卒業生たちのその後』日本評論社。
溝上憲文 (2005)『超・学歴社会——「人物本位」「能力重視」の幻想』光文社。
峯野芳郎 (2000a)「地方自治体における職員の昇進管理について——ある政令指定都市を例に」『組織科学』第34巻第2号。
峯野芳郎 (2000b)「国や地方公共団体などの行政組織における昇進管理としての『早い昇進』と『遅い昇進』」『産業・組織心理学研究』第13巻第2号。
森岡孝二 (2009)『貧困化するホワイトカラー』ちくま新書。
森岡孝二 (2011)『就職とは何か——〈まともな働き方〉の条件』岩波新書。
矢島正見・耳塚寛明編著 (2001)『変わる若者と職業世界——トランジッションの社会学』学文社。
八代充史 (1995)「大企業ホワイトカラーのキャリア——異動と昇進の実証分析』日本労働研究機構。
八代尚宏 (1997)『日本的雇用慣行の経済学』日本経済新聞社。

安田　雪（1999）『大学生の就職活動――学生と企業の出会い』中公新書。
矢野眞和（1993）「新規大卒者の労働市場」『日本労働研究雑誌』No.405　1993年10月号。
矢野眞和（1996）『高等教育の経済分析と政策』玉川大学出版部。
山内乾史編著（2008）『教育から職業へのトランジション――若者の就労と進路職業選択の教育社会学』東信堂。
山田昌弘（2004）『希望格差社会』筑摩書房。
山本　清（1996）「地方公務員の昇進構造の分析」『組織科学』第30巻第1号。
山本　清（1997）『政府部門の業績主義人事管理』多賀出版。
リクルートリサーチ（1994）『学歴に関する企業の意見調査』。
リクルートリサーチ（1995）『リクルート調査月報』1995年2月号。

Bourdieu, Pierre. et Jean-Claude Passeron（1964）*Les Héritiers: les étudiants et la culture*, Editions de Minuit. 石井洋二郎監訳（1997）『遺産相続者たち』藤原書店。
Bourdieu, Pierre. et Jean-Claude Passeron（1970）*La Reproduction: élément pour une théorie du système d'enseignement*, Editions de Minuit. 宮島喬訳（1991）『再生産』藤原書店。
Doeringer, Peter B. and Michael J. Piore（1971）*Internal Labor Market and Manpower Analysis*, D.C. Health and Company. 白木三秀監訳（2007）『内部労働市場とマンパワー分析』早稲田大学出版部。
Granovetter, Mark（1995）*Getting a Job: A Study of Contacts and Careers*, 2nd ed., The University of Chicago Press. 渡辺深訳（1998）『転職――ネットワークとキャリアの研究』ミネルヴァ書房。
Ishida, Hiroshi and David H. Slater eds.（2010）*Social Class in Contemporary Japan: Structures, sorting and strategies*, Routledge.
Osterman, Paul（1984）*Internal Labor Markets*, MIT Press.
Reich, Robert B.（1991）*The Work of Nations*, Alfred A. Knopf. 中谷巌訳（1991）『ザ・ワーク・オブ・ネーションズ――21世紀資本主義のイメージ』ダイヤモンド社。
Rosenbaum, James. E.（1984）*Career Mobility in a Corporate Hierarchy*, Academic Press.
Thurow, Lester C.（1975）*Generating Inequality: Mechanisms of Distribution in the U.S. Economy*, Basic Books. 小池和男・脇坂明（1984）『不平等を生みだすもの』同文舘。

資　　料

2004年11月

　　青山学院大学総合研究所プロジェクト「変化する労働と生活の国際比較」
　　　分担プロジェクト「職業訓練教育の現状・課題・国際比較」

進学校における進路指導と職業キャリア意識形成に関するアンケート

［調査目的］
　本アンケートは，卒業生の大部分が大学に進学するタイプの高校（いわゆる進学校）の進路指導の中で，大学入学以降の学習，さらには将来の職業的キャリアを意識した進路指導が，当面の進学指導との兼ね合いの中でどのように意識されているかを調べることを主たる目的とするものです。また，生徒側の進路意識・キャリア意識について調べることも目的としています。
　回答においては該当選択肢の番号を囲んでください。変化しているかどうかという問いに対しては，特に指定がない限り最近5年程度の期間でのおおよその傾向でお答え願います。
　なお，本アンケートを研究以外の目的に使用することはありません。本アンケートの結果は集計の上，統計的に処理いたします。アンケートの集計結果を公表する場合においても，個別の高校名を表示することはありません。なお，本アンケートは，近年の大学進学状況を基準に選んだ全国の約250高校にご協力をお願いしております。
　ご多忙のところ誠に恐縮ですが，本調査の趣旨をご理解いただき，アンケートにご協力いただきますようお願い申し上げます。アンケートは同封の返信用封筒で2005年1月31日（月）までに下記宛にご返送いただければ幸いです。

　　　　　　　　　　　　　連絡先：青山学院大学経済学部助教授　松尾孝一
　　　　　　　　　　　　　〒150-8366　東京都渋谷区渋谷4-4-25
　　　　　　　　　　　　　　　　　　　青山学院大学8号館601号研究室
　　　　　　　　　　　　　　　　　　　TEL：03-3409-8111（内線12601）
　　　　　　　　　　　　　　　　　　　E-mail：matsuo@econ.aoyama.ac.jp
　　　　　　　　　　　　　※本アンケートに関するお問い合わせについては，
　　　　　　　　　　　　　　なるべく電子メールでいただければ幸いです。

高校名（　　　　　　　　　）　高校所在県（　　　　　　）　設置者別（公立・私立・国立大法人）　種別（共学校・男子校・女子校）
記入者職名・氏名（　　　　　　　　　　　　　　）

I 貴校の生徒の進路状況について

問1　高卒後の就職率の変化について，最も該当するものに1つ○をつけてください。
　　　1．上昇している　2．やや上昇している　3．ほぼ変わらない　4．やや低下している　5．低下している　6．もともと就職者がほとんどいない

問2　専修学校専門課程（いわゆる専門学校）への進学率の変化について，最も該当するものに1つ○をつけてください。
　　　1．上昇している　2．やや上昇している　3．ほぼ変わらない　4．やや低下している　5．低下している　6．もともと専門学校進学者がほとんどいない

問3　短期大学への進学率の変化について，最も該当するものに1つ○をつけてください。
　　　1．上昇している　2．やや上昇している　3．ほぼ変わらない　4．やや低下している　5．低下している　6．もともと短大進学者がほとんどいない

問4　大学への進学率（浪人も含む）の変化について，該当するものに1つ○をつけてください。
　　　1．上昇している　2．やや上昇している　3．ほぼ変わらない　4．やや低下している　5．低下している

問5　いわゆる入試難関大学（旧帝大クラスの国立大，早慶，国公立大医学科など）への進学率（浪人も含む）の変化について，該当するものに1つ○をつけてください。
　　　1．上昇している　2．やや上昇している　3．ほぼ変わらない　4．やや低下している　5．低下している

問6　貴校の生徒の絶対的な学力水準は，10年ほど前の貴校生徒と比べてどのように変わっていると感じますか？。該当するものに1つ○をつけてください。
　　　1．上昇している　2．やや上昇している　3．ほぼ変わらない　4．やや低下している　5．低下している

問7　他校との比較における貴校の生徒の相対的な学力ランクは，10年ほど前と比べてどのように変わっていると感じますか？。該当するものに1つ○をつけてください。
　　　1．上昇している　2．やや上昇している　3．ほぼ変わらない　4．やや低下している　5．低下している

問8　進学先大学の文理系統別のおおよその比率についてお書きください。
　　　文系約（　　）割，理系約（　　）割，学際系その他約（　　）割

問9　進学先大学の文理系統別比率は変化していますか？。該当するものに1つ○をつけてください。
　　　1．文系が増えた　2．文系がやや増えた　3．あまり変化していない　4．理系がやや増えた　5．理系が増えた

問10　地元圏（県内や近隣県）へ進学する卒業生の比率は変化していますか？。該当するものに1つ○をつけてください。
　　　1．地元が増えた　2．地元がやや増えた　3．あまり変化していない　4．地元がやや減った　5．地元が減った

Ⅱ　貴校の生徒の進路意識について

問11　貴校生徒が進学先を選択する際に見られる近年の傾向について，最も該当するものに1つ○をつけてください。
　　　1．進学先の分野系統を重視する度合いが強まった。　2．分野系統よりも進学先の難易・社会的威信を重視する度合いが強まった。　3．以前とさほど傾向は変わらない。

問12　近年の貴校生徒の進学先選択と職業キャリアに関する意識関係について，最も該当するものに1つ○をつけてください。
　　　1．将来の職業を意識して進学先を選択する度合いが強まった。　2．将来の職業はあまり意識せず，現在の知的・学問的興味を重視して選択する度合いが強まった。　3．将来の職業も現在の知的・学問的興味もさほど重視せず，進学先の難易や社会的威信を重視する度合いが強まった。　4．以前とさほど傾向は変わらない。　5．その他（　　　　　　　　）

問13　貴校の生徒の意識において，自分の知的・学問的関心よりも，進学先の入試難易度や社会的威信を優先させて進学先を選択しようとする志向は以前よりも強まっていると感じますか？。該当するものに1つ○をつけてください。
　　　1．強まっている　2．やや強まっている　3．あまり変わらない　4．やや弱まっている　5．弱まっている

問14　貴校の生徒の間で，学歴・学校歴によって将来の地位やキャリアが決まるという意識は以前よりも強まっていると感じますか？。該当するものに1つ○をつけてください。

1．強まっている　2．やや強まっている　3．あまり変わらない　4．やや弱まっている　5．弱まっている

問15　貴校の生徒の学歴・学校歴獲得志向が依然根強いとすれば，それはいかなる要因によると考えますか（前問14で4．または5．と答えた方も含めてお尋ねします）？．該当するものに〇をつけてください（複数回答可）．
　　　1．学歴・学校歴のブランド的効用を重視する消費財的学歴観　2．将来の地位獲得のための必要条件として，一定以上の学歴・学校歴が必要と考える投資財的学歴観　3．生徒間の同調的志向　4．より威信の高い進学先を是とするような学校の雰囲気　5．学問的関心の強さ　6．その他（　　　　　　　　）

問16　貴校の生徒が自分の将来の職業キャリアについて意識する度合いは，以前よりも強まっていると感じますか？．該当するものに1つ〇をつけてください．
　　　1．強まっている　2．やや強まっている　3．あまり変わらない　4．やや弱まっている　5．弱まっている

問17　近年のいわゆる日本的雇用慣行の変化や若年者の就職難などの状況が，貴校の生徒の進学先選択に影響している雰囲気は感じ取れますか？．該当するものに1つ〇をつけてください．
　　　1．感じ取れる　2．やや感じ取れる　3．あまり感じ取れない　4．全く感じ取れない

問18　前問17で1．または2．と答えた方へ．それは進学行動にどのような形で反映されていると感じますか？．該当するものに〇をつけてください（複数回答可）．
　　　1．将来の職業との結びつきが強いいわゆる実学系学部・学科への志望者が増えた．　2．進学先のランクに関して高望みするようになった．　3．浪人を嫌って安全策をとるものが増えた．　4．ほぼ同ランクの大学の中でも，より就職が良いとされる大学を選好する者が増えた．　5．ほぼ同ランクの大学の中でも，研究レベルが高いとされる大学を選好する者が増えた．　6．ほぼ同ランクの大学の中でも，資格試験に強い大学を選好する者が増えた．　7．教育上面倒見が良いとされる大学への志望者が増えた．　8．その他（　　　　　　　　）

問19　貴校の生徒自身の進学先選択に関して，問題があると感じる点はどのような点ですか？．該当するものに〇をつけてください（複数回答可）．
　　　1．進学先大学の難易度や社会的威信に過度にこだわる．　2．自分の興味を見極めていない．　3．自分の将来的キャリアを意識していない．　4．同級生への同調志向が強すぎる．　5．親の意向への同調志向が強すぎる．　6．進学先

の世間的イメージなどの皮相な部分にこだわりすぎる。　7．特定学部系統への志向が強すぎる。　8．特定有名大学への志向が強すぎる。　9．地元圏の大学への志向が強すぎる。　10．その他（　　　　　　　　　　）

問20　貴校生徒の将来の志望職種について，多いと思われる順に（　）内に順位を付けてください。
　　　民間企業社員（　）　公務員（　）　教育・研究職（　）　専門職（　）
　　　自営業（　）　その他（　）

Ⅲ　貴校における進学先の指導方針について

問21　貴校における大学受験先指導の基本方針について，最も該当するものに1つ○をつけてください。
　　　1．大学卒業後も見据えた将来の志望分野を優先的に考慮する。　2．大学における志望分野を優先的に考慮する。　3．受験学力の範囲内でとりあえず進学先の難易・社会的威信を優先的に考慮する。　4．その他（　　　　　　　　　　）

問22　大学受験先指導の方針について。例えばある生徒にとって，ある大学のある学部・系統への合格がやや難しい場合，その生徒に対してはどのような受験先指導を行いますか？。最も該当するものに1つ○をつけてください。
　　　1．同一大学内のより難易度の低い学部・系統への志望変更を勧める。　2．同一学部・系統内のより難易度の低い大学への志望変更を勧める。　3．生徒の意向を尊重し，特に志望変更は勧めない。　4．その他（　　　　　　　　　　）

問23　前問22で1．と答えた方へ。そのような指導を行う理由はなぜですか？。最も該当するものに1つ○をつけてください。
　　　1．より威信の高い大学の合格数を増やしたい。　2．学部段階では専攻分野を過度に重視する必要はない。　3．入学後や院進学時に進路転換が可能。　4．大学では他学部の科目も履修できる。　5．就職にあたっては大学名が重要。　6．その他（　　　　　　　　　　）

問24　進学先指導上重視する点について，該当するものに○をつけてください（複数回答可）。
　　　1．進学先の学問系統　2．進学先の威信・難易度　3．進学先の就職有利度
　　　4．進学先の学問的水準・実績　5．進学先の所在地・立地
　　　6．その他（　　　　　　　　　　）

問25　生徒への進学先指導の程度について，最も該当するものに1つ○をつけてくだ

さい。
　　1．特定の進学先を強く薦める　2．特定の進学先をやや強く薦める　3．アドバイス程度には薦める　4．特定の進学先を薦めることはあまりない　5．全く指導しない

問26　前問25で4．または5．と答えた方へ。進学先の指導をあまり強く行わない理由は何ですか？。該当するものに○をつけてください（複数回答可）。
　　1．進学先の選択については本人の自主性に任せるべきだから。　2．生徒自身の判断能力が十分あるから。　3．進路選択は学校より家庭の意向が優先されるべきだから。　4．学校側の指導能力が十分ではないから。　5．学校側が生徒の将来に責任を負い切れないから。　6．学校外でも進学情報を十分入手できるから。　7．その他（　　　　　　　　　）

問27　進路指導上特に留意している点について，該当するものに○をつけてください（複数回答可）。
　　1．生徒の知的興味の尊重　2．将来の希望職業　3．志望専攻分野の将来性
　　4．進学先の入試難易度や社会的威信　5．合格可能性　6．適切な情報の提供
　　7．その他（　　　　　　　　　）

Ⅳ　貴校における職業キャリア意識形成教育について

問28　貴校においては，将来の職業キャリアへの動機付け教育について力を入れるべきだと考えますか？。該当するものに1つ○をつけてください。
　　1．力を入れるべきである（理由：　　　　　　　　　　　　　　　　　）
　　2．さほど力を入れる必要はない（理由：　　　　　　　　　　　　　　）
　　3．どちらとも言えない（理由：　　　　　　　　　　　　　　　　　　）
　　4．わからない

問29　将来の職業キャリアへの動機付け教育を生徒に何らかの形で行っていますか？。該当するものに1つ○をつけてください。
　　1．熱心に行っている　2．ある程度行っている　3．あまり行っていない
　　4．全く行っていない

問30　前問29で1．または2．と答えた方へ。具体的にはどのような動機付け教育を行っておられますか？。該当するものに○をつけてください（複数回答可）。
　　1．社会の各分野で活躍中の自校卒業生による講演　2．企業・官庁等の関係者による講演　3．大学関係者の講演　4．企業見学や社会見学の実施　5．学問入門的なセミナーの実施　6．個々の授業中に折に触れて話題にする　7．職業

関係の資料の配布　8．その他（　　　　　　　　）

問31　貴校においては，将来の職業キャリアへの動機付け教育を重視するようになっていますか（以前との比較で）？。該当するものに1つ○をつけてください。
　　1．以前に比べて重視している　2．以前に比べてやや重視している　3．以前と変わらない　4．以前に比べてやや軽視している　5．以前に比べて軽視している

問32　近年の産業構造変化や階層間格差の拡大傾向の中で，いわゆるエリート育成を目指した教育の必要性を指摘する声も強まっていますが，エリート育成を学校教育の中で行っていくという考え方に対してはどのような評価を持っていますか？。該当するものに1つ○をつけてください。
　　1．学校教育の中での意識的なエリート育成教育は必要
　　（理由：　　　　　　　　　　　　　　　　　　　　　　　　　　　　　　　　）
　　2．学校教育の中での意識的なエリート育成教育は必要ない
　　（理由：　　　　　　　　　　　　　　　　　　　　　　　　　　　　　　　　）
　　3．どちらとも言えない（理由：　　　　　　　　　　　　　　　　　　　　　）
　　4．わからない

問33　前問32で1．を選択された方へ。貴校では，エリート育成を意図した教育を意識的に行っていますか？。該当するものに1つ○をつけてください。
　　1．行っている（内容：　　　　　　　　　　　　　　　　　　　　　　　　　）
　　2．行っていないが，今後行おうと考えている（内容：　　　　　　　　　　　）
　　3．行っていないし，今後も行う予定はない（理由：　　　　　　　　　　　　）

問34　一般論として，高校教育と大学以降の教育との役割分担はどうあるべきだとお考えですか？。該当するものに○をつけてください（複数回答可）。
　　1．高校では大学卒業後のキャリアやライフコースにもつなげうる生涯的教養の涵養に努めるべき。　2．高校では大学専門課程での学習にもつながる問題意識を養わせるべき。　3．高校では大学教養課程教育への接続を考慮すべき。
　　4．高校では高校課程の範囲内での高度な学習を目指すべき。
　　5．その他（　　　　　　　　　　　　　　　　）

問35　普通科の進学校における高校教育の一義的な位置づけは以下のどのようなものであると考えますか？。該当するものに○をつけてください（複数回答可）。
　　1．高校教育は基本的に後期中等教育としての集大成を目指すべき。　2．高校教育は，大学受験準備教育として十分な水準を目指すべき。　3．高校教育は大

学における学習の準備過程と位置づけるべき。　4．高校教育は生涯的教養の涵養の場であるべき。　5．高校教育は将来的キャリア形成の第一歩であるべき。　6．その他（　　　　　　　　　　　　）

問36　普通科の進学校における教育が職業キャリア形成教育として貢献できる部分は，次のいずれであると考えますか？。該当するものに○をつけてください（複数回答可）。
　　1．英数国理社を中心とした中等教育水準の一般的学力の完成　2．将来の専門的スキル形成につながる基礎学力の形成　3．自立した社会人となるに必要な社会観・倫理観等の一般的教養の形成　4．対人スキルの形成　5．知的・学問的関心の啓発　6．将来の指導的人材としての矜持の形成　7．業績主義的・競争主義的価値観の刷り込み　8．その他（　　　　　　　　　　　　　）

V　自由記述欄

問37　最近の貴校の生徒の進路意識や進学行動に関して，特に印象やご意見があればお書きください。

問38　高校教育と大学教育との連携について，高校の立場からのご意見やご要望があればご自由にお書きください。

問39　最後に大学教育に対する要望等があればご自由にお書きいただければ幸いです。

　　　　　　　　　　　　　質問は以上です。ご協力ありがとうございました。

資 料 199

2005年4月

「進学校における進路指導と職業キャリア意識形成に関するアンケート」集計結果

単純集計
回答校の属性（高校所在地区）

No.	カテゴリ	件数	(全体)%	(除不)%
1	北海道	8	6.8	6.8
2	東北	9	7.6	7.7
3	北関東3県	5	4.2	4.3
4	首都圏1都3県	32	27.1	27.4
5	甲信越静	4	3.4	3.4
6	北陸3県	4	3.4	3.4
7	東海3県	15	12.7	12.8
8	近畿2府4県	15	12.7	12.8
9	中国	5	4.2	4.3
10	四国	3	2.5	2.6
11	九州沖縄	17	14.4	14.5
	不明	1	0.8	
	サンプル数〈％ベース〉	118	100.0	100.0

回答校の属性（高校種別）

No.	カテゴリ	件数	(全体)%	(除不)%
1	公立	68	57.6	58.1
2	私立	43	36.4	36.8
3	国立	6	5.1	5.1
	不明	1	0.8	
	サンプル数〈％ベース〉	118	100.0	100.0

問1　高卒就職率の変化

No.	カテゴリ	件数	(全体)%	(除不)%
1	上昇している	0	0.0	0.0
2	やや上昇している	2	1.7	1.7
3	ほぼ変わらない	4	3.4	3.4
4	やや低下している	2	1.7	1.7
5	低下している	0	0.0	0.0
6	もともと就職者がほとんどいない	110	93.2	93.2
	不明	0	0.0	
	サンプル数〈％ベース〉	118	100.0	100.0

問2　専門学校進学率の変化

No.	カテゴリ	件数	(全体)%	(除不)%
1	上昇している	0	0.0	0.0
2	やや上昇している	6	5.1	5.1
3	ほぼ変わらない	16	13.6	13.6
4	やや低下している	0	0.0	0.0
5	低下している	2	1.7	1.7
6	もともと専門学校進学者がほとんどいない	94	79.7	79.7
	不明	0	0.0	
	サンプル数〈％ベース〉	118	100.0	100.0

問3　短大進学率の変化

No.	カテゴリ	件数	(全体)%	(除不)%
1	上昇している	0	0.0	0.0
2	やや上昇している	1	0.8	0.8
3	ほぼ変わらない	3	2.5	2.5
4	やや低下している	7	5.9	5.9
5	低下している	8	6.8	6.8
6	もともと短大進学者がほとんどいない	99	83.9	83.9
	不明	0	0.0	
	サンプル数〈％ベース〉	118	100.0	100.0

問4　大学進学率の変化

No.	カテゴリ	件数	(全体)%	(除不)%
1	上昇している	2	1.7	1.7
2	やや上昇している	6	5.1	5.1
3	ほぼ変わらない	105	89.0	89.7
4	やや低下している	4	3.4	3.4
5	低下している	0	0.0	0.0
	不明	1	0.8	
	サンプル数〈％ベース〉	118	100.0	100.0

問5　入試難関大学への進学率の変化

No.	カテゴリ	件数	(全体)%	(除不)%
1	上昇している	9	7.6	7.6
2	やや上昇している	25	21.2	21.2
3	ほぼ変わらない	69	58.5	58.5
4	やや低下している	14	11.9	11.9
5	低下している	1	0.8	0.8
	不明	0	0.0	
	サンプル数〈％ベース〉	118	100.0	100.0

問6　生徒の絶対的な学力水準の変化（10年ほど前の同校生徒との比較）

No.	カテゴリ	件数	(全体)%	(除不)%
1	上昇している	4	3.4	3.4
2	やや上昇している	11	9.3	9.3
3	ほぼ変わらない	23	19.5	19.5
4	やや低下している	60	50.8	50.8
5	低下している	20	16.9	16.9
	不明	0	0.0	
	サンプル数〈％ベース〉	118	100.0	100.0

問7　他校との比較における生徒の相対的な学力ランクの変化（10年ほど前との比較）

No.	カテゴリ	件数	(全体)%	(除不)%
1	上昇している	5	4.2	4.3
2	やや上昇している	25	21.2	21.6
3	ほぼ変わらない	60	50.8	51.7
4	やや低下している	22	18.6	19.0
5	低下している	4	3.4	3.4
	不明	2	1.7	
	サンプル数〈％ベース〉	118	100.0	100.0

問8　進学先大学における文理別のおおよその比率
文系比率

No.	カテゴリ	件数	(全体)%	(除不)%
1	2割台	4	3.4	3.4
2	3割台	17	14.4	14.4
3	4割台	56	47.5	47.5
4	5割台	30	25.4	25.4
5	6割台	10	8.5	8.5
6	7割台以上	1	0.8	0.8
	不明	0	0.0	
	サンプル数〈％ベース〉	118	100.0	100.0

理系比率

No.	カテゴリ	件数	(全体)%	(除不)%
1	3割台	8	6.8	6.8
2	4割台	24	20.3	20.3
3	5割台	42	35.6	35.6
4	6割台	36	30.5	30.5
5	7割台	7	5.9	5.9
6	8割台以上	1	0.8	0.8
	不明	0	0.0	
	サンプル数〈%ベース〉	118	100.0	100.0

問9 進学先大学の文理比率の変化

No.	カテゴリ	件数	(全体)%	(除不)%
1	文系が増えた	1	0.8	0.8
2	文系がやや増えた	14	11.9	11.9
3	あまり変化なし	74	62.7	62.7
4	理系がやや増えた	24	20.3	20.3
5	理系が増えた	5	4.2	4.2
	不明	0	0.0	
	サンプル数〈%ベース〉	118	100.0	100.0

問10 地元圏進学率の変化

No.	カテゴリ	件数	(全体)%	(除不)%
1	地元が増えた	3	2.5	2.5
2	地元がやや増えた	29	24.6	24.6
3	あまり変化していない	75	63.6	63.6
4	地元がやや減った	10	8.5	8.5
5	地元が減った	1	0.8	0.8
	不明	0	0.0	
	サンプル数〈%ベース〉	118	100.0	100.0

問11 進学先選択の際の傾向変化

No.	カテゴリ	件数	(全体)%	(除不)%
1	分野系統を重視する度合いが強まった	43	36.4	36.8
2	難易・威信を重視する度合いが強まった	12	10.2	10.3
3	さほど変化はない	62	52.5	53.0
	不明	1	0.8	
	サンプル数〈%ベース〉	118	100.0	100.0

問12　進学先選択と職業キャリアとの意識関係の傾向変化

No.	カテゴリ	件数	(全体)%	(除不)%
1	将来の職業重視	66	55.9	56.9
2	知的・学問的興味重視	4	3.4	3.4
3	難易・威信重視	3	2.5	2.6
4	以前とさほど変化なし	42	35.6	36.2
5	その他	1	0.8	0.9
	不明	2	1.7	
	サンプル数〈％ベース〉	118	100.0	100.0

問13　進学先選択において，知的興味より難易・社会的威信を優先させる傾向

No.	カテゴリ	件数	(全体)%	(除不)%
1	強まっている	1	0.8	0.8
2	やや強まっている	16	13.6	13.6
3	あまり変わらない	83	70.3	70.3
4	やや弱まっている	18	15.3	15.3
5	弱まっている	0	0.0	0.0
	不明	0	0.0	
	サンプル数〈％ベース〉	118	100.0	100.0

問14　学歴・学校歴によって将来の地位やキャリアが決まるという意識

No.	カテゴリ	件数	(全体)%	(除不)%
1	強まっている	1	0.8	0.8
2	やや強まっている	9	7.6	7.6
3	あまり変わらない	89	75.4	75.4
4	やや弱まっている	18	15.3	15.3
5	弱まっている	1	0.8	0.8
	不明	0	0.0	
	サンプル数〈％ベース〉	118	100.0	100.0

問15　生徒の学歴・学校歴志向の要因（複数回答）

No.	カテゴリ	件数	(全体)%	(除不)%
1	学歴・学校歴のブランド的効用重視	29	24.6	26.9
2	将来の地位獲得のための必要条件	73	61.9	67.6
3	生徒間の同調的志向	21	17.8	19.4
4	威信の高い進学先を是とする学校の雰囲気	18	15.3	16.7
5	学問的関心の強さ	27	22.9	25.0
6	その他	1	0.8	0.9
	不明	10	8.5	
	サンプル数〈％ベース〉	118		

問16　将来の職業キャリアについて意識する度合い

No.	カテゴリ	件数	(全体)%	(除不)%
1	強まっている	4	3.4	3.4
2	やや強まっている	60	50.8	51.3
3	あまり変わらない	52	44.1	44.4
4	やや弱まっている	1	0.8	0.9
5	弱まっている	0	0.0	0.0
	不明	1	0.8	
	サンプル数〈％ベース〉	118	100.0	117

問17　近年の社会状況の進学先選択への影響

No.	カテゴリ	件数	(全体)%	(除不)%
1	感じ取れる	6	5.1	5.1
2	やや感じ取れる	65	55.1	55.6
3	あまり感じ取れない	42	35.6	35.9
4	全く感じ取れない	4	3.4	3.4
	不明	1	0.8	
	サンプル数〈％ベース〉	118	100.0	117

問18　問17のような意識の進学行動への具体的な反映状況（複数回答）

No.	カテゴリ	件数	(全体)%	(除不)%
1	実学系学部・学科志望者の増加	60	84.5	84.5
2	進学先ランクの高望み	7	9.9	9.9
3	浪人を嫌って安全策をとる	9	12.7	12.7
4	同ランク内でも就職のよい大学を選好	20	28.2	28.2
5	同ランク内でも研究レベルの高い大学を選好	7	9.9	9.9
6	同ランク内でも資格試験に強い大学を選好	21	29.6	29.6
7	教育上面倒見がよい大学を志望	3	4.2	4.2
8	その他	0	0.0	0.0
	不明	0	0.0	
	サンプル数〈％ベース〉	71		

問19　進学先選択行動における問題点（複数回答）

No.	カテゴリ	件数	(全体)%	(除不)%
1	進学先の難易や威信に過度にこだわる	28	23.7	25.2
2	自分の興味を見極めていない	48	40.7	43.2
3	自分の将来的キャリアを意識していない	19	16.1	17.1
4	同級生への同調的志向が強すぎる	10	8.5	9.0
5	親の意向への同調的志向が強すぎる	17	14.4	15.3
6	進学先の世間的イメージにこだわる	22	18.6	19.8
7	特定学部系統への志向が強すぎる	43	36.4	38.7
8	特定有名大学への志向が強すぎる	25	21.2	22.5
9	地元圏の大学への志向が強すぎる	16	13.6	14.4
10	その他	3	2.5	2.7
	不明	7	5.9	
	サンプル数〈％ベース〉	118		

問20　将来の志望職種の順位
1番目

No.	カテゴリ	件数	(全体)%	(除不)%
1	民間企業社員	42	35.6	37.5
2	公務員	6	5.1	5.4
3	教育・研究職	22	18.6	19.6
4	専門職	41	34.7	36.6
5	自営業	1	0.8	0.9
6	その他	0	0.0	0.0
	不明	6	5.1	
	サンプル数〈％ベース〉	118	100.0	100.0

2番目

No.	カテゴリ	件数	(全体)%	(除不)%
1	民間企業社員	16	13.6	14.7
2	公務員	28	23.7	25.7
3	教育・研究職	37	31.4	33.9
4	専門職	28	23.7	25.7
5	自営業	0	0.0	0.0
6	その他	0	0.0	0.0
	不明	9	7.6	
	サンプル数〈％ベース〉	118	100.0	100.0

3番目

No.	カテゴリ	件数	(全体)%	(除不)%
1	民間企業社員	24	20.3	22.6
2	公務員	33	28.0	31.1
3	教育・研究職	28	23.7	26.4
4	専門職	20	16.9	18.9
5	自営業	1	0.8	0.9
6	その他	0	0.0	0.0
	不明	12	10.2	
	サンプル数〈％ベース〉	118	100.0	100.0

問21　大学受験先指導の基本方針

No.	カテゴリ	件数	(全体)%	(除不)%
1	大学卒業後の志望分野優先	78	66.1	67.8
2	大学の志望分野優先	28	23.7	24.3
3	進学先の難易・威信を優先	6	5.1	5.2
4	その他	3	2.5	2.6
	不明	3	2.5	
	サンプル数〈％ベース〉	118	100.0	100.0

問22　志望先変更の指導方針

No.	カテゴリ	件数	(全体)%	(除不)%
1	同一大学内のより易しい学部系統	1	0.8	0.9
2	同学部系統内のより易しい大学	38	32.2	32.8
3	特に志望変更は勧めない	60	50.8	51.7
4	その他	17	14.4	14.7
	不明	2	1.7	
	サンプル数〈％ベース〉	118	100.0	100.0

問23　同一大学内のより易しい学部系統への志望変更を勧める理由

No.	カテゴリ	件数	(全体)%	(除不)%
1	より威信の高い大学への合格数を増やしたい	0	0.0	0.0
2	学部段階では専攻分野を過度に重視する必要はない	1	100.0	100.0
3	入学後・院進学時に進路転換可能	0	0.0	0.0
4	他学部の科目も履修できる	0	0.0	0.0
5	就職において大学名が重要	0	0.0	0.0
6	その他	0	0.0	0.0
	不明	0	0.0	
	サンプル数〈％ベース〉	1	100.0	100.0

問24　進学先指導上重視する点（複数回答）

No.	カテゴリ	件数	(全体)%	(除不)%
1	進学先の学問系統	93	78.8	79.5
2	進学先の威信・難易	42	35.6	35.9
3	進学先の就職有利度	27	22.9	23.1
4	進学先の学問的水準・実績	93	78.8	79.5
5	進学先の所在地・立地	15	12.7	12.8
6	その他	1	0.8	0.9
	不明	1	0.8	
	サンプル数〈％ ベース〉	118		

問25　進学先指導の程度

No.	カテゴリ	件数	(全体)%	(除不)%
1	特定の進学先を強く薦める	3	2.5	2.6
2	特定の進学先をやや強く薦める	23	19.5	19.8
3	アドバイス程度には薦める	58	49.2	50.0
4	特定の進学先を薦めることはあまりない	32	27.1	27.6
5	全く指導しない	0	0.0	0.0
	不明	2	1.7	
	サンプル数〈％ ベース〉	118	100.0	116

問26　進学先の指導をあまり強く行わない理由（複数回答）

No.	カテゴリ	件数	(全体)%	(除不)%
1	本人の自主性に任せるべきだから	28	87.5	87.5
2	生徒の判断能力が十分ある	18	56.3	56.3
3	学校より家庭の意向が優先されるべきだから	6	18.8	18.8
4	学校側の指導能力不足	0	0.0	0.0
5	生徒の将来に責任を負い切れない	2	6.3	6.3
6	学校外でも情報を十分入手できる	0	0.0	0.0
7	その他	0	0.0	0.0
	不明	0	0.0	
	サンプル数〈％ ベース〉	32		

問27　進路指導上特に留意する点（複数回答）

No.	カテゴリ	件数	(全体)%	(除不)%
1	生徒の知的興味の尊重	105	89.0	89.7
2	将来の希望職業	73	61.9	62.4
3	志望分野の将来性	23	19.5	19.7
4	進学先の難易度・威信	35	29.7	29.9
5	合格可能性	64	54.2	54.7
6	適切な情報の提供	52	44.1	44.4
7	その他	0	0.0	0.0
	不明	1	0.8	
	サンプル数〈％ ベース〉	118		

問28　職業へのキャリアへの動機付け教育について

No.	カテゴリ	件数	(全体)%	(除不)%
1	力を入れるべき	68	57.6	58.6
2	さほど力を入れる必要はない	17	14.4	14.7
3	どちらとも言えない	18	15.3	15.5
4	わからない	13	11.0	11.2
	不明	2	1.7	
	サンプル数〈％ベース〉	118	100.0	100.0

問29　職業キャリア動機付け教育の実施状況

No.	カテゴリ	件数	(全体)%	(除不)%
1	熱心に行っている	12	10.2	10.2
2	ある程度行っている	74	62.7	62.7
3	あまり行っていない	27	22.9	22.9
4	全く行っていない	5	4.2	4.2
	不明	0	0.0	
	サンプル数〈％ベース〉	118	100.0	100.0

問30　職業キャリア動機付け教育の内容（複数回答）

No.	カテゴリ	件数	(全体)%	(除不)%
1	自校卒業の社会人による講演	68	79.1	80.0
2	企業・官庁関係者による講演	19	22.1	22.4
3	大学関係者の講演	62	72.1	72.9
4	企業見学や社会見学の実施	21	24.4	24.7
5	学問入門的セミナーの実施	24	27.9	28.2
6	個々の授業中に話題にする	31	36.0	36.5
7	職業関係の資料の配付	24	27.9	28.2
8	その他	8	9.3	9.4
	不明	1	1.2	
	サンプル数〈％ベース〉	86		

問31　職業キャリア動機付け教育の重視度合いの変化

No.	カテゴリ	件数	(全体)%	(除不)%
1	以前に比べ重視している	18	15.3	15.4
2	以前に比べやや重視している	52	44.1	44.4
3	以前と変わらない	47	39.8	40.2
4	以前に比べやや軽視している	0	0.0	0.0
5	以前に比べ軽視している	0	0.0	0.0
	不明	1	0.8	
	サンプル数〈％ベース〉	118	100.0	100.0

問32　学校教育の中でエリート教育を行うことへの評価

No.	カテゴリ	件数	(全体)%	(除不)%
1	エリート育成教育は必要	41	34.7	35.3
2	エリート育成教育は必要ない	31	26.3	26.7
3	どちらとも言えない	28	23.7	24.1
4	わからない	16	13.6	13.8
	不明	2	1.7	
	サンプル数〈％ベース〉	118	100.0	100.0

問33　具体的なエリート教育実施の有無

No.	カテゴリ	件数	(全体)%	(除不)%
1	行っている	24	58.5	60.0
2	今後行おうと考えている	9	22.0	22.5
3	今後も行う予定はない	7	17.1	17.5
	不明	1	2.4	
	サンプル数〈％ベース〉	41	100.0	100.0

問34　高校教育と大学以降の教育との分担関係（複数回答）

No.	カテゴリ	件数	(全体)%	(除不)%
1	高校は生涯的教養の涵養に努めるべき	47	39.8	40.5
2	高校は大学専門課程につながる問題意識を養わせるべき	61	51.7	52.6
3	高校は大学教養課程への接続を考慮すべき	32	27.1	27.6
4	高校は高校課程の範囲内での高度な学習をすべき	45	38.1	38.8
5	その他	5	4.2	4.3
	不明	2	1.7	
	サンプル数〈％ベース〉	118		

問35　普通科進学校における教育の第一義的位置づけ（複数回答）

No.	カテゴリ	件数	(全体)%	(除不)%
1	後期中等教育としての集大成	41	34.7	35.3
2	大学受験準備教育としての十分な水準確保	50	42.4	43.1
3	大学での学習の準備過程	43	36.4	37.1
4	生涯的教養の涵養の場	57	48.3	49.1
5	将来的キャリア形成の第一歩	33	28.0	28.4
6	その他	2	1.7	1.7
	不明	2	1.7	
	サンプル数〈％ベース〉	118		

問36　普通科進学校の教育が職業キャリア形成に貢献できる部分（複数回答）

No.	カテゴリ	件数	（全体）%	（除不）%
1	中等教育水準の一般的学力の完成	62	52.5	53.9
2	将来の専門的スキル形成につながる基礎学力の形成	74	62.7	64.3
3	社会人に必要な一般的教養の形成	78	66.1	67.8
4	対人スキルの形成	23	19.5	20.0
5	知的・学問的関心の啓発	81	68.6	70.4
6	将来の指導的人材としての矜持の形成	39	33.1	33.9
7	業績主義的・競争主義的価値観の刷り込み	1	0.8	0.9
8	その他	1	0.8	0.9
	不明	3	2.5	
	サンプル数〈％ベース〉	118		

高校所在地区別・種別クロス集計

問1　高卒就職率の変化

度数		合計	上昇している	やや上昇している	ほぼ変わらない	やや低下している	低下している	もともと就職者がほとんどいない	不明
	合計	118	―	2	4	2	―	110	―
高校所在地区	北海道	8	―	―	1	―	―	7	―
	東北	9	―	1	―	―	―	8	―
	北関東3県	5	―	―	―	―	―	5	―
	首都圏1都3県	32	―	1	―	―	―	31	―
	甲信越静	4	―	―	―	―	―	4	―
	北陸3県	4	―	―	―	―	―	4	―
	東海3県	15	―	―	―	2	―	13	―
	近畿2府4県	15	―	―	―	―	―	15	―
	中国	5	―	―	―	―	―	5	―
	四国	3	―	―	―	―	―	3	―
	九州沖縄	17	―	―	1	2	―	14	―
	不明	1	―	―	―	―	―	1	―
高校種別	合計	118	―	2	4	2	―	110	―
	公立	68	―	―	3	2	―	63	―
	私立	43	―	2	1	―	―	40	―
	国立	6	―	―	―	―	―	6	―
	不明	1	―	―	―	―	―	1	―

問2　専門学校進学率の変化

度数		専門学校進学率の変化						
		合計	上昇している	やや上昇している	ほぼ変わらない	やや低下している	低下している	もともと専門学校進学者がほとんどいない	不明
高校所在地区	合計	118	—	6	16	—	2	94	—
	北海道	8	—	—	4	—	—	4	—
	東北	9	—	—	2	—	—	7	—
	北関東3県	5	—	—	—	—	—	5	—
	首都圏1都3県	32	—	—	1	—	1	30	—
	甲信越静	4	—	—	1	—	—	3	—
	北陸3県	4	—	—	—	—	—	4	—
	東海3県	15	—	1	2	—	1	11	—
	近畿2府4県	15	—	—	—	—	—	15	—
	中国	5	—	1	—	—	—	4	—
	四国	3	—	—	2	—	—	1	—
	九州沖縄	17	—	4	4	—	—	9	—
	不明	1	—	—	—	—	—	1	—
高校種別	合計	118	—	6	16	—	2	94	—
	公立	68	—	6	11	—	1	50	—
	私立	43	—	—	5	—	1	37	—
	国立	6	—	—	—	—	—	6	—
	不明	1	—	—	—	—	—	1	—

問3　短大進学率の変化

度数		短大進学率の変化						
		合計	上昇している	やや上昇している	ほぼ変わらない	やや低下している	低下している	もともと短大進学者がほとんどいない	不明
高校所在地区	合計	118	—	1	3	7	8	99	—
	北海道	8	—	—	—	2	1	5	—
	東北	9	—	—	1	1	—	7	—
	北関東3県	5	—	—	—	—	—	5	—
	首都圏1都3県	32	—	—	—	1	2	29	—
	甲信越静	4	—	—	—	—	—	4	—
	北陸3県	4	—	—	—	—	—	4	—
	東海3県	15	—	—	1	1	2	11	—
	近畿2府4県	15	—	—	—	—	—	15	—
	中国	5	—	—	—	1	—	4	—
	四国	3	—	—	—	—	1	2	—
	九州沖縄	17	—	1	1	1	2	12	—
	不明	1	—	—	—	—	—	1	—
高校種別	合計	118	—	1	3	7	8	99	—
	公立	68	—	1	2	5	5	55	—
	私立	43	—	—	1	2	3	37	—
	国立	6	—	—	—	—	—	6	—
	不明	1	—	—	—	—	—	1	—

問4 大学進学率の変化

度数		大学(4年制)進学率の変化						
		合計	上昇している	やや上昇している	ほぼ変わらない	やや低下している	低下している	不明
高校所在地区	合計	118	2	6	105	4	—	1
	北海道	8	1	—	7	—	—	—
	東北	9	—	1	8	—	—	—
	北関東3県	5	—	2	3	—	—	—
	首都圏1都3県	32	—	2	29	1	—	—
	甲信越静	4	—	—	3	1	—	—
	北陸3県	4	—	—	4	—	—	—
	東海3県	15	1	—	14	—	—	—
	近畿2府4県	15	—	—	14	1	—	—
	中国	5	—	—	5	—	—	—
	四国	3	—	1	2	—	—	—
	九州沖縄	17	—	—	15	1	—	1
	不明	1	—	—	1	—	—	—
高校種別	合計	118	2	6	105	4	—	1
	公立	68	2	4	59	2	—	1
	私立	43	—	2	39	2	—	—
	国立	6	—	—	6	—	—	—
	不明	1	—	—	1	—	—	—

問5 入試難関大学への進学率の変化

度数		入試難関大学進学率の変化						
		合計	上昇している	やや上昇している	ほぼ変わらない	やや低下している	低下している	不明
高校所在地区	合計	118	9	25	69	14	1	—
	北海道	8	—	4	4	—	—	—
	東北	9	1	—	5	2	1	—
	北関東3県	5	1	1	3	—	—	—
	首都圏1都3県	32	4	10	15	3	—	—
	甲信越静	4	—	1	2	1	—	—
	北陸3県	4	—	—	4	—	—	—
	東海3県	15	—	3	10	2	—	—
	近畿2府4県	15	—	3	9	3	—	—
	中国	5	—	—	3	2	—	—
	四国	3	—	1	2	—	—	—
	九州沖縄	17	3	2	11	1	—	—
	不明	1	—	—	1	—	—	—
高校種別	合計	118	9	25	69	14	1	—
	公立	68	3	16	38	10	1	—
	私立	43	6	9	26	2	—	—
	国立	6	—	—	4	2	—	—
	不明	1	—	—	1	—	—	—

問6 生徒の絶対的な学力水準の変化(10年ほど前の同校生徒との比較)

度数		生徒の絶対的な学力水準					
		合計	上昇している	やや上昇している	ほぼ変わらない	やや低下している	低下している	不明
高校所在地区	合計	118	4	11	23	60	20	—
	北海道	8	—	—	2	4	2	—
	東北	9	—	1	1	4	3	—
	北関東3県	5	1	—	1	2	1	—
	首都圏1都3県	32	2	4	7	16	3	—
	甲信越静	4	—	—	1	2	1	—
	北陸3県	4	—	—	—	1	3	—
	東海3県	15	—	4	2	8	1	—
	近畿2府4県	15	—	1	2	9	3	—
	中国	5	—	—	2	2	1	—
	四国	3	—	—	1	2	—	—
	九州沖縄	17	1	1	4	9	2	—
	不明	1	—	—	—	1	—	—
高校種別	合計	118	4	11	23	60	20	—
	公立	68	2	3	13	35	15	—
	私立	43	2	8	9	20	4	—
	国立	6	—	—	1	4	1	—
	不明	1	—	—	—	1	—	—

問7 他校との比較における生徒の相対的な学力ランクの変化(10年ほど前との比較)

度数		生徒の相対的な学力ランク(他校との比較)					
		合計	上昇している	やや上昇している	ほぼ変わらない	やや低下している	低下している	不明
高校所在地区	合計	118	5	25	60	22	4	2
	北海道	8	—	4	2	1	1	—
	東北	9	—	1	2	6	—	—
	北関東3県	5	1	—	3	1	—	—
	首都圏1都3県	32	2	11	17	1	—	1
	甲信越静	4	—	—	3	—	1	—
	北陸3県	4	—	—	4	—	—	—
	東海3県	15	1	5	4	5	—	—
	近畿2府4県	15	—	2	9	2	1	1
	中国	5	—	—	2	3	—	—
	四国	3	—	—	3	—	—	—
	九州沖縄	17	1	2	11	2	1	—
	不明	1	—	—	—	1	—	—
高校種別	合計	118	5	25	60	22	4	2
	公立	68	1	11	37	16	3	—
	私立	43	4	13	19	4	1	2
	国立	6	—	1	4	1	—	—
	不明	1	—	—	—	1	—	—

問8　進学先大学における文理別のおおよその比率

度数		進学先の文系比率						
		合計	2割台	3割台	4割台	5割台	6割台	7割台以上	不明
高校所在地区	合計	118	4	17	56	30	10	1	―
	北海道	8	―	1	2	3	2	―	―
	東北	9	―	1	5	2	1	―	―
	北関東3県	5	―	1	4	―	―	―	―
	首都圏1都3県	32	―	2	13	12	4	1	―
	甲信越静	4	1	―	3	―	―	―	―
	北陸3県	4	―	1	2	1	―	―	―
	東海3県	15	―	1	9	4	1	―	―
	近畿2府4県	15	2	5	4	4	―	―	―
	中国	5	―	1	3	1	―	―	―
	四国	3	―	―	1	1	1	―	―
	九州沖縄	17	1	4	9	2	1	―	―
	不明	1	―	―	1	―	―	―	―
高校種別	合計	118	4	17	56	30	10	1	―
	公立	68	1	6	39	15	7	―	―
	私立	43	3	10	13	13	3	1	―
	国立	6	―	1	3	2	―	―	―
	不明	1	―	―	1	―	―	―	―

度数		進学先の理系比率						
		合計	3割台	4割台	5割台	6割台	7割台	8割台以上	不明
高校所在地区	合計	118	8	24	42	36	7	1	―
	北海道	8	1	2	3	2	―	―	―
	東北	9	―	2	5	2	―	―	―
	北関東3県	5	―	1	1	3	―	―	―
	首都圏1都3県	32	5	8	11	8	―	―	―
	甲信越静	4	―	1	2	1	―	―	―
	北陸3県	4	―	―	2	2	―	―	―
	東海3県	15	―	5	8	2	―	―	―
	近畿2府4県	15	―	2	5	4	4	―	―
	中国	5	―	2	―	2	1	―	―
	四国	3	1	―	2	―	―	―	―
	九州沖縄	17	1	1	3	9	2	1	―
	不明	1	―	―	―	1	―	―	―
高校種別	合計	118	8	24	42	36	7	1	―
	公立	68	3	14	30	20	1	―	―
	私立	43	5	9	10	12	6	1	―
	国立	6	―	1	2	3	―	―	―
	不明	1	―	―	―	1	―	―	―

問9　進学先大学の文理比率の変化

度数		文理比率の変化						
		合計	文系が増えた	文系がやや増えた	あまり変化なし	理系がやや増えた	理系が増えた	不明
高校所在地区	合計	118	1	14	74	24	5	—
	北海道	8	—	2	6	—	—	—
	東北	9	—	1	7	—	1	—
	北関東3県	5	—	1	3	1	—	—
	首都圏1都3県	32	—	4	16	11	1	—
	甲信越静	4	—	1	2	1	—	—
	北陸3県	4	—	1	3	—	—	—
	東海3県	15	—	2	11	2	—	—
	近畿2府4県	15	—	—	9	5	1	—
	中国	5	—	—	4	—	1	—
	四国	3	—	1	2	—	—	—
	九州沖縄	17	1	1	10	4	1	—
	不明	1	—	—	1	—	—	—
高校種別	合計	118	1	14	74	24	5	—
	公立	68	1	12	45	8	2	—
	私立	43	—	2	22	16	3	—
	国立	6	—	—	6	—	—	—
	不明	1	—	—	1	—	—	—

問10　地元圏進学率の変化

度数		地元圏進学率の変化						
		合計	地元が増えた	地元がやや増えた	あまり変化していない	地元がやや減った	地元が減った	不明
高校所在地区	合計	118	3	29	75	10	1	—
	北海道	8	—	1	5	2	—	—
	東北	9	—	1	5	2	1	—
	北関東3県	5	—	—	2	3	—	—
	首都圏1都3県	32	—	8	24	—	—	—
	甲信越静	4	—	—	4	—	—	—
	北陸3県	4	—	1	2	1	—	—
	東海3県	15	2	6	7	—	—	—
	近畿2府4県	15	1	3	10	1	—	—
	中国	5	—	2	3	—	—	—
	四国	3	—	1	2	—	—	—
	九州沖縄	17	—	6	10	1	—	—
	不明	1	—	—	1	—	—	—
高校種別	合計	118	3	29	75	10	1	—
	公立	68	2	19	37	9	1	—
	私立	43	1	9	32	1	—	—
	国立	6	—	1	5	—	—	—
	不明	1	—	—	1	—	—	—

問11 進学先選択の際の傾向変化

度数		進学先選択の際の傾向変化				
		合計	分野系統を重視する度合いが強まった	難易・威信を重視する度合いが強まった	さほど変化はない	不明
高校所在地区	合計	118	43	12	62	1
	北海道	8	2	1	5	—
	東北	9	2	2	5	—
	北関東3県	5	4	—	1	—
	首都圏1都3県	32	7	5	19	1
	甲信越静	4	2	—	2	—
	北陸3県	4	—	1	3	—
	東海3県	15	8	—	7	—
	近畿2府4県	15	6	—	9	—
	中国	5	3	—	2	—
	四国	3	2	—	1	—
	九州沖縄	17	6	3	8	—
	不明	1	1	—	—	—
高校種別	合計	118	43	12	62	1
	公立	68	28	8	32	—
	私立	43	13	4	25	1
	国立	6	1	—	5	—
	不明	1	1	—	—	—

問12 進学先選択と職業キャリアとの意識関係の傾向変化

度数		進学先選択と職業キャリアの意識関係の傾向変化						
		合計	将来の職業重視	知的・学問的興味重視	難易・威信重視	以前とさほど変化なし	その他	不明
高校所在地区	合計	118	66	4	3	42	1	2
	北海道	8	6	—	—	2	—	—
	東北	9	3	—	2	3	1	—
	北関東3県	5	3	—	—	2	—	—
	首都圏1都3県	32	14	2	1	14	—	1
	甲信越静	4	2	—	—	2	—	—
	北陸3県	4	3	—	—	1	—	—
	東海3県	15	8	—	—	6	—	1
	近畿2府4県	15	10	—	—	5	—	—
	中国	5	3	1	—	1	—	—
	四国	3	3	—	—	—	—	—
	九州沖縄	17	10	1	—	6	—	—
	不明	1	1	—	—	—	—	—
高校種別	合計	118	66	4	3	42	1	2
	公立	68	39	2	2	24	1	—
	私立	43	22	2	1	16	—	2
	国立	6	4	—	—	2	—	—
	不明	1	1	—	—	—	—	—

資　料　217

問13　進学先選択において，知的興味より難易・社会的威信を優先させる傾向

度数		知的興味より難易・社会的威信を優先させる傾向						
		合計	強まっている	やや強まっている	あまり変わらない	やや弱まっている	弱まっている	不明
高校所在地区	合計	118	1	16	83	18	—	—
	北海道	8	—	—	6	2	—	—
	東北	9	1	1	6	1	—	—
	北関東3県	5	—	1	3	1	—	—
	首都圏1都3県	32	—	6	23	3	—	—
	甲信越静	4	—	—	3	1	—	—
	北陸3県	4	—	1	2	1	—	—
	東海3県	15	—	—	11	4	—	—
	近畿2府4県	15	—	3	10	2	—	—
	中国	5	—	2	2	1	—	—
	四国	3	—	—	2	1	—	—
	九州沖縄	17	—	2	15	—	—	—
	不明	1	—	—	—	1	—	—
高校種別	合計	118	1	16	83	18	—	—
	公立	68	1	8	47	12	—	—
	私立	43	—	7	32	4	—	—
	国立	6	—	1	4	1	—	—
	不明	1	—	—	—	1	—	—

問14　学歴・学校歴によって将来の地位やキャリアが決まるという意識

度数		学歴・学校歴によって将来の地位やキャリアが決まるという意識						
		合計	強まっている	やや強まっている	あまり変わらない	やや弱まっている	弱まっている	不明
高校所在地区	合計	118	1	9	89	18	1	—
	北海道	8	—	—	8	—	—	—
	東北	9	1	1	6	1	—	—
	北関東3県	5	—	—	5	—	—	—
	首都圏1都3県	32	—	4	22	5	1	—
	甲信越静	4	—	—	3	1	—	—
	北陸3県	4	—	2	1	1	—	—
	東海3県	15	—	—	12	3	—	—
	近畿2府4県	15	—	1	11	3	—	—
	中国	5	—	—	4	1	—	—
	四国	3	—	—	2	1	—	—
	九州沖縄	17	—	1	14	2	—	—
	不明	1	—	—	1	—	—	—
高校種別	合計	118	1	9	89	18	1	—
	公立	68	1	6	50	11	—	—
	私立	43	—	3	33	6	1	—
	国立	6	—	—	5	1	—	—
	不明	1	—	—	1	—	—	—

問15　生徒の学歴・学校歴志向の要因（複数回答）

	度数	生徒の学歴・学校歴志向の要因							
		合計	学歴・学校歴のブランド的効用重視	将来の地位獲得のための必要条件	生徒間の同調的志向	威信の高い進学先を是とする学校の雰囲気	学問的関心の強さ	その他	不明
高校所在地区	合計	118	29	73	21	18	27	1	10
	北海道	8	2	5	—	1	1	—	1
	東北	9	3	7	1	4	4	1	1
	北関東3県	5	1	3	1	—	2	—	—
	首都圏1都3県	32	9	16	10	2	5	—	5
	甲信越静	4	1	2	—	2	1	—	—
	北陸3県	4	—	3	1	—	1	—	—
	東海3県	15	4	9	1	3	8	—	—
	近畿2府4県	15	5	13	3	2	1	—	—
	中国	5	1	1	2	—	4	—	—
	四国	3	1	2	1	—	—	—	—
	九州沖縄	17	2	11	1	4	—	—	3
	不明	1	—	1	—	—	—	—	—
高校種別	合計	118	29	73	21	18	27	1	10
	公立	68	13	46	8	13	16	1	6
	私立	43	14	24	12	5	8	—	4
	国立	6	2	2	1	—	3	—	—
	不明	1	—	1	—	—	—	—	—

問16　将来の職業キャリアについて意識する度合い

	度数	将来の職業キャリアについて意識する度合い					
		合計	強まっている	やや強まっている	あまり変わらない	やや弱まっている	弱まっている	不明
高校所在地区	合計	118	4	60	52	1	—	1
	北海道	8	—	4	4	—	—	—
	東北	9	1	2	6	—	—	—
	北関東3県	5	—	3	2	—	—	—
	首都圏1都3県	32	1	14	16	—	—	1
	甲信越静	4	—	1	3	—	—	—
	北陸3県	4	—	4	—	—	—	—
	東海3県	15	—	10	5	—	—	—
	近畿2府4県	15	1	9	5	—	—	—
	中国	5	1	1	3	—	—	—
	四国	3	—	3	—	—	—	—
	九州沖縄	17	—	8	8	1	—	—
	不明	1	—	1	—	—	—	—
高校種別	合計	118	4	60	52	1	—	1
	公立	68	1	36	30	1	—	—
	私立	43	2	19	21	—	—	1
	国立	6	1	4	1	—	—	—
	不明	1	—	1	—	—	—	—

問17 近年の社会状況の進学先選択への影響

度数		近年の社会状況の進学先選択への影響					
		合計	感じ取れる	やや感じ取れる	あまり感じ取れない	全く感じ取れない	不明
高校所在地区	合計	118	6	65	42	4	1
	北海道	8	—	6	2	—	—
	東北	9	—	2	6	1	—
	北関東3県	5	—	3	2	—	—
	首都圏1都3県	32	1	15	13	2	1
	甲信越静	4	—	3	1	—	—
	北陸3県	4	—	2	2	—	—
	東海3県	15	—	10	5	—	—
	近畿2府4県	15	1	9	5	—	—
	中国	5	1	3	—	1	—
	四国	3	—	3	—	—	—
	九州沖縄	17	3	8	6	—	—
	不明	1	—	1	—	—	—
高校種別	合計	118	6	65	42	4	1
	公立	68	2	40	25	—	1
	私立	43	3	22	14	3	—
	国立	6	1	2	3	—	—
	不明	1	—	1	—	—	—

問18 問17のような意識の進学行動への具体的な反映状況（複数回答）

度数		進学行動への具体的な反映状況									
		合計	実学系学部・学科志望者の増加	進学先ランクの高望み	浪人を嫌って安全策をとる	同ランク内でも就職のよい大学を選好	同ランク内でも研究レベルの高い大学を選好	同ランク内でも資格試験に強い大学を選好	教育上面倒見がよい大学を志望	その他	不明
高校所在地区	合計	71	60	7	9	20	7	21	3	—	—
	北海道	6	5	—	—	2	1	2	—	—	—
	東北	2	2	—	—	1	—	—	—	—	—
	北関東3県	3	3	—	1	1	—	2	—	—	—
	首都圏1都3県	16	12	5	4	2	2	4	1	—	—
	甲信越静	3	3	—	—	1	—	1	1	—	—
	北陸3県	2	2	—	—	—	—	—	—	—	—
	東海3県	10	8	—	—	5	—	3	1	—	—
	近畿2府4県	10	8	1	3	4	1	3	—	—	—
	中国	4	3	—	—	—	1	—	—	—	—
	四国	3	3	—	—	1	—	1	—	—	—
	九州沖縄	11	10	1	1	3	1	3	—	—	—
	不明	1	1	—	—	—	1	—	—	—	—
高校種別	合計	71	60	7	9	20	7	21	3	—	—
	公立	42	36	1	4	13	2	13	2	—	—
	私立	25	20	6	4	6	3	8	1	—	—
	国立	3	3	—	1	1	1	—	—	—	—
	不明	1	1	—	—	—	1	—	—	—	—

問 19　生徒の進学行動において感じられる問題点（複数回答）

		生徒の進学行動において感じられる問題点										
度数		合計	進学先の難易や威信に過度にこだわる	自分の興味を見極めていない	自分の将来的キャリアを意識していない	同級生への同調的志向が強すぎる	親の意向への同調的志向が強すぎる	進学先の世間的イメージにこだわる	特定学部系統への志向が強すぎる	特定有名大学への志向が強すぎる	地元圏の大学への志向が強すぎる	その他	不明
高校所在地区	合計	118	28	48	19	10	17	22	43	25	16	3	7
	北海道	8	1	2	—	1	—	—	2	—	6	1	—
	東北	9	4	4	3	—	3	3	2	4	—	—	—
	北関東3県	5	1	1	2	—	—	3	2	—	—	—	—
	首都圏1都3県	32	9	16	5	1	2	8	5	8	1	1	3
	甲信越静	4	1	2	—	—	1	1	2	3	—	—	—
	北陸3県	4	—	2	—	—	1	—	2	—	—	—	—
	東海3県	15	5	4	2	—	1	1	8	3	6	—	2
	近畿2府4県	15	4	8	1	2	4	1	6	2	2	—	1
	中国	5	—	1	2	1	—	1	3	—	—	—	1
	四国	3	—	1	1	2	1	1	2	1	—	—	—
	九州沖縄	17	3	6	1	3	4	2	9	2	1	—	—
	不明	1	—	1	—	—	—	—	—	—	—	—	—
高校種別	合計	118	28	48	19	10	17	22	43	25	16	3	7
	公立	68	13	25	12	6	9	15	24	13	14	2	4
	私立	43	14	20	7	3	6	5	18	10	2	1	2
	国立	6	1	2	—	1	2	1	1	2	—	—	1
	不明	1	—	1	—	—	—	1	—	—	—	—	—

問 20　将来の志望職種

		将来の志望職種（1番目）							
度数		合計	民間企業社員	公務員	教育・研究職	専門職	自営業	その他	不明
高校所在地区	合計	118	42	6	22	41	1	—	6
	北海道	8	3	1	3	1	—	—	—
	東北	9	3	1	3	2	—	—	—
	北関東3県	5	2	—	1	2	—	—	—
	首都圏1都3県	32	15	1	5	9	—	—	2
	甲信越静	4	1	—	2	—	—	—	1
	北陸3県	4	3	—	—	1	—	—	—
	東海3県	15	8	—	3	4	—	—	—
	近畿2府4県	15	1	—	1	11	1	—	1
	中国	5	2	—	1	2	—	—	—
	四国	3	1	—	—	2	—	—	—
	九州沖縄	17	3	3	2	7	—	—	2
	不明	1	—	—	1	—	—	—	—
高校種別	合計	118	42	6	22	41	1	—	6
	公立	68	28	6	17	14	—	—	3
	私立	43	13	—	3	23	1	—	3
	国立	6	1	—	1	4	—	—	—
	不明	1	—	—	1	—	—	—	—

資料 221

		将来の志望職種(2番目)							
	度数	合計	民間企業社員	公務員	教育・研究職	専門職	自営業	その他	不明
高校所在地区	合計	118	16	28	37	28	—	—	9
	北海道	8	2	2	—	4	—	—	—
	東北	9	—	3	2	3	—	—	1
	北関東3県	5	—	1	2	2	—	—	—
	首都圏1都3県	32	2	7	12	8	—	—	3
	甲信越静	4	—	—	—	2	—	—	2
	北陸3県	4	1	1	1	1	—	—	—
	東海3県	15	1	3	8	3	—	—	—
	近畿2府4県	15	4	4	6	—	—	—	1
	中国	5	2	1	1	1	—	—	—
	四国	3	—	2	1	—	—	—	—
	九州沖縄	17	4	3	4	4	—	—	2
	不明	1	—	1	—	—	—	—	—
高校種別	合計	118	16	28	37	28	—	—	9
	公立	68	9	13	19	22	—	—	5
	私立	43	7	12	14	6	—	—	4
	国立	6	—	2	4	—	—	—	—
	不明	1	—	1	—	—	—	—	—

		将来の志望職種(3番目)							
	度数	合計	民間企業社員	公務員	教育・研究職	専門職	自営業	その他	不明
高校所在地区	合計	118	24	33	28	20	1	—	12
	北海道	8	—	1	4	2	—	—	1
	東北	9	2	2	1	3	—	—	1
	北関東3県	5	1	3	1	—	—	—	—
	首都圏1都3県	32	7	9	7	5	—	—	4
	甲信越静	4	—	1	1	—	—	—	2
	北陸3県	4	—	3	1	—	—	—	—
	東海3県	15	1	7	1	5	1	—	—
	近畿2府4県	15	5	4	3	2	—	—	1
	中国	5	—	1	2	2	—	—	—
	四国	3	1	1	1	—	—	—	—
	九州沖縄	17	7	1	6	—	—	—	3
	不明	1	—	—	—	1	—	—	—
高校種別	合計	118	24	33	28	20	1	—	12
	公立	68	11	20	16	13	1	—	7
	私立	43	10	10	12	6	—	—	5
	国立	6	3	3	—	—	—	—	—
	不明	1	—	—	—	1	—	—	—

問21　大学受験先指導の基本方針

度数		大学受験先指導の基本方針					
		合計	大学卒業後の志望分野優先	大学の志望分野優先	進学先の難易・威信を優先	その他	不明
高校所在地区	合計	118	78	28	6	3	3
	北海道	8	5	3	—	—	—
	東北	9	3	4	1	1	—
	北関東3県	5	3	2	—	—	—
	首都圏1都3県	32	23	7	—	1	1
	甲信越静	4	3	—	1	—	—
	北陸3県	4	2	—	1	1	—
	東海3県	15	10	4	—	—	—
	近畿2府4県	15	12	2	—	—	1
	中国	5	3	2	—	—	—
	四国	3	—	1	1	—	1
	九州沖縄	17	13	3	1	—	—
	不明	1	1	—	—	—	—
高校種別	合計	118	78	28	6	3	3
	公立	68	44	16	6	2	—
	私立	43	29	10	—	1	3
	国立	6	4	2	—	—	—
	不明	1	1	—	—	—	—

問22　志望先変更の指導方針

度数		志望先変更の指導方針					
		合計	同一大学内のより易しい学部系統	同学部系統内のより易しい大学	特に志望変更は勧めない	その他	不明
高校所在地区	合計	118	1	38	60	17	2
	北海道	8	—	1	5	2	—
	東北	9	—	3	6	—	—
	北関東3県	5	—	2	3	—	—
	首都圏1都3県	32	—	6	19	6	1
	甲信越静	4	1	1	2	—	—
	北陸3県	4	—	2	1	1	—
	東海3県	15	—	4	6	4	1
	近畿2府4県	15	—	6	8	1	—
	中国	5	—	3	2	—	—
	四国	3	—	2	1	—	—
	九州沖縄	17	—	8	6	3	—
	不明	1	—	—	1	—	—
高校種別	合計	118	1	38	60	17	2
	公立	68	1	25	31	11	—
	私立	43	—	11	24	6	2
	国立	6	—	2	4	—	—
	不明	1	—	—	1	—	—

問23 同一大学内のより易しい学部系統への志望変更を勧める理由

<table>
<tr><th colspan="2" rowspan="2">度数</th><th colspan="7">同大学内のより易しい学部系統への志望変更を勧める理由</th></tr>
<tr><th>合計</th><th>より威信の高い大学への合格数を増やしたい</th><th>学部段階では専攻分野を過度に重視する必要はない</th><th>入学後・院進学時に進路転換可能</th><th>他学部の科目も履修できる</th><th>就職において大学名が重要</th><th>その他</th><th>不明</th></tr>
<tr><td rowspan="12">高校所在地区</td><td>合計</td><td>1</td><td>—</td><td>1</td><td>—</td><td>—</td><td>—</td><td>—</td><td>—</td></tr>
<tr><td>北海道</td><td>—</td><td>—</td><td>—</td><td>—</td><td>—</td><td>—</td><td>—</td><td>—</td></tr>
<tr><td>東北</td><td>—</td><td>—</td><td>—</td><td>—</td><td>—</td><td>—</td><td>—</td><td>—</td></tr>
<tr><td>北関東3県</td><td>—</td><td>—</td><td>—</td><td>—</td><td>—</td><td>—</td><td>—</td><td>—</td></tr>
<tr><td>首都圏1都3県</td><td>—</td><td>—</td><td>—</td><td>—</td><td>—</td><td>—</td><td>—</td><td>—</td></tr>
<tr><td>甲信越静</td><td>1</td><td>—</td><td>1</td><td>—</td><td>—</td><td>—</td><td>—</td><td>—</td></tr>
<tr><td>北陸3県</td><td>—</td><td>—</td><td>—</td><td>—</td><td>—</td><td>—</td><td>—</td><td>—</td></tr>
<tr><td>東海3県</td><td>—</td><td>—</td><td>—</td><td>—</td><td>—</td><td>—</td><td>—</td><td>—</td></tr>
<tr><td>近畿2府4県</td><td>—</td><td>—</td><td>—</td><td>—</td><td>—</td><td>—</td><td>—</td><td>—</td></tr>
<tr><td>中国</td><td>—</td><td>—</td><td>—</td><td>—</td><td>—</td><td>—</td><td>—</td><td>—</td></tr>
<tr><td>四国</td><td>—</td><td>—</td><td>—</td><td>—</td><td>—</td><td>—</td><td>—</td><td>—</td></tr>
<tr><td>九州沖縄</td><td>—</td><td>—</td><td>—</td><td>—</td><td>—</td><td>—</td><td>—</td><td>—</td></tr>
<tr><td></td><td>不明</td><td>—</td><td>—</td><td>—</td><td>—</td><td>—</td><td>—</td><td>—</td><td>—</td></tr>
<tr><td rowspan="5">高校種別</td><td>合計</td><td>1</td><td>—</td><td>1</td><td>—</td><td>—</td><td>—</td><td>—</td><td>—</td></tr>
<tr><td>公立</td><td>1</td><td>—</td><td>1</td><td>—</td><td>—</td><td>—</td><td>—</td><td>—</td></tr>
<tr><td>私立</td><td>—</td><td>—</td><td>—</td><td>—</td><td>—</td><td>—</td><td>—</td><td>—</td></tr>
<tr><td>国立</td><td>—</td><td>—</td><td>—</td><td>—</td><td>—</td><td>—</td><td>—</td><td>—</td></tr>
<tr><td>不明</td><td>—</td><td>—</td><td>—</td><td>—</td><td>—</td><td>—</td><td>—</td><td>—</td></tr>
</table>

問24 進学先指導上重視する点（複数回答）

<table>
<tr><th colspan="2" rowspan="2">度数</th><th colspan="8">進学先指導上重視する点</th></tr>
<tr><th>合計</th><th>進学先の学問系統</th><th>進学先の威信・難易</th><th>進学先の就職有利度</th><th>進学先の学問的水準・実績</th><th>進学先の所在地・立地</th><th>その他</th><th>不明</th></tr>
<tr><td rowspan="13">高校所在地区</td><td>合計</td><td>118</td><td>93</td><td>42</td><td>27</td><td>93</td><td>15</td><td>1</td><td>1</td></tr>
<tr><td>北海道</td><td>8</td><td>7</td><td>3</td><td>2</td><td>6</td><td>2</td><td>—</td><td>—</td></tr>
<tr><td>東北</td><td>9</td><td>8</td><td>2</td><td>1</td><td>8</td><td>1</td><td>—</td><td>—</td></tr>
<tr><td>北関東3県</td><td>5</td><td>4</td><td>3</td><td>3</td><td>3</td><td>1</td><td>—</td><td>—</td></tr>
<tr><td>首都圏1都3県</td><td>32</td><td>25</td><td>11</td><td>3</td><td>28</td><td>7</td><td>—</td><td>1</td></tr>
<tr><td>甲信越静</td><td>4</td><td>3</td><td>2</td><td>1</td><td>3</td><td>—</td><td>—</td><td>—</td></tr>
<tr><td>北陸3県</td><td>4</td><td>3</td><td>3</td><td>2</td><td>4</td><td>—</td><td>—</td><td>—</td></tr>
<tr><td>東海3県</td><td>15</td><td>12</td><td>5</td><td>5</td><td>8</td><td>2</td><td>—</td><td>—</td></tr>
<tr><td>近畿2府4県</td><td>15</td><td>11</td><td>4</td><td>4</td><td>12</td><td>2</td><td>—</td><td>—</td></tr>
<tr><td>中国</td><td>5</td><td>4</td><td>1</td><td>1</td><td>5</td><td>—</td><td>—</td><td>—</td></tr>
<tr><td>四国</td><td>3</td><td>3</td><td>2</td><td>—</td><td>—</td><td>—</td><td>—</td><td>—</td></tr>
<tr><td>九州沖縄</td><td>17</td><td>12</td><td>6</td><td>5</td><td>15</td><td>—</td><td>—</td><td>—</td></tr>
<tr><td>不明</td><td>1</td><td>1</td><td>—</td><td>—</td><td>1</td><td>—</td><td>—</td><td>—</td></tr>
<tr><td rowspan="5">高校種別</td><td>合計</td><td>118</td><td>93</td><td>42</td><td>27</td><td>93</td><td>15</td><td>1</td><td>1</td></tr>
<tr><td>公立</td><td>68</td><td>54</td><td>29</td><td>18</td><td>54</td><td>8</td><td>—</td><td>—</td></tr>
<tr><td>私立</td><td>43</td><td>34</td><td>13</td><td>8</td><td>34</td><td>7</td><td>—</td><td>1</td></tr>
<tr><td>国立</td><td>6</td><td>4</td><td>—</td><td>—</td><td>4</td><td>—</td><td>1</td><td>—</td></tr>
<tr><td>不明</td><td>1</td><td>1</td><td>—</td><td>—</td><td>1</td><td>—</td><td>—</td><td>—</td></tr>
</table>

問25　進学先指導の程度

度数		進学先指導の程度						
		合計	特定の進学先を強く薦める	特定の進学先をやや強く薦める	アドバイス程度には薦める	特定の進学先を薦めることはあまりない	全く指導しない	不明
高校所在地区	合計	118	3	23	58	32	—	2
	北海道	8	—	2	3	3	—	—
	東北	9	—	2	5	2	—	—
	北関東3県	5	—	2	3	—	—	—
	首都圏1都3県	32	—	2	17	11	—	2
	甲信越静	4	1	1	1	1	—	—
	北陸3県	4	—	3	—	1	—	—
	東海3県	15	1	3	7	4	—	—
	近畿2府4県	15	—	3	6	6	—	—
	中国	5	—	—	5	—	—	—
	四国	3	—	—	3	—	—	—
	九州沖縄	17	1	4	8	4	—	—
	不明	1	—	1	—	—	—	—
高校種別	合計	118	3	23	58	32	—	2
	公立	68	3	16	30	18	—	1
	私立	43	—	5	25	12	—	1
	国立	6	—	1	3	2	—	—
	不明	1	—	1	—	—	—	—

問26　進学先の指導をあまり強く行わない理由

度数		進学先の指導をあまり強く行わない理由								
		合計	本人の自主性に任せるべきだから	生徒の判断能力が十分ある	学校より家庭の意向が優先されるべきだから	学校側の指導能力不足	生徒の将来に責任を負い切れない	学校外でも情報を十分入手できる	その他	不明
高校所在地区	合計	32	28	18	6	—	2	—	—	—
	北海道	3	2	3	—	—	—	—	—	—
	東北	2	1	1	—	—	—	—	—	—
	北関東3県	—	—	—	—	—	—	—	—	—
	首都圏1都3県	11	10	7	2	—	1	—	—	—
	甲信越静	1	—	1	—	—	—	—	—	—
	北陸3県	1	1	—	—	—	—	—	—	—
	東海3県	4	4	—	2	—	1	—	—	—
	近畿2府4県	6	6	3	—	—	—	—	—	—
	中国	—	—	—	—	—	—	—	—	—
	四国	—	—	—	—	—	—	—	—	—
	九州沖縄	4	4	3	1	—	—	—	—	—
	不明	—	—	—	—	—	—	—	—	—
高校種別	合計	32	28	18	6	—	2	—	—	—
	公立	18	15	12	4	—	2	—	—	—
	私立	12	11	4	1	—	—	—	—	—
	国立	2	2	2	1	—	—	—	—	—
	不明	—	—	—	—	—	—	—	—	—

問27　進路指導上特に留意する点（複数回答）

		進路指導上特に留意する点							
	度数	合計	生徒の知的興味の尊重	将来の希望職業	志望分野の将来性	進学先の難易度・威信	合格可能性	適切な情報の提供	その他	不明
高校所在地区	合計	118	105	73	23	35	64	52	―	1
	北海道	8	8	7	3	3	7	4	―	―
	東北	9	6	7	3	2	4	3	―	―
	北関東3県	5	4	3	―	3	4	4	―	―
	首都圏1都3県	32	29	17	6	7	12	15	―	1
	甲信越静	4	4	―	―	3	1	2	―	―
	北陸3県	4	4	2	1	2	2	3	―	―
	東海3県	15	12	9	2	5	11	5	―	―
	近畿2府4県	15	14	11	3	3	6	5	―	―
	中国	5	5	4	2	2	4	2	―	―
	四国	3	3	1	―	―	2	1	―	―
	九州沖縄	17	15	12	3	5	11	7	―	―
	不明	1	1	―	―	―	―	1	―	―
高校種別	合計	118	105	73	23	35	64	52	―	1
	公立	68	62	42	14	22	40	28	―	―
	私立	43	36	27	9	12	22	21	―	1
	国立	6	6	4	―	1	2	2	―	―
	不明	1	1	―	―	―	―	1	―	―

問28　職業キャリアへの動機付け教育について

		職業キャリアへの動機付け教育について					
	度数	合計	力を入れるべき	さほど力を入れる必要はない	どちらとも言えない	わからない	不明
高校所在地区	合計	118	68	17	18	13	2
	北海道	8	4	2	1	1	―
	東北	9	5	2	2	―	―
	北関東3県	5	4	―	1	―	―
	首都圏1都3県	32	16	5	4	6	1
	甲信越静	4	3	―	1	―	―
	北陸3県	4	1	1	1	―	1
	東海3県	15	9	4	1	1	―
	近畿2府4県	15	11	―	2	2	―
	中国	5	3	―	1	1	―
	四国	3	2	1	―	―	―
	九州沖縄	17	10	2	3	2	―
	不明	1	―	―	1	―	―
高校種別	合計	118	68	17	18	13	2
	公立	68	39	12	10	6	1
	私立	43	25	4	7	6	1
	国立	6	4	1	―	1	―
	不明	1	―	―	1	―	―

問29 職業キャリア動機付け教育の実施状況

度数		貴校における職業キャリア動機付け教育実施の有無					
		合計	熱心に行っている	ある程度行っている	あまり行っていない	全く行っていない	不明
高校所在地区	合計	118	12	74	27	5	—
	北海道	8	1	4	3	—	—
	東北	9	1	5	2	1	—
	北関東3県	5	—	5	—	—	—
	首都圏1都3県	32	4	15	9	4	—
	甲信越静	4	1	2	1	—	—
	北陸3県	4	—	4	—	—	—
	東海3県	15	3	8	4	—	—
	近畿2府4県	15	1	10	4	—	—
	中国	5	—	3	2	—	—
	四国	3	1	2	—	—	—
	九州沖縄	17	—	15	2	—	—
	不明	1	—	1	—	—	—
高校種別	合計	118	12	74	27	5	—
	公立	68	8	44	15	1	—
	私立	43	3	26	11	3	—
	国立	6	1	3	1	1	—
	不明	1	—	1	—	—	—

問30 職業キャリア動機付け教育の内容(複数回答)

度数		職業キャリア動機付け教育の内容									
		合計	自校卒業の社会人による講演	企業・官庁関係者による講演	大学関係者の講演	企業見学や社会見学の実施	学問入門的セミナーの実施	個々の授業中に話題にする	職業関係の資料の配布	その他	不明
高校所在地区	合計	86	68	19	62	21	24	31	24	8	1
	北海道	5	5	1	4	3	1	4	2	—	—
	東北	6	5	2	4	3	—	2	1	1	—
	北関東3県	5	4	2	3	1	1	1	1	2	—
	首都圏1都3県	19	14	2	13	1	4	11	8	2	—
	甲信越静	3	3	1	2	1	2	2	1	—	—
	北陸3県	4	4	—	3	1	—	1	—	—	—
	東海3県	11	9	1	8	3	4	4	3	1	—
	近畿2府4県	11	9	3	9	2	2	2	4	1	—
	中国	3	2	—	3	—	2	1	1	—	—
	四国	3	1	—	3	2	—	—	—	—	—
	九州沖縄	15	11	6	9	3	6	3	3	1	1
	不明	1	1	1	1	1	—	—	—	—	—
高校種別	合計	86	68	19	62	21	24	31	24	8	1
	公立	52	45	11	36	16	13	19	8	5	1
	私立	29	18	6	22	4	10	12	14	3	—
	国立	4	4	1	3	—	1	—	2	—	—
	不明	1	1	1	1	1	—	—	—	—	—

問31 職業キャリア動機付け教育の重視度合いの変化

度数		職業キャリア動機付け教育の重視度合いの変化						
		合計	以前に比べ重視している	以前に比べやや重視している	以前と変わらない	以前に比べやや軽視している	以前に比べ軽視している	不明
高校所在地区	合計	118	18	52	47	—	—	1
	北海道	8	1	2	5	—	—	—
	東北	9	1	3	5	—	—	—
	北関東3県	5	2	3	—	—	—	—
	首都圏1都3県	32	3	11	17	—	—	1
	甲信越静	4	1	2	1	—	—	—
	北陸3県	4	—	4	—	—	—	—
	東海3県	15	2	6	7	—	—	—
	近畿2府4県	15	3	8	4	—	—	—
	中国	5	—	4	1	—	—	—
	四国	3	1	2	—	—	—	—
	九州沖縄	17	4	7	6	—	—	—
	不明	1	—	—	1	—	—	—
高校種別	合計	118	18	52	47	—	—	1
	公立	68	12	32	24	—	—	—
	私立	43	5	17	20	—	—	1
	国立	6	1	3	2	—	—	—
	不明	1	—	—	1	—	—	—

問32 学校教育の中でエリート教育を行うことへの評価

度数		学校教育の中でエリート教育を行うことへの評価					
		合計	エリート育成教育は必要	エリート育成教育は必要ない	どちらとも言えない	わからない	不明
高校所在地区	合計	118	41	31	28	16	2
	北海道	8	3	2	2	—	1
	東北	9	1	4	3	1	—
	北関東3県	5	3	—	1	1	—
	首都圏1都3県	32	8	10	7	6	1
	甲信越静	4	2	1	—	1	—
	北陸3県	4	1	2	1	—	—
	東海3県	15	6	5	3	1	—
	近畿2府4県	15	8	2	2	3	—
	中国	5	3	1	1	—	—
	四国	3	1	1	1	—	—
	九州沖縄	17	5	3	6	3	—
	不明	1	—	—	1	—	—
高校種別	合計	118	41	31	28	16	2
	公立	68	25	21	14	7	1
	私立	43	13	9	12	8	1
	国立	6	3	1	1	1	—
	不明	1	—	—	1	—	—

問33　具体的なエリート教育実施の有無

度数		具体的なエリート教育実施の有無				
		合計	行っている	今後行おうと考えている	今後も行う予定はない	不明
高校所在地区	合計	41	24	9	7	1
	北海道	3	—	3	—	—
	東北	1	1	—	—	—
	北関東3県	3	2	1	—	—
	首都圏1都3県	8	5	1	2	—
	甲信越静	2	2	—	—	—
	北陸3県	1	—	—	1	—
	東海3県	6	2	3	1	—
	近畿2府4県	8	7	—	—	—
	中国	3	2	—	—	1
	四国	1	1	—	—	—
	九州沖縄	5	2	1	2	—
	不明	—	—	—	—	—
高校種別	合計	41	24	9	7	1
	公立	25	11	8	5	1
	私立	13	11	—	2	—
	国立	3	2	1	—	—
	不明	—	—	—	—	—

問34　高校教育と大学以降の教育との分担関係（複数回答）

度数		高校と大学以降の教育との分担関係						
		合計	高校は生涯的教養の涵養に努めるべき	高校は大学専門課程につながる問題意識を養わせるべき	高校は大学教養課程への接続を考慮すべき	高校は高校課程の範囲内での高度な学習をすべき	その他	不明
高校所在地区	合計	118	47	61	32	45	5	2
	北海道	8	3	4	3	3	1	—
	東北	9	2	5	5	2	1	—
	北関東3県	5	5	—	—	4	—	—
	首都圏1都3県	32	13	17	8	8	2	2
	甲信越静	4	3	2	1	2	—	—
	北陸3県	4	3	2	1	1	—	—
	東海3県	15	4	10	4	8	—	—
	近畿2府4県	15	5	6	6	4	—	—
	中国	5	2	3	1	2	—	—
	四国	3	1	1	—	2	—	—
	九州沖縄	17	5	11	3	8	—	—
	不明	1	1	—	—	1	—	—
高校種別	合計	118	47	61	32	45	5	2
	公立	68	27	38	18	30	3	—
	私立	43	14	20	13	12	2	2
	国立	6	5	3	1	2	—	—
	不明	1	1	—	—	1	—	—

問35 普通科進学校における教育の第一義的位置づけ（複数回答）

度数		普通科進学校における教育の一義的位置づけ							
		合計	後期中等教育としての集大成	大学受験準備教育としての十分な水準確保	大学での学習の準備過程	生涯的教養の涵養の場	将来的キャリア形成の第一歩	その他	不明
高校所在地区	合計	118	41	50	43	57	33	2	2
	北海道	8	1	4	2	4	1	—	—
	東北	9	2	6	4	3	—	—	—
	北関東3県	5	2	3	—	3	3	—	—
	首都圏1都3県	32	16	7	10	19	7	2	1
	甲信越静	4	1	1	1	4	2	—	—
	北陸3県	4	2	3	2	1	1	—	—
	東海3県	15	3	7	3	6	3	—	—
	近畿2府4県	15	3	8	9	5	6	—	—
	中国	5	3	3	3	3	1	—	—
	四国	3	1	1	—	1	2	—	—
	九州沖縄	17	6	7	9	7	4	—	1
	不明	1	1	—	—	1	—	—	—
高校種別	合計	118	41	50	43	57	33	2	2
	公立	68	20	36	21	32	15	—	1
	私立	43	16	11	19	18	16	2	1
	国立	6	4	3	3	6	2	—	—
	不明	1	1	—	—	1	—	—	—

問36 普通科進学校の教育が職業キャリア形成に貢献できる部分（複数回答）

度数		普通科進学校の教育が職業キャリア形成に寄与できる部分								
		合計	中等教育水準の一般的学力の完成	将来の専門的スキル形成につながる基礎学力の形成	社会人に必要な一般的教養の形成	対人スキルの形成	知的・学問的関心の啓発	将来の指導的人材としての矜持の形成	業績主義的・競争主義的価値観の刷り込み	その他	不明
高校所在地区	合計	118	62	74	78	23	81	39	1	1	3
	北海道	8	4	4	7	1	6	4	—	—	—
	東北	9	6	5	3	3	4	1	—	—	—
	北関東3県	5	2	2	3	—	4	4	—	—	—
	首都圏1都3県	32	16	20	27	7	28	11	—	—	1
	甲信越静	4	1	2	3	—	1	1	—	—	1
	北陸3県	4	3	3	2	1	4	2	—	—	—
	東海3県	15	8	8	8	2	9	4	1	1	—
	近畿2府4県	15	8	13	13	4	11	5	—	—	—
	中国	5	1	5	3	2	3	2	—	—	—
	四国	3	1	2	2	—	1	1	—	—	—
	九州沖縄	17	12	10	7	3	9	4	—	—	1
	不明	1	—	—	—	—	1	—	—	—	—
高校種別	合計	118	62	74	78	23	81	39	1	1	3
	公立	68	40	39	41	13	44	25	1	—	2
	私立	43	20	30	32	6	31	10	—	1	1
	国立	6	2	5	5	4	5	3	—	—	—
	不明	1	—	—	—	—	1	1	—	—	—

自由記述欄

問 37 「最近の貴校の生徒の進路意識や進学行動に関して，特に印象やご意見があればお書きください。」

- 将来の職業に対しての不安が強く，大学へ行って学ぶよりも，大学を資格取得の場と考える生徒が出てきている。（北海道・公立）
- 「名利のための進学・進路」という意識が年々強まっており，これに伴って，学力は受験対応に特化した，幅の狭いものになりつつある。従って，広義の学力・知見は貧困になりつつあり，知的能力全体が甚だしく劣化しつつある（同様の声は他の進学校の教員からもしばしば聞く）。（東北・公立）
- 明確な進学目標を持てない生徒が多くなってきた。地方の国公立大学より中央（首都圏）の私立大学を希望する生徒がやや多くなってきた。（東北・公立）
- 特に変化はないように思います。（東北・公立）
- 文系は法学部，理系は医学部に希望が集中しすぎる問題点がある。（東北・公立）
- 実学志向・資格志向が強まった。（北関東・公立）
- 職業観のない生徒，将来設計を考えない生徒が本校でも増加している。進路指導の中で職業キャリア形成教育の重要性が増している。（北関東・公立）
- 特に文系ですが，都内の私大進学希望が増加しています。有名私大に合格すると国公立大を受験しない者，国公立大に合格しても私大に進学する者が増加しているように思います。（北関東・公立）
- 目先の受験に振り回されて，大学に入るまでのことで頭が一杯になっているように思える。もっと自分の人生を大局的にとらえた進路観を持って欲しい。（首都圏・公立）
- 周囲のサポートを期待し，自らがより積極的に取り組めていないように感じます。（首都圏・公立）
- 以前より家庭や世間の大学に対する評価にまどわされ，「ブランド志向」の生徒が多くなっている。「どこの大学に行っても自分で勉強して能力を高める」という意識がうすくなっているように感じられる（社会全体の傾向と比較すれば本校の生徒は，教えてもらうだけでなく自分で学ぼうという意欲はあると思っていますが，以前と比較すると上記のように感じます）。（首都圏・私立）
- 保護者の介入が目立つようになっている。（首都圏・私立）
- 少子化の影響で親の意向を強くうける生徒が増加しているため，教員側の苦労が多くなっている。（首都圏・私立）
- 大学を卒業すると資格が得られ職業につながる分野に進学したがる傾向あり。学校で十分学習できているのに，塾に通わないと不安に思う傾向。進路に利するところなしとみると，あっさりその教科を切り捨てる傾向。（首都圏・私立）

- 特に以前と変化はない。(首都圏・私立)
- 資格をとれる学部への希望が高まっている。(首都圏・私立)
- 学校歴を意識しなくなってきている。(首都圏・私立)
- 医学部指向が強い。(首都圏・私立)
- 「大学全入時代」と呼ばれるようになり,大学入試という動機づけだけで生徒の学力を向上させるには無理があると思われます。学問の面白さ,実社会とのつながり,社会的使命としての学習する意義を伝えていかないと,なかなか真剣に学習に向かってくれないような気がします。(甲信越静・公立)
- 「とりあえず大学へ行けばなんとかなった」時代から,将来の見えない時代となり,「なりたい仕事」の持てない生徒は非常に不安にかられている。そのため,仕事に密着した学部へは人気が集まるが,じっくり学問を学ぼうとする事を軽視しがちである。(甲信越静・公立)
- 生徒自身,および考え方が幼くなったように思う。(甲信越静・公立)
- 実学,資格志向の上昇。(北陸・公立)
- 実学志向が顕著。(北陸・公立)
- 理系の理・工学部ばなれと,薬・医への片寄り。文系については特に片寄りはみられない。(北陸・国立)
- 資格志向と安易な大学選択が増加。親の意識が変化(推薦等の希望)。(東海・公立)
- 自己理解が不十分なままに,多様な情報に振り回される生徒が少なからず見受けられる。(東海・公立)
- 現実の社会,あるいは将来への展望といった観点から自らの進路を考えることが少なく,スケジュールに追われるように文系・理系や学部学科をとりあえず選択している。(東海・公立)
- 一言でいって欲がない。(東海・公立)
- 目的意識を持ってそれを実行できる生徒と目的意識はあるが実行が伴わない生徒の2極分化がやや顕著となった感がある。(東海・公立)
- 大学卒業後のことを意識した大学選びをするようになりつつある。(東海・公立)
- 総体的には自主性,目的意識の低下。一方で実社会の動きに対応しようとする者もおり,分極化しつつある(学力,意識ともに)。(東海・公立)
- 人材の特定分野への偏り(本校では医学部)が顕著である。これは必ず社会の衰退をまねくと思う。(東海・私立)
- 意識の高い生徒からそうでない生徒まで極端である。進学後,考えるという場合もあり,大学で人生や自分を考えるのも必ずしも悪いことではないと考えます。(東海・私立)

- 自主性がなくなってきた。人にたよる，人をあてにする生徒の増加。（近畿・公立）
- 医師志望の多さ。（近畿・私立）
- 精神的な発達に差が大きく出てきている。それ故，進学先の学部・学科の決定が遅くなりつつある。（近畿・私立）
- 安易な道を取りたがる。また親が子に苦労をさせたがらない。親の方が受験の重圧を嫌う。推薦など早く決めたがる。（近畿・私立）
- 医学部志望が多いが，世間でもその傾向が強いので進学成績を憂いている。（近畿・私立）
- 文学部や理学部への志向が減ってきたように思う。（近畿・国立）
- 従来と比較して特に変化はない。（中国・公立）
- 昔はあったとは言えないが，目標，夢を持っている生徒の減少が目立つ。そのうえでとりあえず資格志向の進学を希望する者多し。（中国・公立）
- 親の考えからか，自己の適性を考えずに，理系に進もうとする傾向がある。（四国・公立）
- 特に変化したという点はありません。（四国・私立）
- 資格色を意識した大学・学部選びがこのところ強くなっております。（四国・私立）
- 経済不況を色濃く反映している。実学志向に見られる現実的な進路選択が多くなった。（九州沖縄・公立）
- 特に大きな変化はないのですが，法学部，医学部を代表とする実学志向の強まり。また，それは女子生徒が以前とすると高まっている印象を受ける。（九州沖縄・公立）
- 天下国家を論じるタイプが皆無となってきた。（九州沖縄・公立）
- 自立，自律の備わった生徒が減り，自らが意欲的に物事に取り組むことをしない。（九州沖縄・公立）
- 新課程生の学習行動やレベルはこれまでと違い，低位にある。（九州沖縄・公立）
- 大人が思うほど将来に対する危機感がない。わかっていないというより，楽観的。意外にタフ。ただし，もろい生徒も漸増。（九州沖縄・公立）
- 不景気，就職難の為，特に，女子生徒は資格取得を目指し，将来も安定したいと願うものが多い。（九州沖縄・私立）

問38 「高校教育と大学教育との連携について，高校の立場からのご意見やご要望があればご自由にお書きください。」
- 大学側には現在の生徒の学力低下を正確に受け止め，受験問題作成等に反映して欲しい。（北海道・公立）
- 本年度より，より積極的に実施しています。（北海道・公立）

- 大学が高校を意識することなく学問の場としての雰囲気を保ってほしいと思っている。（北海道・公立）
- 現下のいわゆる「進学校」になし得ることは，きわめて少ない。せめて，学問を手段としてではなく目的としてとらえている生徒を発見し，その学力を高め，大学に送り込むことができれば…と思う。大学はそのような生徒を積極的に受け入れる機会を増やしてほしい。（東北・公立）
- 高校教育の現状をよく理解していただき，最低これだけは高校で学んで来て欲しいということをアピールして欲しいと思います。（東北・公立）
- 高校生の学力低下が問題となってきていますが，それだけに大学進学後にどのレベルのどのような内容の知識・教養が要求されているのかをより具体的に高校へ伝えて欲しい。（東北・公立）
- 大学の内容を知るというよりは，大学人が何を考え行動しているかを高校生が知る必要がある。（東北・公立）
- 教員同士の交流がまず必要。（東北・公立）
- 大学授業の聴講。（北関東・公立）
- 各大学における研究内容，論文実績，就職率，大学院進学率状況等の情報が高校側に提供されることが望まれる。「高大連携の中で，学生・生徒を育てる」というテーマで現場の教員間の情報交換の場が設定されるとありがたい。（北関東・公立）
- 単に大学が公開授業を行えば良いというのではないと感じています。でも，良い方法は見つかりません。（首都圏・公立）
- 互いの連絡，連携が不十分で，大学教育と高校教育がリンクしていないと思う。（首都圏・公立）
- 本校においても大学の先生方に出張講義をお願いしているので，貴学におかれましても可能かどうかをご検討願いたい。（首都圏・公立）
- 大学のカリキュラムが古い体質が多く，「ゆとり教育」でレベルの低下している高校生は今後苦労すると思われる。（首都圏・私立）
- オープンスクール，公開講座，特に出張講義や研究室訪問などをお願いします。（首都圏・私立）
- 東京大学のように例えば英語の講座の改革を講演などで知らせてくれるのはありがたかった。米国のように連携がないが，高校にはその余裕がない現状だと思う。（首都圏・私立）
- ある程度は必要だが，大学とは別の教育の目的の場だと考えているので特に求めてはいない。（首都圏・私立）
- 高校教育の実態に対する現状認識がきわめて甘いと思います。もっと日常レベルでの生

徒の実情把握が必要でしょう。（首都圏・私立）
- 大学で高校内容の補習をする大学があるが，それはおかしいことで，大学は学問の場であるべきである。（首都圏・私立）
- 大学の先生の高校への出張講義を積極的にお願いしたい。（首都圏・私立）
- 大学の Admission Policy を反映した入試問題を望みます。「こんなに難しい問題を生徒は理解して解答しているのだろうか？」「この入試問題を解けることが大学での教育と関係があるのだろうか？」と疑問に思うことがあります。（甲信越静・公立）
- 教育課程の内容が高校へしわ寄せられて，高校としては時間数は少なくなり教えることは多くなり，学力低下と叫ばれてしまう。（甲信越静・公立）
- 高校現場を無視した一方的なものであったりしないで欲しい。（北陸・公立）
- 高校生が知っている世界は狭い。大学でこそ職業を意識させる教育が必要だと思う。（北陸・公立）
- 大学の先生は高校で何をどのように教えているかを十分に理解しているのか疑問。そして，高校生の学力をみることのできる問題を作る力が，10年前にくらべて落ちていないだろうか。このようなことが高校と大学での学習面でのギャップにつながると思う。（北陸・国立）
- 教科レベルでもミニマムエッセンシャルズが双方ともに充分に理解できると望ましい（入試レベルは必ずしもその大学の学力水準を示すものとは思われない）。（東海・公立）
- 高校の先生とお話をする機会を多くもってほしい。（東海・公立）
- 高大連携を積極的におしすすめてほしい。AO 入試の中止。推薦入試の削減化。（東海・公立）
- 両者の目的意識の実態（前者：受験対応，後者：専門分野の深化）のギャップに，ついていけなくなっているのでは？ 高校はキャリア教育を含めて大学に歩み寄り，大学側も高校生の実態に対応するような互いのすりあわせが必要だと思う。（東海・公立）
- 連携について異存もありませんが，私個人的には，小，中，高，大とそれぞれが，精一杯の運営をすべきだと思います。（東海・私立）
- 高大連携講座では，理系の分は高校生向けに少し易しくしていただければ幸いです。（近畿・公立）
- 前問で回答した要素（注：進学先の学部・学科の決定が遅くなりつつあること）を改善するためにも，高大連携を活用し，知的好奇心を刺激したいと思っています。（近畿・私立）
- 深い学問内容を高校生に知らせ知的興味をもたせてほしい。先端的学問のおもしろさを知らせて欲しい。（近畿・私立）

- 高校生が自由に大学を見学したり，講義内容がわかるシステムにして欲しい。（近畿・公立）
- どんどん大学の教員に来てもらって模擬授業，講演をしてもらいたい。（近畿・私立）
- 日本の大学教育をもっと効率的にするように改革が必要だと思います。特に英語力が大学において伸びていないように思います。（近畿・国立）
- 将来大学は研究中心の大学と教養大学に2分化すると思われるが，各大学がそれぞれどちらの道を進もうとしているか，明らかに情報を提供してもらいたい。どちらもしますといった様な説明は高校生には通じない。（中国・公立）
- 大学への橋渡しとなりたいが，新課程にともない，中学校の内容があまりにも多く高校へ移行したため，時間がないのが現実である。（中国・公立）
- 生徒の学力低下のもとで，大学側が高いレベルのものを求めすぎる。（四国・公立）
- 最近，出張講義などをしていただくことがあり，ありがたいと思っていますが，大学のPRという意図が強すぎて，もう少し趣旨などの事前打ち合わせが必要と感じています。（四国・私立）
- 今現在，本校では，大学教授の先生方による出張講義や入試相談会を行っておりますが，是非，貴学にも参加して頂けるよう，お願い申し上げます。（四国・私立）
- 「自分探しの…」とか「キャリア教育」キャンペーンとかややトップダウン型の，背景に関係者に利潤をもたらす怪しい動きが目立つ。（九州沖縄・公立）
- 大学が求められる学力，人材がある意味で幅広く，連携をとっていくという態勢は実際には取りにくい。（九州沖縄・公立）
- 高校の現場について研究してほしい。（九州沖縄・公立）
- 公立，私立高校の差が広がっていること。文科省の範囲での大学受験（難関大学）はますます厳しくなる。（九州沖縄・公立）
- いきなり難しくなるとやる気をなくしそう。高校時代までの知識などを使える（理解できる，興味を広げられる）チャンス（聞いたことある，知ってる）を意図的につくっていただきたい。（九州沖縄・公立）
- 大学入学後，ミスマッチを減らすためにもいろいろな形で高大連携をしていくべきである。（九州沖縄・私立）

問39 「最後に大学教育に対する要望等があればご自由にお書きいただければ幸いです。」
- 知識偏重の入試制度を変えてほしい。（北海道・公立）
- 内容のある教育を行う大学に自然に生徒が集まると考える。（北海道・公立）
- 明治時代以来の「国家に有為な人材の選別・育成／個々人の将来の利得保障」という形の高校―大学の意味は，破綻を来しつつあると思う。国家と個人が，ともに目的・意

味・価値を見失いつつある現下，大学こそ，目的・意味・価値の探究の場であって欲しい。（東北・公立）
- 本校では各大学へ機会ある度に，詳細な大学シラバスがいただけないかとお願いしています。（地方の高校にとり大学での授業内容を知る唯一の手がかりとなります。）（東北・公立）
- 今後，少子化による影響が出てくると思いますが，大学入学は易化しても，卒業が厳しくなるような体制をとっていただき，社会で通用する人材を育てて欲しい。（東北・公立）
- 魅力のある授業。（東北・公立）
- 勉強しない（問題意識や課題をもたない）学生にはもっと厳しくしてもいいと思う。（東北・公立）
- 学部学科を単に「経営」の面だけで立ちあげているのではないかと心配しています。（首都圏・公立）
- これまでは入試科目を少しずつ減らしてきたが，少しずつ科目を増やし，幅広い学力を有する学生を受け入れるようになっていただきたい。単独の大学では難しいと思われるので，私立大学間でよく検討していただけるとより効果が大きく，受験生の減少を抑制できると思います。（首都圏・公立）
- 入試で生徒に何を求めるのかを，具体的に示して欲しい。生徒は目先の点数にのみ心が奪われ，学習において何が大切なのかが見えていない気がする。（首都圏・公立）
- 生徒が知的にわくわくするような仕組みが一部にあってもよい。（首都圏・公立）
- 近年はやや実学指向に行きすぎているように思う。（首都圏・私立）
- 社会や時代の変化に対応出来ない大学教員が多いため，入試問題の内容・質が旧態依然たる状況である。（首都圏・私立）
- 教養科目を重視して欲しい。（首都圏・私立）
- 入るのに難しく出るのに易しい日本の大学では，合格入学後の学生があまり勉強しなくなるのは当然です。もっときちんと学問させてほしいと思います。特に文科系の学位（修士，博士）の取得しにくさを感じます。社会人などに対しても，そうしたチャンスを広げてほしいと考えています。（首都圏・私立）
- 将来の日本のためにもしっかりとした指導を望む。また，現職教員の再教育機関としての役割を持って欲しい。教員のレベルの低下も大きな問題である。（首都圏・私立）
- 今日の大学改革はあまりに企業主導でありすぎると思う。「卒業してすぐ仕事のできる人材養成」なんて，本来専門学校の役目だったはずが，それを大学に負わせている。基礎学問を軽視しては研究の発展はない様に思うのですが…。（甲信越静・公立）
- 旧帝大出身の教育実習生が本校に来て，余りにも知識が乏しいことにガクゼンとした。

（甲信越静・公立）
- 連携を強める必要はあるが，大学の教授と高校教員の合同での会合があればよい。（北陸・公立）
- ニートというものを作り出していることについて十分検証してほしい。（北陸・公立）
- もう一度，大学と専門学校の社会における位置づけを明確にしなければ，学問を学ぶ大学と専門学校的な大学とに分化し，大学のグループ分けがいま以上に進むと思う。このことについて，大学側はどう考えるのかとても関心がある。（北陸・国立）
- 全人教育の最終学歴を施すに足る教育機関でありつづけて頂きたい。（東海・公立）
- 社会人としての人格に関する教育も必要と思います。学問に対する姿勢，あるいはその努力と能力に対し充分な水準の要求が学生に対しなされるべきと思います。（東海・公立）
- 生徒の潜在能力をひき出してもらえるような教育をお願いしたい（高校時代まではどうしても一律的な価値観にならざるを得ないので，統一的な授業になってしまってくるのが現状である）。（東海・公立）
- 少子化の中，新設学部学科をどんどん設置する意図がよくわからない。（東海・公立）
- 青山学院については短大と二部の設定を再考すべき時期だと思う。短大→廃止，二部→社会人のみなどというように。センター入試には深入りしない方がよい。（東海・公立）
- 社会人としての基礎をつくるのが高校であり，大学はこれからの日本を背負う人材の最終的育成過程を担ってほしい。（東海・公立）
- 専門分野の研究に十分に力を入れていただきたいことと，学生が卒業した後，将来において，人生の中で振り返れる大学にしていただきたいと思います。（東海・私立）
- 大学の先生も学生を指導するという意識，授業方法の研究をしてほしい。講義の仕方（話し方，教授法）を研究して学生をひきつけて下さい。（近畿・私立）
- 大学院重点化の名の下に，6年間学習しないと一人前ではないという風潮，システムになりつつある。これは授業料が1.5倍かかることを意味し，社会人になるのを2年も遅らせることになる。中身の濃い授業を行い，年数を減らす努力をすべきであろう。（近畿・私立）
- 日本全体により高度な大学教育を望みます。（近畿・国立）
- 大学の教養課程で用いられているテキストの一部(例えば英語)を生徒に公開してもらいたい。英語教育のレベルに失望してしまう生徒が少なくない。テキストを拝見することで，教養レベルの学生の学力がわかる。（中国・公立）
- 生徒にやる気をなくする大学教育(大学入学後やる気がなくなる)を行う大学については，今後，進路指導の立場から，生徒に入学をすすめない方向で考えています。（四

国・公立）
- 前項とも関連しますが，高校生向けセミナーなど最近は広く高校生にも開放されたプログラムも多く，ありがたく思っています。最近の理工系離れをうちやぶるべく，このような活動のひろがりと，研究力を高める教育をめざして欲しいと思います。（四国・私立）
- 今後とも，大学と高校との連絡・連携を密にしてゆきたいと考えております。（四国・私立）
- 大学人が，"アイボリータワー"にこもらず，もっともっと社会性を身につけるべきだと思う。（九州沖縄・公立）
- 思いきった大学入試改革を模索してほしい。（九州沖縄・公立）
- 変動期で大変でしょうが，日本のために頑張ってほしい。（九州沖縄・公立）
- 大学ではしっかり勉強しないと卒業できないシステムにしてほしい。（九州沖縄・私立）
- 入りやすくても卒業時には有能な人材になる教育。（九州沖縄・私立）

索　引

あ　行

IT 系　　67, 69
青田買い　　37
医学部志向　　159, 173
一般職　　21, 49, 58-60, 68, 71
異動回数　　90, 91, 95-97
異動のパターン　　90, 100
稲継裕昭　　80, 105, 108, 109
岩内亮一　　26
インターンシップ　　74
売り手市場　　20, 52, 57, 66
SSM 調査　　116, 119, 141
エリート意識　　164, 171, 179
エリート教育　　149, 152, 165, 169, 170, 179
エリート予備軍　　150-152, 169-172
OJT　　8
OB 人脈　　36, 42
オープンエントリー制　　37
おそい（遅い）昇進　　13, 16, 80, 81, 105, 107-110
遅い選抜　　9, 80, 83, 109, 110, 177

か　行

外資系企業　　9, 67, 69, 176
買い手市場　　52, 56, 64, 66
学閥　　31, 34, 35, 95, 148
学歴エリート　　2, 10
学歴社会　　1, 3, 13, 24
学歴の機能的価値　　180-182
学歴の象徴的価値　　180, 181, 183, 184
学歴ロンダリング　　183
学校文化　　136
学校歴　　1, 3, 8, 10, 14, 15, 42, 44, 45, 69, 82, 94, 114, 116, 118, 119, 122, 140, 157, 173, 177
苅谷剛彦　　26, 27, 119
関関同立　　48-50, 52, 61, 62, 66, 68, 73, 74, 171
関係資本　　31, 181
関西圏　　46, 60, 61, 66, 68, 123, 125-128, 138, 139
基幹的正規社員　　66
企業の人材観・能力観　　45

基礎学力　　69, 70
吉川徹　　183, 184
木下武男　　38
キャリア管理　　8, 12, 76
キャリア教育　　151, 152, 169
キャリア組　　80, 109
キャリア形成　　8
キャリア・ツリー　　77
キャリアの幅　　98, 99, 103
競争移動　　77, 108
旧帝大　　14, 23, 34, 35, 54, 65, 145-146, 173
教育の「職業的意義」　　169
京大志向　　72
共通一次試験　　15, 148, 184
グラノベッター，M　　181
グローバル化　　1, 8-10, 13, 43, 149, 170, 175, 181
経験職務　　83, 100
経験部署　　83, 91
京阪神　　48-50, 62, 68, 71
原子力村　　2
コア的（な）労働市場　　1, 17, 19, 36, 38
小池和男　　14, 78, 79, 82, 103
高学歴ノン・エリート　　14, 94
高学歴就職難民　　69
後期キャリア　　77
神代和欣　　38
高度専門能力活用型　　150, 172
公務員制度改革　　108
公務部門　　12, 75, 109
5 大商社　　21, 56, 58, 60, 72
国家公務員　　34, 80, 109, 110
国家公務員採用 I 種試験（国家 I 種試験）　　34, 41, 148, 182
国家公務員試験　　34
国公立大　　23, 29, 34, 46, 124, 132, 171
コミュニケーション能力　　45, 69, 140, 148, 176
雇用形態の多様化　　17
雇用の流動化　　38
近藤博之　　2
コンピテンシー　　69

239

さ 行

再加熱　103
採用活動の「自由化」　45
採用基準　26-28, 43, 46
採用バランス　35, 36
佐藤俊樹　150, 171
サロー，L. C.　26
3大メガバンク　47, 48, 55, 57-59, 70-72
3.11　2, 72
シグナリング理論　25
仕事競争モデル　26
私大文系　125, 127, 130, 138-140
実務の第一線の担い手　79
指定校　35
社会経済生産性本部　38
就職機会格差　20, 28, 29, 31, 37, 45
就職協定　11, 37, 43-45
就職協定廃止　37, 44, 45, 175
就職実績　58, 63, 67-70
就職難民　69
終身雇用　8, 17
出身階層　114-119, 122, 131, 139-142, 178, 179
出身大学ランク　11, 20, 37, 175
出身大学ランク間格差　11, 20
首都圏　46, 54, 60, 61, 66-69, 120, 123-128, 130-140, 159, 163, 164, 176, 178
昇進構造　12, 75-77, 81, 82, 84, 96, 102, 103, 106, 107
上層ノンマニュアル　13, 119, 120, 169
初期キャリア　1, 12, 78-81, 83, 84, 89, 91, 93, 97, 99-107, 112, 177
職業教育　13, 149-151, 169
職能資格制度　9, 102
女子学生　60
女子大　59, 60
進学校　2, 13, 120, 122, 144, 149, 151, 152, 154, 161, 167-170, 179
新規大卒就職機会　46, 47, 66, 68, 69
新規大卒労働市場　11, 13, 17, 19, 43, 44, 46, 114, 175
新興企業　67
新興私立進学校　120, 143
新自由主義　2, 10, 11, 43, 72, 175, 181
新卒者選抜方法　27
新卒就職　29, 45, 54, 55, 57, 60, 65, 177

新卒就職機会　8, 12, 24, 44-47, 67
新卒労働市場　8, 10, 18, 20, 21, 27, 43, 45, 49
人的資本理論　25
シンボリック・アナリスト　150, 181
進路指導　152
スクールカラー　12, 54, 67, 69
スクリーニング　37
スポイルズシステム　148
隅谷三喜男　14
選抜構造　77, 78, 83
早慶　14, 35, 41, 52, 57, 65, 67, 68, 71, 73, 145, 146, 173
早慶上智　23
総合職　21, 71
総合商社　21, 23, 47, 49, 57, 59, 63
組織文化　12, 75

た 行

第一次石油危機　18, 19
大学間格差　12, 27, 44, 45, 47
大学進学率　24, 39, 116, 119
大学入試センター試験（センター試験）　13, 122, 125-128, 130, 131, 139, 144, 145, 147, 148, 178
大学ランク　11, 23, 24, 28, 31, 39, 44, 46, 52, 175
大学ランク間格差　24, 43, 45, 47, 49, 51, 52, 54, 67, 175, 176
大学ランク別採用比率　22, 23
大学類型　68
大学類型間(の)格差　12, 44, 46, 54, 67, 176
大卒ホワイトカラー　3, 12
第二次ベビーブーム　73
大量採用期　48
竹内洋　14, 28, 29, 31, 35, 77, 78, 103, 180
橘木俊詔　14, 72
立道信吾　26
タテのキャリア　12, 75, 76, 79, 83, 84, 92, 98, 100, 104, 177
地域間格差　12, 44, 46, 60-63, 66, 68, 176
地方旧帝大　52, 67, 68
地方公務員　80-82, 110
中期キャリア　77, 78, 112
中堅私大　94, 130

中堅大学　32, 34, 36
中高一貫校　119-122, 124, 135, 138, 142, 159, 164, 173, 174
中途採用市場　42, 181
超・学歴社会　180
長期雇用　8-10, 13, 17, 150, 175, 181
長期雇用慣行　14, 69, 172, 180
長期雇用システム　1, 46, 176, 177
長期蓄積能力活用型　150, 172
東一早慶　48-54, 62, 63, 68, 71
東京一極集中化　11, 12, 43, 44, 61-64, 66, 68, 72, 176
東大京大　63-65, 72
東大合格　72
東大志向　72, 173
東大生の親の所得　121
都銀　21-23, 70
独立行政法人化　72
都市銀行　47, 59
トーナメント移動　77, 108
都立高校　124
ドリンジャー, P. B. & ピオーリ, M. J.　14

な 行

内部昇進制　14, 25, 172
内部労働市場　1, 8-10, 13, 14, 15, 20, 69, 150, 172, 175-177, 180, 181
永野仁　44
難関大学　21, 22, 25, 26, 29-32, 34-37, 39-41, 45, 62, 63, 114, 119-122, 131, 137
日東駒専　48
日本的雇用慣行　17, 168
日本労働研究機構　26, 27, 44, 79, 80
入試難易度　12, 16, 21-26, 31, 36, 40, 44-46, 57, 59, 63, 65, 66, 94, 160, 182
入試難易度格差　65, 72
入試難易ランク　21, 46, 47
入試難易ランク間（の）格差　45, 47, 54
野村正實　14
ノブレスオブリージュ　169, 171, 179
ノンエリート　149, 170, 172
ノンキャリア組　80

は 行

ハイパー・メリトクラシー　45, 69, 180
パイプライン・システム　150
橋本健二　171
橋本哲史　44
はば広い1職能型　79, 91, 98, 103
はば広い専門性　79
バブル期　24, 40, 47, 48, 53, 67, 72
バブル崩壊　11, 17-19, 24, 28, 31, 34, 43, 48, 50-52, 54, 59, 60
濱中義隆　44, 45
はやい（早い）昇進　107, 109, 110
早い選抜　9, 81, 83, 98, 177
バランス主義的（に）採用　28, 41
庇護移動　77, 99, 108
一橋大・東工大　73, 147
非難関大学　30, 35
平沢和司　27
ファースト・トラック　92, 93, 98, 100-104, 106, 112
ブルデュー, P.　114, 117, 118, 142
文化資本　114, 117, 118, 136, 137
文化的再生産　136
分断的選抜　28-32, 34-36, 41, 45, 175
平成不況期　20, 24, 43, 49, 72
偏差値　27-30, 35, 46, 73, 116
偏差値ランク　73, 74
ポスト近代型能力　45, 140, 176, 180
ポスト工業化社会　45
ホワイトカラー上層　13, 72, 130, 137, 139, 149, 169, 178, 179
ホワイトカラー労働市場　1, 11, 13, 114, 178, 182
本田由紀　45, 169

ま 行

MARCH　48-54, 57-62, 66-69, 71-73, 171
明治・中央　57
名門大　89, 92, 94, 95, 97, 99, 103
メーカー　51, 54, 57, 64-68
メガバンク　49, 54, 57, 59, 60, 63-65, 71
メリットシステム　148, 178
メリット主義　25, 26, 32-34

や 行

八代充史　79
八代尚宏　42
矢野眞和　31
山田昌弘　150
有名女子大　59, 60
ヨコのキャリア　12, 75, 76, 78-81, 83,

84, 86, 90, 92, 95, 97, 98, 100, 103, 104,
　　108
弱い紐帯　　181

ら　行

ライシュ, R. B.　　150
リーマンショック　　54, 69, 175
リクルーター　　26, 41
リクルートリサーチ　　18, 19, 25, 38
リターン・マッチ　　78, 102
立教・青学　　57
良好な雇用機会　　20
労働市場の流動化　　17
ローゼンバウム, J. E.　　76, 77
論文入試　　132, 135, 137, 138, 178

〈著者紹介〉

松尾 孝一（まつお こういち）

1966年生まれ
京都大学経済学部卒，同大学院経済学研究科博士後期課程修了
博士（経済学）
現職，青山学院大学経済学部教授（社会政策論）

主要著書・論文
『階層化する労働と生活』（共著）日本経済評論社，2006年
『労働組合の組織拡大戦略』（共著）御茶の水書房，2006年
『労使コミュニケーション』（共著）ミネルヴァ書房，2009年
『新自由主義と労働』（共著）御茶の水書房，2010年
「公務労働の特質と公務改革下の変質――公共性の観点から」
　『日本労働社会学会年報』第22号，2011年，など。

ホワイトカラー労働市場と学歴

2012年9月10日　第一版第一刷発行

著者　松尾　孝一

発行者　田中千津子
発行所　株式会社 学文社

〒153-0064　東京都目黒区下目黒3-6-1
電話　03(3715)1501(代)
FAX　03(3715)2012
http://www.gakubunsha.com

© MATSUO Koichi Printed in Japan 2012
乱丁・落丁の場合は本社でお取替えします。
定価は売上カード，表紙に表示。

印刷／新灯印刷

ISBN978-4-7620-2301-9